Voyez cet homme qui pompe à l'aide d'un chalumeau un peu de bouillie
dans un plat... (Page 47.)

LES MŒURS ET LES FEMMES
DE L'EXTRÊME ORIENT

VOYAGE

AU

PAYS DES PERLES

PAR

LOUIS JACOLLIOT

ILLUSTRATIONS DE E. YON

Cinquième édition

PARIS

E. DENTU, ÉDITEUR

LIBRAIRE DE LA SOCIÉTÉ DES GENS DE LETTRES

PALAIS-ROYAL, 17 ET 19, GALERIE D'ORLÉANS

1879

VOYAGE

AU

PAYS DES PERLES

LIBRAIRIE DE E. DENTU

DU MÊME AUTEUR

Les Mœurs et les Femmes de l'extrême Orient.

Voyage au pays des Bayadères.
    2ᵉ édition. 1 volume illustré. . . . . 4 fr.

Voyage au pays des Éléphants.
    1 volume illustré. . . . . 4 fr.

Voyage aux ruines de Golconde et a la cité des Morts.
    1 volume in-8°. . . . . 6 fr.

F. Aureau. — Imprimerie de Lagny

VOYAGE

AU

PAYS DES PERLES

PREMIÈRE PARTIE

CEYLAN — JAFFNAPATNAM

Trois années s'étaient écoulées depuis mon premier voyage à Ceylan, sans que j'aie pu trouver l'occasion de venir y continuer mes excursions si brusquement interrompues, lorsque quelques accès d'une fièvre des marais contractée à Chandernagor, sur les bords du Gange, vinrent m'avertir qu'un séjour de quelques mois sous un ciel plus clément, était nécessaire à ma santé.

J'avais toujours à mon service le fidèle Nubien qui m'avait sauvé la vie dans les tourbières du lac Kandellé. Lui aussi avait gardé un tel souvenir de cette île enchanteresse, « Theo-Tenasserim, la Terre des Délices », comme l'appellent les Birmans, qu'il fit éclater sa joie par les démonstrations les plus insensées lorsque je lui annonçai mes intentions et lui donnai l'ordre de faire les préparatifs du départ.

Le chemin de fer de Bombay à Calcutta, qui traverse l'Indoustan, de la côte malabare aux plaines du Bengale, passe à Chandernagor; en moins d'une heure il nous conduisit dans la capitale de l'Inde anglaise, et le jour même nous montions, Amoudou et moi, sur le paquebot des Messageries le *la Bourdonnais*, commandant Rapatel, à destination de Madras, Pondichéry et Pointe-de-Galles.

J'aurais pu suivre ce navire jusqu'à Ceylan, où il se rendait, portant la malle de l'Inde pour la Chine et l'Europe; mais je désirais commencer mon voyage par les provinces du nord, et je ne pouvais avec le paquebot français débarquer autre part qu'à Galles, dans le sud même de l'île, lieu d'où j'étais parti lors de mes précédentes excursions.

J'adoptai un itinéraire plus simple, qui devait me conduire directement dans la presqu'île même de Jaffnapatnam.

De Madras, les petits steamers qui font le service de la côte devaient nous déposer à Tranquebar, ancienne ville danoise cédée aux Anglais, d'où vingt-quatre heures de navigation sur une des grandes barques choullahs du pays nous suffisaient pour arriver à destination.

Lorsque le *Wasp* (guêpe), steamer sur lequel j'avais pris passage, quitta Madras, la journée avait été triste et sombre, et le soleil se couchait sur un lit de nuages noirs tachetés de jaune, qui me semblèrent d'un sinistre présage. La mer était grise, terne et d'un calme qui n'avait rien de rassurant; les trois flots de la barre de Madras venaient lentement l'un après l'autre échouer sur le rivage presque sans bruit, et c'est à peine si un peu d'écume vint nous fouetter le visage quand nous les traversâmes dans les embarcations du pays pour gagner le steamer, qui, arrivé la veille de Cocanadah, se tenait sous vapeur à deux milles au moins de la côte.

Nous étions à l'époque de ces terribles cyclones qui, amenés par le renversement de la mousson de nord-est, viennent pour ainsi dire à période fixe ravager les côtes du golfe de Bengale.

Sur les onze heures du soir, mes appréhensions se changèrent en craintes sérieuses, lorsque j'entendis le commandant, qui allait prendre un instant de repos, recommander aux officiers chargés des *quarts* de nuit de le réveiller au moindre signe inquiétant.

Nous couvions une tempête, et je ne pus douter que les hommes du métier n'en pressentissent plus qu'ils ne voulaient en dire, quand je vis le second ordonner de fermer tous les sabords, et, quoiqu'il ne fût pas de service, se promener sur la passerelle avec l'officier de quart. A chaque instant, il interrogeait le temps, et faisait prendre mille précautions qui ne décelaient que trop le danger. Voulant me rendre compte de la route que nous suivions, je me penchai sur le compas, près du timonier, et je vis, non sans effroi, qu'au lieu de suivre une ligne parallèle à la côte de Coromandel, nous lui tournions le dos et filions de toute vitesse au large dans la direction de l'est.

J'avais assez l'habitude de la mer pour savoir qu'on ne s'éloignait de la côte que par crainte de s'y

briser. Le baromètre baissait avec rapidité, et tous
les signes précurseurs du mauvais temps s'accen-
tuaient de plus en plus.

Las de veiller, et me trouvant seul sur le pont, je
descendis dans ma cabine. Il pouvait être deux
heures du matin. Si tout se passait bien, en quinze
à seize heures nous pouvions être à Tranquebar.

Je ne pus dormir, quoique la mer fût encore
calme en apparence; des bruits étranges comme
des roulements lointains de tambours sortaient de
son sein, l'hélice criait sous la quille comme si elle
eût été gênée dans sa marche par des courants contraires; tous les hublots étaient fermés, il faisait
une chaleur accablante, l'air manquait aux poumons.
Le navire se mit à *fatiguer* un peu sous la lame.
Je remontai sur le pont, où je trouvai quelques passagers qui se parlaient d'un air anxieux. Les flots
grossissaient à vue d'œil; on n'en pouvait plus
douter, nous allions assister à un de ces spectacles
grandioses et terribles où l'homme, aux prises avec
les éléments déchaînés, sur quelques planches fra-
giles, apporte sa vie pour enjeu de cette effrayante
partie.

Tout à coup, des ordres rapides et pressés se
succèdent, tantôt aux matelots, tantôt aux mécani-
ciens; de toutes parts la mer éclatait avec furie. La
lutte commençait, tous les officiers étaient sur le
pont et à leur poste, le commandant avait pris la
direction suprême de la manœuvre. Un vent violent
qui avait tout à coup succédé au calme soufflait de
tous les côtés à la fois, d'immenses vagues s'élan
çaient sur le navire, le soulevaient comme un fétu

de paille, pour le laisser retomber un instant après dans les profondeurs de l'Océan. C'était un cyclone, et nous souvenant tous de celui qui, l'année précédente, à Calcutta, avait détruit deux ou trois cents navires, et noyé cinquante mille personnes, nous nous demandions si notre dernier jour n'était pas arrivé.

Nous n'avions qu'une seule chance de salut : fuir à toute vapeur devant le temps et tâcher de gagner des régions plus calmes. Aussi, sans hésiter, voyant que la mer devenait de plus en plus mauvaise, le commandant ordonna de gouverner au sud, et la machine, augmentant de pression, nous emporta dans cette direction avec une vitesse de douze nœuds à l'heure ; en ce moment tout notre espoir était en elle, par elle seule nous pouvions lutter contre le vent et les vagues énormes qui déferlaient sur nous. Qu'un engrenage, qu'un clou, qu'une vis, vinssent à se déranger, et nous étions perdus.

Tout le monde faisait bravement son devoir, et la confiance commença peu à peu à renaître dans nos cœurs, en voyant comme notre petit steamer se conduisait au milieu de ces montagnes d'eau, qu'il fendait vigoureusement en obéissant ainsi qu'un être animé à la main qui le dirigeait.

Cette course effrénée dura deux jours. Il était temps, l'hélice n'avait plus que deux palettes sur six, et une voie d'eau s'était déclarée dans la soute au charbon. Si ces deux accidents nous étaient arrivés vingt-quatre heures plus tôt, aucune puissance humaine n'eût pu nous sauver. Nous étions arrivés en dehors du rayon parcouru par la tempête, et, échappés à la mort par miracle, nous pouvions attendre sans danger que le calme nous permît de continuer notre route.

Ce ne fut que quarante-huit heures après que nous nous hasardâmes à reprendre la voie que nous avions parcourue, pour nous rapprocher de la côte. Mais l'hélice fonctionnait faiblement, la voie d'eau, qu'on n'avait pu boucher qu'imparfaitement, exigeait toujours le service des pompes. Aussi mîmes-nous près de six jours pour atteindre Tranquebar. La plupart des voyageurs débarquèrent dans cette ville, et le *Wasp*, s'y étant allégé d'une partie de sa cargaison, reprit clopin-clopant le chemin de Colombo, son port d'attache, où il en avait pour un bon mois au bassin de réparation.

Tranquebar est, par son commerce, en constantes relations avec la presqu'île. Il partait pour Jaffna-patnam plusieurs barques dans la journée, et nous n'avions que l'embarras du choix. On ne s'inquiète point, dans ces courts voyages, d'un confortable que les petits navires qui vous transportent ne pourraient, du reste, vous procurer : un coin à l'ombre sur le pont, c'est à peu près tout ce que l'on vous donne. Le patron, qui est indigène, comme ses matelots, n'est pas mieux traité que vous; ses goûts et ses besoins sont à vrai dire des plus modestes : une pièce de toile lui sert de vêtement le jour et de couverture la nuit.

La barque choullah sur laquelle je pris passage avec Amoudou se nommait *Shri-Wikrama*, du nom du dernier roi de Kandy, vaincu et détrôné par les

La barque Choullah sur laquelle je pris passage avec Amoudou se nommait Skri-Wikrama,
du nom du dernier roi de Kaudy. (Page 6.)

Anglais en 1816 ; elle était commandée par un musulman, qui, né aux environs de nos possessions de
Karikal, parlait assez bien le français, ce qui avait
été pour beaucoup dans le choix que j'avais fait de
son navire.

Le temps s'était mis au beau, et la mer était aussi
calme qu'elle avait été tourmentée quelques jours
auparavant. Partis de Tranquebar avec le vent de
terre nord-ouest qui se lève tous les soirs de dix
heures à minuit, nous arrivions le lendemain à la
chute du jour, par le travers de Sangame, dans le
petit détroit de Karetivoë, avec les grandes brises
sud-est du large. Le *Shri-Wikrama* fut obligé de
jeter l'ancre en face du village de Batticott, craignant
de s'engager de nuit sur les bancs de sable dont la
route de Jaffnapatnam est parsemée.

Pendant cette courte traversée, le patron du petit
navire que nous montions, m'avait fort amusé. Depuis
trente ans il faisait le voyage de Tranquebar à Jaffnapatnam, et se vantait de n'avoir jamais perdu de
navire dans cette périlleuse navigation. Il attribuait
cela à ce que de tous les capitaines indigènes du Karnatic, il fût le seul à se servir d'un sextant. De fait,
il possédait, au fond d'une vieille boîte, un de ces
instruments de marine, tout rouillé, ayant perdu
ses deux lentilles les plus importantes, et qu'il
eût été fort embarrassé, à coup sûr, de mettre au
point.

Cela ne l'empêchait pas, à chaque question que je
lui faisais, de se servir gravement de son sextant et
d'interroger le soleil, comme s'il voulait en prendre
la hauteur : c'était à mourir de rire ; car on sait,

sans être marin, que cet instrument sert en mer à
déterminer la longitude, d'après la position du soleil,
de la lune ou des étoiles, au moment même où on
les observe, et non à indiquer la direction de la
brise, ou la dépression barométrique, sujets sur lesquels portaient d'ordinaire mes questions.

Lui ayant demandé s'il était capable de faire les
calculs nécessaires à la conduite d'un navire en Chine
ou en Europe, il me répondit avec un sourire de dédain, comme à un homme qui s'occupe de choses
qu'il ne saurait comprendre :

— Vous ne voyez donc pas, saëb, que ce sextant
n'a été construit que pour la traversée de Tranquebar à Ceylan! Pour aller en Europe, il me faudrait
les sextants d'Europe.

A cette superbe réponse, je me déclarai convaincu,
et me hâtai de m'éloigner de mon interlocuteur,
pour ne point le blesser par un accès de gaieté que
je faisais de vains efforts pour retenir.

Quant à cette *périlleuse navigation*, le dernier
des pêcheurs eût pu la diriger. On ne quittait les
côtes de l'Indoustan que pour apercevoir les côtes
cyngalaises, et la régularité des brises de mer permettait presque de partir et d'arriver à heure fixe.

La petite embarcation du *Shri-Wikrama* nous
déposa sur le rivage de Batticott, Amoudou et moi.
Quelques milles à peine nous séparaient de Jaffnapatnam, et je désirais me munir dans ce village,
qui possède les meilleurs bœufs de la contrée, d'une
paire de ces animaux et d'une bonne charrette
recouverte destinée à porter mon mince bagage, et
surtout à un service de tente-abri, pour les nuits

que nous serions obligés de passer dans la forêt ou dans la jungle.

Près de commencer un voyage de cinq mois dans la partie nord, nord-ouest et sud de Ceylan, que je n'avais pas eu le temps d'explorer lors de mes précédentes excursions ; devant franchir des bras de mer, des fleuves, des torrents, traverser des marais, des déserts, gravir des montagnes inaccessibles, et tout cela sous un soleil de 38 à 40 degrés, peut-être sera-ce de quelque intérêt pour les lecteurs qui voudront bien me suivre de connaître le nombre et la nature de mes provisions de toute nature, en un mot, mes moyens de voyager.

Si d'aventure quelque oisif ou quelque naturaliste prenaient le désir de visiter ces contrées, dans un intérêt de curiosité ou de science, ils peuvent se fier aux précautions et aux moyens que je vais leur donner, et que de longues années de voyages dans toutes les parties du monde m'ont indiqués comme étant les meilleurs. Je ne parle que des contrées tropicales et équatoriales, où l'Européen a le plus à redouter pour sa santé.

Les voyages d'exploration dans l'Inde ne coûtent point aussi cher qu'on pourrait se l'imaginer, une fois qu'on a pris terre sur un point quelconque de la côte. — Je ne parle pas du transport dans ce pays par les paquebots ; tout moyen de locomotion européen est forcément d'un prix très-élevé.

J'ai toujours eu pour principe de ne jamais m'encombrer de mille et un riens inutiles, et de réduire le plus possible mes bagages à l'indispensable. Le confortable en voyage ne consiste, à mon sens, que dans

deux choses : être le plus libre possible dans ses
mouvements, pour que rien, en cas de danger, ne
puisse vous empêcher de franchir rapidement de
grandes distances ; et n'avoir à s'occuper que de
soi-même. Tout ce qui ne peut servir à la sûreté du
voyageur est nuisible.

Voici mon inventaire, fait à la sortie de Batticott,
au moment de nous mettre en route pour Jaffnapatnam. Ma garde-robe se composait de six vêtements complets en flanelle blanche, deux douzaines
de foulards, quatre paires de souliers en étoffe
blanche et à fortes semelles, et de deux chapeaux en
moelle d'aloès, forme champignon, excellents contre
le soleil, et c'était tout !

J'avais dans ma boîte pharmaceutique cinquante
mètres de bandes en toile, un paquet de ficelle, du
taffetas d'Angleterre, de l'ammoniaque, du beurre
d'antimoine, du laudanum, de l'acétate de morphine
par paquets de deux et de cinq centigrammes, avec
une petite seringue à injection sous-cutanée, une
fiole de poudre de cantharides, quelques grains
d'émétique, de la magnésie, un peu de quinine,
un flacon de baume du commandeur, cinq petites
bouteilles, fermées dans des boîtes en bois, d'é-
lixir de la Grande-Chartreuse, et une trousse complète.

Comme armes, j'avais un revolver à six coups,
calibre neuf millimètres, un fusil de chasse et une
carabine à balles explosibles de Devisme.

A part mes armes, que j'avais toujours sous la
main, tout mon bagage tenait dans une caisse de
cinquante centimètres carrés. Premier comparti-

ment : ma garde-robe, à laquelle j'allais oublier d'ajouter un habillement complet de soirée, en orléans noir, pour les invitations que j'étais obligé d'accepter dans les maisons européennes. Second compartiment, divisé en deux, sans aucune communication possible : ma pharmacie et mes cartouches explosibles. Ces dernières entourées de son, pour qu'aucun choc ne pût les atteindre. Je plaçais d'ordinaire mes cartouches Lefaucheux pour mon fusil de chasse, dans un petit caisson que les charrettes indoues possèdent à l'arrière.

J'avais avec moi deux serviteurs, mon fidèle Amoudou, à qui je donnais cinq roupies par mois (12 fr. 50), et le vindicara ou conducteur de la voiture à bœufs, qui recevait par mois un salaire de quatre roupies, soit dix francs.

Mes dépenses de route, ma nourriture et celle de mes deux serviteurs, l'entretien des deux bœufs, les salaires aux guides, quand il m'arrivait d'en prendre, les réparations de mon petit matériel, le tout réuni, n'arrivait pas à une moyenne de dépense de cinq francs par jour. Il est vrai de dire que je me nourrissais à la manière indoue, avec du riz, du carry, auquel j'ajoutais, suivant les lieux, volaille, poisson ou gibier.

On ne s'étonnera point du peu d'élévation de mes dépenses, quand on saura qu'une paire de poulets vaut, dans l'intérieur de l'Inde et de Ceylan, de vingt à trente centimes; que pour trois caches (3 centimes et demi) on a un magnifique poisson, et que la plus belle pièce de gibier s'achète une charge ou deux de poudre et de plomb. Jamais je

n'ai payé un canard sauvage, une paire de faisans
ou une belle oie des marais plus de huit à dix cap-
sules. Loin des villes, la poudre, le plomb et les cap-
sules sont la meilleure de toutes les monnaies : aussi
j'avais toujours soin d'en emporter une bonne provision, uniquement pour faire des échanges avec de
la volaille et du gibier.

Ainsi, quelques vêtements de flanelle, des armes
et une petite pharmacie composaient tout mon bagage de voyageur, bagage si léger, qu'un seul homme
pouvait aisément le porter des jours entiers sans
en éprouver de fatigue.

Et pour nourriture, je n'avais que la nourriture
indoue; mais j'y étais tellement accoutumé, que je
la trouvais supérieure à toute autre, et, de fait, sous
ce ciel de feu, l'estomac qui eût fait son habitude
des fades combinaisons culinaires du Nord eût payé
cher sa fidélité aux mets du pays natal. L'Européen
qui ne s'habitue point dans l'Inde à la cuisine du
pays, admirablement appropriée au climat, est sûr
de finir rapidement par une gastralgie ou une hé-
patite. Il est impossible d'arriver à l'acclimatation
sans cela.

Le jour même de notre débarquement, j'achetai
deux vigoureux métis nés d'une vache et d'un buffle
dans les plaines de Chetty-Colom, et, ayant trouvé
également à m'arranger pour une voiture munie
d'une tente et d'un bon matelas d'algues sèches,
nous nous mîmes en route sur le soir pour aller
camper à Kandpoor, petit village situé à mi-chemin
de Batticott et de Jaffnapatnam, où nous devions
passer la nuit, Kandassamy, le vindicara que j'avais

engagé, m'ayant demandé à s'y arrêter pour faire ses adieux à quelques parents qui habitaient en ce lieu.

Après le repas du soir, je me rendis sur le bord de la mer, qui, en cet endroit, resserrée par un groupe d'îles, forme comme une immense baie dans le fond de laquelle se trouve la capitale de la province nord de Ceylan. Un vent léger qui soufflait de la côte indoue venait par rafale caresser la cime des cocotiers et donner une salutaire fraîcheur à l'air embrasé par les feux du jour. La mer était phosphorescente, chacun de ses flots lançait une étincelle, et la vague qui venait doucement en crépitant mourir sur le rivage couvrait d'une mousse de feu le sable et les galets de la côte.

La lune, alors dans son plein, lançait sur tout ce paysage sa lumière argentée, dont la pureté de l'atmosphère doublait l'intensité, et des milliers de lucioles, sortes de vers luisants ailés, montaient et descendaient capricieusement dans les branches des grands arbres, pendant que le boulboul, le tirivala et autres oiseaux dont la nuit n'interrompt pas les chants, faisaient retentir l'air de leurs mélodies cadencées.

Au loin se faisait entendre le son de la trompe des padials ramenant les éléphants des rizières ou de la forêt, et, dans la plus humble case, le pilon du nelly et du curry retentissait dans son vase de granit, mis en mouvement par les femmes, en train de préparer la nourriture des pannayo (toucheurs), des pali (blanchisseurs), des radayo (bûcherons), et autres serviteurs, qui revenaient des champs.

J'éprouvais un plaisir indicible à laisser mon esprit s'égarer au milieu des plus capricieuses rêveries, bercé par les harmonies étranges qui s'élevaient de la mer et des bois, se mêlant aux cris des animaux et à ces mille bruits des lieux habités qui arrivaient comme un murmure jusqu'à mes oreilles.

Je ne saurais dire quel plaisir j'éprouvais à me trouver à nouveau dans cette admirable contrée, qui, avec son éternel printemps, le luxe de sa végétation, les splendeurs de ses côtes, le charme de ses vallées ombreuses, le pittoresque de ses jungles mystérieuses, le grandiose de ses sites de l'intérieur, vous ravit au point de faire oublier et le passé, dont on ne se soucie plus, et l'avenir, auquel on ne veut pas songer, pour qu'aucune préoccupation ne puisse troubler les jouissances du présent.

Notre promenade, car Amoudou m'accompagnait, nous avait conduits à plus d'un mille du village, et nous allions reprendre le chemin de la petite case indigène qu'un parent de Kandassamy, mon vindicara, avait mise à notre disposition, lorsque Amoudou s'arrêta, prêtant l'oreille à quelque bruit lointain que mes sens, moins exercés sans doute, ne pouvaient percevoir, et dont j'allais lui demander la nature, quand une bouffée de vent qui vint me frôler le visage me jeta en passant quelques notes graves et sonores. On eût dit un accompagnement d'orgue.

Je me dirigeai immédiatement du côté d'où ces sons semblaient partir, et bientôt j'entendis distinctement s'élever dans la nuit un chant large et majestueux, comme celui d'un chœur religieux, qui me fit tressaillir. C'était bien les sons de l'orgue que j'avais entendus. Quel pouvait être l'artiste inconnu qui, au milieu de cette nuit si poétique, sur les côtes d'une île de l'océan Indien, mêlait les harmonies de l'art à tous les chants de la nature ?

Au détour d'un petit sentier, j'aperçus une vive lumière à travers les arbres, et bientôt je distinguai un élégant cottage, d'où s'échappaient les sons qui m'avaient attiré. Touché par une main habile, l'orgue jouait en ce moment l'ouverture des *Huguenots*, et enlevait toutes les difficultés de cette grande page musicale avec une rare science.

Ayant interrogé quelques Indous qui, comme moi, écoutaient près du jardin, j'appris que le propriétaire de la maison et le musicien ne faisaient qu'un dans la personne du médecin de la station, et je m'éloignai à la fin du morceau, ne voulant point troubler dans son *at home* un Anglais auquel je n'avais pas été présenté. Je sus le lendemain que ce docteur était un Italien au service de l'Angleterre, et je regrettai de ne lui avoir point fait une visite qui eût été certainement accueillie avec plaisir. J'aurais dû me douter que l'artiste inconnu n'était pas Anglais, rien qu'en entendant la manière large et magistrale avec laquelle il jouait.

Au moment où nous nous disposions à quitter Batticott dès la première heure du jour, le tam-tam se mit à retentir sur la place principale de l'aldée, en face du logement du thasildar (chef du village), et, sous la vérandah de l'habitation, le naïnard (percepteur indigène) vint s'asseoir à une petite table

entouré de deux scribes malabres. C'était le jour
de perception des impôts trimestriels.

Tout en harnachant ses bœufs, Kandassamy, mon
vindicara, paraissait fort triste; de grosses larmes,
qu'il ne parvenait pas à réprimer, lui roulaient dans
les yeux.

J'attribuais cela au chagrin qu'il devait avoir de
quitter sa famille pour plusieurs mois, lorsque l'idée
me vint de lui demander la cause de sa douleur.

— On va vendre la maison de mon père, me répondit-il en soupirant.

— Pourquoi cela?

— Parce qu'il ne peut acquitter ses impôts.

— Et qui va la vendre?

— Le collecteur indigène.

— Combien doit ton père?

— Quarante roupies (cent francs).

— Et combien vaut la maison?

—Cinq cents roupies au moins, saëb (douze cents
francs).

— Quelle est la caste de ton père?

—Caste vindicara (conducteur de bœufs et labou-
reur).

— C'est vrai; j'oubliais qu'il ne pouvait en avoir
une autre que la tienne. Comment un conducteur
de bœufs peut-il avoir un impôt aussi élevé? A-t-il
des propriétés?

— Oui, saëb : un petit champ de nelly (riz) qui le
fait vivre avec toute sa famille; le vieux vindicara
ne peut presque plus travailler.

Je me rendis immédiatement auprès du naïnard,
et, m'étant renseigné sur la moralité du père de

mon vindicara, j'acquittai les quarante roupies.
Rien ne pourrait dépeindre la joie du pauvre garçon,
qui me jura qu'il me suivrait jusqu'au bout du
monde sans gages.

Je lui promis que s'il était pour moi un bon serviteur jusqu'à la fin du voyage, je lui remettrais la
quittance des droits que je venais de payer pour
son père, et lui ferais cadeau de la somme. Je venais
d'accomplir un acte de bienfaisance pure, n'ayant
en aucun cas l'intention de faire la moindre retenue
sur le salaire de mon vindicara; mais je savais par
expérience combien la reconnaissance était légère
aux peuples de ces contrées, et je n'étais pas fâché
de m'attacher mon nouveau domestique par l'intérêt.

Aux premiers mots du vindicara, et le voyant
pleurer, Amoudou, riche, on s'en souvient, des libé-
ralités du major Daly, avait offert de payer la dette.
Si je n'avais mis bon ordre à ses accès de générosité en le forçant à laisser sa petite fortune à
l'Agrabank, il y a longtemps que le brave garçon
eût sacrifié jusqu'à son dernier sou pour rendre
service aux uns et aux autres.

Ce petit épisode va me servir de transition naturelle pour dire quelques mots de l'administration
des Anglais dans les Indes. A chaque pas, dans les
villes commerçantes du nord-ouest surtout, je me
rencontrerai avec des fonctionnaires du *civil service*, j'aurai à citer des faits se rapportant à leurs
fonctions : il est bon que le lecteur ait une idée
d'ensemble sur l'administration à laquelle ils appartiennent. Cela me permettra, le cas échéant, de ne

point suspendre l'intérêt du récit par des explications données une fois pour toutes.

Je serai bref le plus possible sur ces matières, qui m'entraîneraient beaucoup trop loin si je voulais les traiter complétement, et je n'oublierai pas que ce voyage a pour but spécial l'étude de Ceylan et de ses habitants indigènes. Dans tous les cas, même à ce point de vue, quelques explications sur le gouvernement qu'ils subissent et les exemples que leur donnent leurs vainqueurs ne me paraissent point hors de sujet.

L'Angleterre administre certainement les cent cinquante millions d'habitants de l'Indoustan et de Ceylan, la grande île indienne, avec la moitié moins d'employés qu'il n'en faut au département de la Seine.

Cette immense contrée est divisée en quatre présidences : celle de Calcutta, avec un gouverneur général, dont dépendent les deux autres présidences de Madras et de Bombay; et celle de Ceylan, à la tête de laquelle se trouve également un gouverneur géuéral.

Chaque présidence se subdivise ensuite en cercles, à la tête de chacun desquels se trouve un collecteur ou receveur général, qui est en même temps chef de toute l'administration. Un assistant collecteur lui est adjoint pour le remplacer. Les autres fonctionnaires sont : un juge d'appel et son assistant ou suppléant, un juge de première instance et de police, un directeur des travaux et un chef de police.

Tout le personnel des bureaux est indou et ne

nécessite que peu de frais. Le collecteur et le juge suprême touchent des traitements qui varient de cent cinquante à deux cent mille francs par an, suivant l'importance du district.

Les autres services sont moins payés, quoique tous les fonctionnaires qui en font partie soient beaucoup plus rétribués encore que nos préfets ou nos conseillers d'État.

Le système anglais peut se résumer en deux mots : peu de fonctionnaires, de gros traitements pour leur ôter l'envie de *tripoter* de leurs places, et, comme conséquence, le moins possible de cette *paperasserie*, de cette *bureaucratie qui n'empêche rien* et coûte si cher.

L'Angleterre n'a pas imaginé une armée de fonctionnaires, se surveillant les uns les autres, qui, infailliblement, eussent fini par s'entendre et la livrer au pillage, comme cela se voit ailleurs. Plus pratique, elle s'est dit que tout au moins, en diminuant le plus possible le nombre des fonctionnaires, on diminuait d'autant l'exploitation. Elle a fait simplement, en administration, le raisonnement de l'homme qui demandait un jour son chemin dans les Abruzzes à un paysan de l'endroit :

— Peut-on prendre ce chemin de droite ?

— Il est barré par la bande de Falsacappa.

— Et celui de gauche ?

— Il est occupé par la bande de Testalunga.

— Quelle est celle de ces deux bandes qui compte le moins de brigands ?

— Celle de Falsacappa.

Le voyageur passa par le chemin de droite, barré

par la bande de Falsacappa. C'est également celui qu'a choisi l'Angleterre.

Coûte que coûte, il faut que l'impôt entre, et pourvu que le Trésor ne perde rien, on ne fait attention ni aux moyens, ni aux dilapidations. Il faudrait voir ici quelle vie de nababs efféminés mènent ces espèces de fermiers généraux, et quelles sommes folles ils engloutissent dans leurs scandaleuses prodigalités ! Éloignés de deux ou trois cents lieues, et plus, de leurs présidences, ils n'ont d'autres règles que leur bon plaisir et leur volonté souveraine.

La rentrée des impôts est abandonnée à de bas agents qui emploient la bastonnade et quelquefois même les tortures pour arracher aux Indous jusqu'à leur dernière roupie. Tout leur est bon : récoltes qu'ils vont vendre, bijoux des femmes et des enfants qu'ils arrachent. Ils emmènent jusqu'aux bestiaux et aux instruments nécessaires à la culture, quand la caisse n'est pas pleine et que l'aldée, ou village, n'a pas pu fournir sa part de contributions.

A qui se plaindre ? Au collecteur ? Il n'y faut pas songer ; tout se fait par ses ordres, et il a trop d'intérêt à ne pas désavouer ses agents pour écouter les gémissements des malheureux qui parviennent jusqu'à lui.

Tout ce que je dirais sur ce sujet serait de beaucoup au-dessous des révélations faites à diverses époques à la tribune anglaise, non par humanité, hâtons-nous de le dire, mais lorsqu'il s'agissait, par une manœuvre décisive, de faire tomber un ministère.

Allez vous promener dans les villages de l'intérieur, aux époques de perception d'impôts, et si
vous n'en revenez pas navré du spectacle dont vous
aurez été témoin, c'est que vous aurez le cœur dou-
blement cuirassé d'égoïsme et d'indifférence.

Il est vrai que l'Indou tient à cc qu'il possède
plus qu'à la vie, et que l'habitude d'être rançonné
depuis des siècles par les Mongols, les musulmans
et les Européens, lui fait enfouir son argent, ses
pierres précieuses, ses bijoux, dans la terre, au
pied des cocotiers, dans les lits desséchés des torrents, et que, feignant la misère, il emploie toutes
les ruses possibles pour être rangé au nombre des
indigents.

Ferait-il cela, si, au lieu d'un impôt modéré, la
rapacité de l'Angleterre et de ses fonctionnaires de
tous ordres n'exigeait de lui jusqu'à la dernière
roupie de son épargne !

J'ai vu des malheureux à qui il ne restait pas,
après avoir satisfait à la loi, non-seulement de quoi
acheter des semences pour continuer leurs travaux,
mais même un peu de riz pour nourrir leur famille.

Le cultivateur ruiné va alors s'offrir comme tra-
vailleur, comme coali, soit à des gérants de plantation, soit à des surveillants de travaux pour le compte
de l'État ; mais partout le suivra sa situation de matière exploitable, et il ne trouvera pas dans l'Inde
entière un coin de terre où on le laissera vivre en
paix du fruit de ses labeurs. Le gérant lui rognera
sur son salaire un ana (30 centimes) par roupie
(2 fr. 50), le surveillant de travaux un ou deux païs
(5 ou 10 centimes environ) sur la journée, qui sc

monte à peine à huit ou dix païs (40 à 50 centimes), et s'il se plaint, on le traînera devant le juge en l'accusant d'insubordination, de menaces, de refus de travail, et il recevra, pour lui apprendre à souffrir et à se taire, de dix à vingt coups de rotin, suivant l'heure où il comparaîtra devant le magistrat de police.

Si les affaires sont nombreuses ce jour-là, si le pauvre Indou a le malheur d'arriver, lui trentième, éloigner encore le déjeuner de Sa Seigneurie, il est sûr d'attraper le maximum. Si sa bonne étoile, au contraire, l'amène au moment d'une heureuse digestion, master John se montrera plein d'humanité et réduira la peine à quelques coups seulement.

Cela s'appelle, dans l'Inde, « arriver avant ou après le porto ».

Que l'on ne croie pas à des contes inventés à plaisir : nul ici ne prend son rôle au sérieux et n'a la moindre idée de moraliser. Les Anglais ne sont venus dans l'Inde que pour battre monnaie, et ils ne s'en cachent pas. L'Indou est une marchandise qui doit rendre quand même, et, comme cela arrive dans tout commerce bien entendu, laisser des bénéfices entre chacune des mains qui le manipulent.

Si l'on s'avisait d'imposer un contrôle sévère, si l'on purgeait toutes les administrations, si l'impôt était modéré, si, en un mot, on s'occupait de l'Inde au point de vue de sa prospérité et de son bien-être intérieur, l'Angleterre, comme on le dit vulgairement, ne ferait pas toucher les deux bouts, et ce n'est point là précisément son but dans ses possessions asiatiques.

Il faut que le peuple marchand y trouve le moyen d'entretenir ses flottes, de satisfaire aux revenus écrasants de sa dette, et de rémunérer plus qu'aucune nation de l'Europe ses services civils et son armée. Aussi tous les rouages de l'administration concourent-ils à pressurer cette pauvre terre. Après ce qui est dû au gouvernement, la part du lion, chacun songe à soi et exploite de son mieux.

En France, un fonctionnaire qui s'enrichit est° une telle rareté, qu'on se le montre, et que sa réputation y laisse toujours quelque chose, quand bien même il attribue sa fortune à un oncle d'Amérique. Dans le service de l'Inde anglaise, celui qui ne s'enrichit pas est regardé comme un homme de peu d'intelligence.

Voulez-vous une concession de terrain, une entreprise de travaux pour le compte du gouvernement, des fournitures pour l'armée, etc. ? Si vous savez semer quelques bank-notes dans les bons endroits, vous êtes sûr de la réussite.

Aussi, que de travaux absurdes et faits sans intelligence du métier ! J'ai vu édifier des ponts, des édifices publics, des gares de chemin de fer, qui s'écroulaient après chaque reconstruction. Chaque fois qu'on les recommençait, il y avait toujours quelqu'un qui faisait fortune.

— Voyez-vous ce monsieur, vous dit-on souvent dans l'Inde, il a su faire rendre un demi-million à un emploi fort ordinaire ; c'est un homme très-intelligent, mais surtout très-habile.

Vous regardez votre interlocuteur pour savoir s'il

se moque de vous; point, il parle avec conviction. C'est la naïveté de l'impudence.

Je ne veux point parler de la justice. Sur ce sujet, je ne puis dévoiler ce que je sais. Sir John Lawrence, qui était il y a quelques années gouverneur général de l'Inde, dans un rapport célèbre au gouvernement de la reine, sur la réforme à apporter dans l'administration de la justice dans l'Inde, et dans le choix du personnel, a dit des choses que je n'oserais jamais écrire.

Je passerai donc, en me contentant d'une anecdote.

Un jour je m'étonnais devant un Français, devenu huit à dix fois millionnaire dans l'Inde, de ce qu'il conservait à la tête de ses immenses propriétés du Bengale un Anglais qu'il payait vingt-cinq mille francs par an, et qui le volait d'au moins autant.

— Mon cher, me fut-il répondu, vous passez pour étudier l'Inde ancienne, mais vous ne me paraissez pas savoir grand chose sur l'Inde moderne. Écoutez l'aventure suivante, et faites-en votre profit.

Mes propriétés me rapportent annuellement de sept à huit cent mille francs de revenus, sur lesquels je paye environ cent mille francs au fisc, et j'ai près de deux mille fermiers ou colons partiaires pour les cultiver. Les Indous sont très-chicaniers, et j'ai, bon an mal an, une centaine de procès avec eux.

Il y a cinq ou six ans, mon intendant d'alors vint à mourir : entre tous les concurrents, se présenta un jeune Anglais, que j'évinçai sans même vouloir l'écouter.

A peine fus-je de retour à Calcutta, après avoir mis là un compatriote d'une probité à toute épreuve, que celui-ci m'écrivit tout effrayé de sa situation : en huit jours, il avait déjà une cinquantaine de procès sur les bras. Je lui répondis de se rassurer, que c'était assez la coutume de mes tenanciers de tâter les nouvelles figures des gens que je mettais à leur tête, et qu'il n'avait qu'à montrer un peu d'énergie pour éteindre ce feu de paille.

Je me trompais : presque tous les fermiers qui avaient commencé l'attaque obtinrent gain de cause devant le juge de la station, et, alléchés par l'exemple, ceux qui n'avaient point bougé suscitèrent à leur tour des difficultés. Cela menaçait de prendre la tournure d'un événement. Je me rendis sur mes terres pour prendre en main moi-même la direction de mes intérêts.

J'appris, en arrivant, que l'Anglais dont je n'avais point voulu pour intendant était le neveu du juge de la station. Tout me fut expliqué.

Que faire?

Lutter, j'aurais eu infailliblement le dessous. Accuser un magistrat avec des preuves morales seulement, c'eût été grave, et comme ce genre de preuve a cela de particulier qu'on peut l'admettre ou le repousser avec la même facilité, je m'exposais tout simplement, sans aucune chance de réussite, à d'énormes dommages-intérêts, et, dans tous les cas, cela ne pouvait contribuer à améliorer ma situation comme propriétaire.

Je préférai céder, et, après d'amples compensations accordées à mon compatriote, je donnai sa place à l'Anglais que je supposais être la cause de tout ce désordre. Du jour de son installation, non-seulement les procès cessèrent, mais le gaillard trouva encore le moyen de faire annuler les différents jugements qui avaient été rendus contre moi au profit de mes fermiers.

Il n'y a pas de commentaires à faire sur ce récit.

Comme probité politique, c'est encore pis. Ce n'est pas ici le lieu de faire l'histoire de toutes les audacieuses spoliations dont se sont souillés les gouverneurs anglais dans l'Inde, de Warren Hastings, le ravisseur d'Agra, de Delhi, d'Allahabad, jusqu'à lord Dalhousie, qui confisqua au profit de la Compagnie des Indes le royaume d'Aoude, par un arrêté qui est un insolent défi jeté à la morale des peuples civilisés. Sans entrer dans le détail des faits, on peut dire que chaque lambeau de territoire, de province ou de royaume a été conquis par la ruse et la corruption.

Pauvres rajahs bernés, trompés, volés, détrônés, vous seuls pourriez dire les infamies dont vous avez été victimes !

A l'un, l'Angleterre prêtait des troupes sous le prétexte de le protéger contre ses ennemis, et dès qu'elle avait un pied dans l'État, elle achetait à prix d'or et de promesses l'entourage du rajah, finissait par faire ce dernier prisonnier, à la moindre tentative pour recouvrer son indépendance, et annexait son royaume.

Avec l'autre, on faisait un traité d'alliance offensive et défensive, dans le seul but d'entretenir un ambassadeur à sa cour, sous le nom de résident, et un médecin. Six mois ou un an après, le rajah mourait dans son lit d'une indigestion ou de toute autre chose. « Ces rajahs sont si gloutons, » écrivait le médecin anglais chargé de constater le décès ; et un enfant, fils ou neveu du défunt, âgé de cinq ou six ans, montait sur le trône avec l'appui et sous la tutelle de l'Angleterre.

Ces jeunes princes, d'ordinaire, n'arrivaient jamais à leur majorité. Jouaient-ils par hasard à leurs bienfaiteurs le tour odieux d'arriver à âge d'hommes malgré tous les soins dont ils étaient entourés, *on leur défendait alors de se marier*, pour qu'ils ne pussent laisser d'héritiers légitimes, et ce, sous peine d'être détrônés immédiatement.

D'autres fois, sous le dehors de l'amitié, ou la menace à la bouche, indifféremment, on épuisait la caisse d'un malheureux rajah ; et cet argent servait à faire mutiner ses troupes, qu'il n'avait plus le moyen de payer.

Je viens de parler de la confiscation du royaume d'Aoude. Quel infâme abus de la force! Ce pauvre roi d'Aoude avait vidé ses trésors entre les mains de l'Angleterre, il lui avait prêté ses armées pour l'aider à écraser ses ennemis ; plus on lui demandait et plus il donnait ; les journaux de Calcutta ne l'appelaient que l'ami de la reine. Le malheureux tremblaït sous la main du résident anglais, il remerciait à deux genoux à chaque emprunt qu'on lui faisait, à chaque spoliation nouvelle. Il y aurait peut-être eu quelque grandeur d'âme à le laisser mourir en paix sur son trône. Oui ! mais il avait un fils jeune, entreprenant, et l'Angleterre avait décidé qu'il n'hériterait pas de son père.

Un beau jour, le pauvre rajah d'Aoude fut attiré à Calcutta. Dans un arrêté qui restera la honte de ce gouverneur, lord Dalhousie lui déclara « qu'il ne savait pas gouverner ses États ». Le royaume d'Aoude fut annexé aux possessions anglaises, et le rajah enfermé dans un palais avec une dotation qui lui laissa à peine de quoi vivre.

Le gouvernement de Londres blâma énergiquement ce rapt odieux, désavoua ses agents, mais refusa de restituer. Cela s'appelle sauvegarder la morale en conservant les bénéfices.

Lorsque Warren Hastings, cet homme dont on ne peut prononcer le nom qu'avec un sentiment d'insurmontable dégoût, fut mis en jugement sous la pression de l'opinion publique en Europe, son procès, qui dura dix ans, se termina par un acquittement scandaleux. Malgré ses vols à main armée, ses rapines, ses nombreux assassinats, les nobles lords du noble parlement le déclarèrent innocent. N'avait-il pas plus que doublé les possessions anglaises dans les Indes?

La révolution de 1857 n'a été que la conséquence de cette spoliation éhontée et du renversement du dernier des rajahs de Lucknow, révolution toute musulmane, ainsi que nous avons déjà eu occasion de le dire.

Descendez des hauteurs du Pendjab, en visitant Lahore, Lucknow, Delhi, Agra; traversez le Bengale par Bénarès; revenez à l'ouest par Haïderobad la sainte, Haïderobad, la Mecque des musulmans de l'Inde, jusqu'à Bombay, partout vous rencontrerez la domination musulmane encore vivante par le souvenir, et pleine d'espérances.

Dans le nord surtout, où les musulmans s'étaient

assis plus solidement, tout nous parle à l'œil et nous redit leur ancienne puissance. Vous les retrouverez ayant conservé leur ancienne fierté, leurs traditions historiques et leur type dans presque toute sa pureté.

Tous leurs palais, temples, mosquées, sont encore debout ; les fêtes du ramadhan se font comme aux rives du Bosphore ; le croyant se tourne chaque matin du côté de la Mecque, priant Allah d'envoyer le sauveur : partout l'image du passé suffit, en parlant à la mémoire, à entretenir une foi vivace dans l'avenir, et la haine contre l'oppresseur étranger.

Le jour où les Russes, franchissant l'Afghanistan, s'avanceront dans les plaines de l'Himalaya et du haut Bengale pour chasser les Anglais de l'Indoustan, ils auront une alliance toute prête qui, d'elle-même, s'offrira à eux : c'est celle des vingt-cinq ou trente millions de musulmans que compte la péninsule, et que le désir de la vengeance soulèvera au premier signal.

En 1850, Jung Bahadour, un des rajahs du nord, vint en France sonder le terrain. Il pressentait l'annexion de son pays, et voulait emmener avec lui dans l'Inde des officiers français pour former ses soldats et les commander. Il échoua sur toute la ligne. L'homme qui songeait alors à se bâtir un trône sur les ruines de la république française avait trop d'intérêt à ménager l'Angleterre pour songer à reprendre la vieille politique coloniale de la France.

Les conquêtes successives de toutes les provinces de l'île de Ceylan n'ont eu lieu, comme dans l'Inde entière, qu'à l'aide d'une suite de manquements à

2.

la foi jurée, de traités foulés aux pieds, et de mas-
sacres en masse, des rajahs et de leurs troupes qui
défendaient leur indépendance. Les journaux de la
Cité appelaient ces gens-là des rebelles. Il faut avouer
que les peuples civilisés ont des mots charmants pour
colorer les infamies que l'ambition leur fait commettre. Le grand talent de l'Angleterre est de faire croire
à l'Europe qu'elle répand à flots les idées civilisa-
trices dans ses immenses possessions de l'Asie, alors
qu'elle maintient au contraire ces contrées dans un
état d'abrutissement qui ne favorise que trop bien
sa domination.

Cela va de soi ; le jour où l'Angleterre aurait aboli
les distinctions de caste, civilisé l'Inde à l'européenne, en un mot, les cent cinquante millions
d'Indous, unis, devenus un peuple, la prieraient
poliment de s'en aller, et l'Angleterre obéirait.

Mais il ne faut pas que le touriste, que l'homme
d'État, que le prince étranger qui voyagent puissent
se douter de l'état d'esclavage et d'abaissement dans
lequel elle maintient ses sujets.

Pour obtenir ce résultat, on a bourré Colombo,
Bombay, Madras, Calcutta, de bibliothèques, d'écoles
gratuites, de cours supérieurs, d'institutions de bienfaisance et d'hôpitaux. Tout cela, je dois le dire avec
la plus entière impartialité, est admirablement tenu
et fontionne très-bien ; et si l'Inde entière possédait
les institutions des villes que je viens de nommer,
l'Angleterre jouerait en Orient un grand rôle mora-
lisateur et philanthropique.

Il n'en est rien, malheureusement ; mais le
trompe-l'œil est si bien organisé, que le visiteur

étranger s'en retourne émerveillé, sans se douter seulement qu'à quelques lieues de cette école de médecine, de ces bibliothèques, de ces jardins botaniques, de ces hôpitaux, commencent l'oppression et la bastonnade.

Frappez dans les rues de Calcutta un Indou qui vous a volé ou insulté, et cela vous vaudra la prison et l'amende ; tuez-en un à quinze milles de là, et dans tout l'intérieur, et cela vous coûtera une déclaration de légitime défense à la police, qui écrira sur son registre : « Mort par accident. » A aucun prix, l'Angleterre ne veut laisser affaiblir le prestige de l'Européen dans l'intérieur de l'Indoustan.

J'ai vu le duc de Brabant, aujourd'hui roi des Belges, quitter Calcutta, qu'il était venu visiter, enthousiasmé du spectacle qui s'était offert à lui, et ne point cacher son étonnement d'avoir rencontré dans la capitale des Indes anglaises toutes les grandes institutions dont s'honore l'Europe scientifique, philosophique et littéraire.

Si, d'aventure, quelqu'un s'était glissé à ses côtés, et lui avait dit : Échappez-vous incognito du palais que vous habitez, faites-vous déposer par le chemin de fer dans la première station venue de l'intérieur, et voyagez seul avec un ou deux domestiques pendant quinze jours, un mois, il n'eût sans doute pas écouté le conseil ; mais, s'il l'eût fait, il eût appris rapidement à priser à leur valeur toutes ces décorations à grand spectacle dont l'Angleterre masque habilement son indigne tyrannie.

Il aurait vu condamner à l'amende et à la bastonnade, par un juge anglais, des Indous coupables d'avoir porté des sandales, alors que leur caste ne le leur permettait pas... Il aurait appris que, dans les années de disette, les malheureux Indous meurent le long des chemins sans que le haut gouvernement de Calcutta songe un instant à prohiber l'exportation du riz. Attenter à la liberté commerciale, grands dieux! que dirait John Bull, qui précisément dans ces moments-là fait ses plus belles opérations?

Un fait entre mille, pour bien faire comprendre tout l'odieux du système :

En 1866, la récolte du riz avait manqué au Bengale et dans une grande partie du sud de l'Inde. Les malheureux indigènes, dont c'est la seule nourriture, mouraient sans se plaindre, persuadés, dans leur fanatisme, que c'était la main de Dieu qui les frappait.

Des souscriptions privées s'organisèrent à Calcutta, et un comité fut nommé, chargé d'acheter du riz avec les sommes recueillies.

Cette œuvre de bienfaisance fut exploitée avec l'audace la plus éhontée.

Une des premières maisons de commerce de la ville, apprenant que le comité avait en main des sommes considérables, — dix lacs de roupies, soit deux millions, — acheta coûte que coûte tout le riz disponible sur la place, et se mit ostensiblement à en charger trois navires qu'elle affréta spécialement pour cette petite opération.

Dans l'impossibilité où se trouvèrent les délégués de la charité de se procurer du riz, ils furent forcés de s'adresser aux chefs de cette maison, qui leur tinrent ce langage :

— Nous ne demanderions pas mieux, messieurs, que de nous joindre à vous dans l'œuvre de bienfaisance que vous accomplissez, en vous cédant le riz que nous avons acquis, au prix d'achat. Mais nous n'avons pas opéré pour notre compte, et nous ne pouvons disposer de ces grains, achetés pour le compte de diverses maisons d'Europe.

Le seul moyen de mettre notre responsabilité à couvert serait, si la charge n'était point trop lourde pour vous, de donner une indemnité aux trois navires que nous avons affrétés, qui vont se trouver sans chargement, et de consentir à payer ce riz au taux des marchés de Londres et de Bordeaux. A l'abri alors de tout reproche vis-à-vis de nos commettants, nous abandonnerions pour notre part la commission qui nous reviendrait sur cet achat, trop heureux de contribuer dans la mesure de nos faibles moyens à lutter contre cet horrible fléau qui... On connaît le restant de la période.

Inutile de dire que personne ne fut la dupe de cette histoire fabriquée à plaisir pour les besoins de cette odieuse spéculation.

Il fallut en passer par là; le riz fut acheté aux conditions proposées, et l'honnête maison réalisa, en moins de trois jours, un demi-million de bénéfices nets sans avoir eu la peine de sortir une roupie de sa caisse.

Le lendemain, chacun répétait à Calcutta, en parlant du chef de cette maison : Quel gaillard habile, que ce X...! Et ce qu'il y a de plus triste, c'est que pas une voix ne s'éleva pour flétrir une pareille manœuvre. Pour tous les Anglais, c'était une opération des plus morales.

En temps de guerre, on proscrit l'exportation de la poudre, des armes, et de tous les engins de destruction. Quand des milliers de personnes meurent de faim, il paraît que la liberté commerciale anglaise ne permet pas de prendre des mesures pour leur conserver leur nourriture.

Si l'exportation du riz eût été défendue, l'honorable maison dont nous venons de parler n'eût jamais pu accomplir sa petite spéculation : elle eût regardé à deux fois avant d'acheter d'aussi grandes quantités de riz, qu'elle eût été obligée d'écouler sur place.

De pareils faits se peuvent passer de commentaires.

Si je ne sentais le besoin de ne point trop arrêter le lecteur sur des sujets d'observation pure, et de revenir aux scènes plus intéressantes, plus mouvementées de mes pérégrinations cyngalaises, ce serait ici le cas, après avoir dit quelques mots de l'administration anglaise dans l'Inde, de montrer comment l'exploitation commerciale et industrielle des particuliers, auxquels la loi laisse toute licence, vient à son tour enlever à l'Indou et au Cyngalais ce que le fisc a bien voulu leur laisser. Mais, pour qu'elles soient acceptées et lues sans fatigue, il me paraît bon d'abréger ces sortes d'études, et surtout de les traiter au hasard de la plume, en les faisant naître des incidents du voyage, plutôt que de les réunir dans une partie de l'ouvrage.

Partis de Batticott après les chaudes heures de

la sieste, j'arrivai à Jaffnapatnam, la ville capitale de la presqu'île cyngalaise, à la chute du jour. Tous les habitants, Européens ou natifs, qui pouvaient se procurer le luxe d'une voiture ou d'un cheval de selle, se pavanaient sur le *Strand*, en attendant l'heure du dîner. Je me rendis immédiatement au *belatti-bengalow* (bengalow des étrangers), préférant cet asile à tout autre que mes lettres d'introduction eussent pu me procurer, en raison de la liberté qu'il laisse au voyageur.

Ce serait à Jaffnapatnam que, suivant la légende, Rama, rajah de l'Indoustan, aurait débarqué avec une puissante armée pour venir mettre le siége devant Lankapoor.

L'origine de cette guerre célèbre est d'autant plus curieuse à connaître, que les Grecs de l'Asie Mineure en conservèrent le souvenir à travers leurs traditions nuageuses, et que les différents chants de l'Iliade, recueillis sous le nom d'Homère, ne sont que l'écho de cette lutte gigantesque.

Le siége de cette Troie fabuleuse, dont rien ne consacre l'existence au point de vue historique, n'est autre chose que le siége de Lankapoor, à Ceylan, dont le souvenir, conservé par les rapsodes, fut apporté en Asie Mineure par les émigrations indoues.

Rawana, ayant chassé du trône son frère Vishravas et dompté les autres rajahs de Ceylan, se fit proclamer roi de l'île entière; sa puissance était telle, que les souverains de la grande terre, c'est-à-dire de l'Inde, recherchaient à l'envie son alliance Seul, le roi d'Aodhya (Aoude), Rama, osa le braver.

accueillir à sa cour et combler d'honneurs son
frère Vishravas, qu'il avait détrôné.

Rama avait une femme, célèbre dans l'Asie entière pour sa beauté, et qu'il adorait; Rawana,
pour se venger, la lui enleva par surprise et la
cacha dans les forêts impénétrables de Ceylan.

En apprenant ce rapt odieux, Rama, qui voyageait dans les montagnes du Kanawer, revint en
toute hâte dans ses États, et, ayant fait appel à tous
ses alliés, vint avec une armée innombrable mettre
le siége devant Lankapoor, la capitale de Rawana.

Ce siége mémorable dura douze ans et se termina après la mort de Rawana, tué en combat singulier par Rama, lors du dernier assaut qui donna
la victoire aux troupes de ce dernier. Rama ramena
en triomphe sa femme Sita, à Aodhya. Sagriwa-
Hannouman, son allié le plus fidèle dans cette longue guerre, en retournant dans ses États, sur la côte
de Coromandel, fut assailli par une tempête furi-
bonde qui lui fit perdre sa route, et ce n'est qu'après
avoir erré longtemps sur les mers qu'il put rega-
gner son royaume, où il eut à lutter contre ses
parents, qui avaient jeté sa femme en prison et
s'étaient emparés du pouvoir. Il eut raison de tous
et parvint à remonter sur son trône. Ces événements, consacrés dans l'Inde par les monuments
historiques, par les inscriptions et les pagodes, ont
fait le sujet d'interminables poëmes, dont le plus
célèbre est le Ramayana, qui a servi, on n'en saurait douter, de modèle à l'Iliade.

Les pérégrinations d'Hannouman chantées dans
le Sagriwayana, ont également inspiré l'Odyssée.

Quel passé merveilleux et extraordinaire il nous sera donné d'exhumer, lorsque l'étude du sanscrit, mieux comprise, aura fait transporter dans l'Inde cette école d'Athènes, qui ne peut plus rendre de services aujourd'hui, et que les élèves de l'École normale, qui sont déjà des maîtres, en étudiant avec les brahmes la vieille langue mère, pourront puiser au foyer même de toutes les primitives traditions du monde.

D'après les documents les plus authentiques et qui peuvent se constater, en outre du livre et de la tradition, par les calculs astronomiques laissés par les anciens brahmes, qui faisaient passer leur premier méridien par Lankapoor, la prise et la destruction de cette ville a eu lieu environ six mille ans avant notre ère, c'est-à-dire plusieurs milliers d'années avant les migrations qui vinrent coloniser l'Asie Mineure, l'Arabie, l'Égypte et la Grèce.

Si j'en avais le loisir, dans ce cadre restreint, je pourrais conduire le lecteur à travers les merveilles historiques des premiers âges de Ceylan, l'initier à cette brillante civilisation que développèrent les rajahs de la dynastie somawansé, illustres surtout par les grandes voies, les canaux, les étangs d'arrosage, et les monuments qu'ils firent construire, pour faire vivre leurs sujets dans la prospérité et l'abondance. La période védique et brahmanique fut aussi admirable à Ceylan par sa civilisation, son génie littéraire et philosophique, que dans le reste de l'Indoustan, et les grandes ruines que nous rencontrerons sur notre route, principalement aux environs d'Anaradhapoor, nous donneront plus d'une fois l'occasion de constater que l'art ne fut au-dessous ni du poëme, ni des spéculations métaphysiques. En effet, les sculptures de granit de ces grands monuments, qui fléchissent, au milieu de la campagne déserte, sur leurs colonnes brisées, comme exécution et expression, peuvent être comparées à tout ce que le ciseau de la Grèce nous a laissé de plus parfait.

L'art grec, du reste, n'est-il pas, à tous égards, d'origine indoue?

Nous savons à quoi nous en tenir, aujourd'hui, sur le compte de ces anciens, que nous avons tant admirés comme n'ayant pas eu de devanciers, parce qu'ils ont oublié de nous indiquer leurs sources. Le grec n'est que du sanscrit presque pur. Phidias et Praxitèle ont étudié en Asie l'œuvre de Daouthia, Ramana et Aryavosta. Platon disparaît devant Djeminy et Vedy-Vyasa, dont il n'est qu'un littéral copiste. Aristote est débordé par le Pourva-Mimansa et l'Outtara-Mimansa, dans lesquels on retrouve tous les systèmes de philosophie que nous nous sommes mis à rééditer, depuis le spiritualisme de Socrate et de son école, le scepticisme de Pyrrhon, de Montaigne et de Kant, *jusqu'au positivisme de Littré.*

Que ceux qui douteraient de l'exactitude de cette dernière assertion veuillent bien lire cette phrase, que j'extrais textuellement de l'Outtara-Mimansa, ou Vedanta, de Vyasa, qui vivait à une époque que la chronologie brahmanique fixe à dix mille quatre cents ans avant notre ère :

« Nous ne pouvons qu'étudier des phénomènes,

les constater, et les tenir pour relativement vrais, mais rien dans l'univers, ni par perception ni par induction, ni par les sens ni par le raisonnement, ne venant démontrer l'existence d'une cause suprême, qui aurait, à un point marqué du temps, donné naissance à l'univers, la science n'a à discuter ni la possibilité ni l'impossibilité de cette cause suprême. »

Comme les associations d'idées vous jettent, sans que vous vous en aperceviez, en dehors de votre route ! J'oublierais volontiers mon voyage pour me plonger dans ces études sanscrites qui me sont si chères, et dont presque toutes mes pérégrinations dans l'Inde ont été le but.

Le lendemain de mon arrivée à Jaffnapatnam, je fis une visite à la maison Steward-Soupraya-Chetty, sur laquelle j'avais une lettre de crédit, et dont les associés mirent gracieusement à ma disposition leurs maisons de ville et des champs, ainsi que leurs voitures. Dans l'Inde entière, il suffit que vous soyez présenté, — et la lettre de crédit est la meilleure de toutes les présentations, — pour qu'immédiatement on exerce à votre égard tous les devoirs de l'hospitalité la plus large, et que vous puissiez vous considérer comme chez vous dans la maison de votre hôte.

La maison Steward-Soupraya-Chetty possédait deux associés anglais et un associé malabare, qui, en apportant ses millions, avait tenu à l'honneur de voir figurer son nom dans la raison sociale de la maison de commerce.

C'est ainsi que beaucoup d'Anglais, jeunes, intelligents, actifs, jettent les bases d'une fortune importante et rapide. Après avoir passé quelques années dans un comptoir comme employés, ils s'associent avec de riches Indous de la caste des commoutys, qui, tout en faisant fructifier leur argent, se trouvent enchantés par orgueil de mettre leur nom à côté de celui d'un Anglais.

La caste des commoutys est aujourd'hui, dans le sud de l'Inde et dans le nord de Ceylan, la plus puissante de toutes les castes, après celle des brahmes. Dans les villes de l'intérieur, moins exploitées par les Anglais que celles de la côte, le commerce est en entier dans les mains des commoutys et des chettys, qui forment deux castes, celle des marchands en gros, banquiers, armateurs, et celle des marchands au détail et commissionnaires, qui se soutiennent l'une l'autre par de vastes associations, attirent les capitaux et centralisent les marchandises.

Et certainement ces deux classes d'hommes, actifs, retors, et qui, au besoin, font bon marché de leurs préjugés de caste, arriveraient à jouir d'une influence redoutable, à être les promoteurs de réformes qui pourraient un jour unifier l'Inde contre l'ennemi commun, si de temps en temps l'Angleterre ne les mettait en coupe réglée, et ne suscitait des luttes et des divisions d'intérêt qui, en quelques mois, détruisent l'œuvre de vingt années de conciliation et de travail.

Il suffit d'accorder un privilége quelconque à une fraction d'une de ces castes, pour lui attirer immédiatement la haine des autres moins bien partagées; et quels priviléges? On ne se douterait pas en Europe que l'on puisse soulever dans l'Inde des tempêtes d'orgueil et des rancunes qui ne s'éteindront plus, en concédant, par exemple, aux commoutys qui exercent la profession de banquiers ou de changeurs, et cela par lettres patentes, le droit de porter des sandales dorées, alors qu'on le refuse aux commoutys armateurs ou négociants en indigo.

Il n'est distinction si minime et si puérile que l'Indou n'ambitionne d'obtenir, même au prix de toutes les bassesses, du moment que cette distinction émane de l'autorité, et que nul ne peut se l'attribuer sans autorisation.

Pour favoriser les associations entre les sujets anglais et les riches Indous, qui fournissent les capitaux, tout associé indou d'une maison européenne a droit à une foule de priviléges tout personnels, qu'il ne transmet ni à sa famille, ni à sa caste, et qui cessent pour lui le jour de la dissolution de la société.

J'acceptai à dîner chez MM. Steward, et fus prendre le thé, le soir, chez le babou Soupraya-Chetty, leur associé.

Le titre de babou est donné par les Européens à tout indigène de haute caste qui se trouve en relations commerciales avec eux.

Soupraya-Chetty, apprenant que je recherchais toutes les occasions de pouvoir étudier par moi-même les mœurs, les coutumes, les fêtes et les cérémonies religieuses des Indous, m'annonçant qu'une des plus grandes fêtes du culte malabare devait commencer le surlendemain dans le temple de Kandah-Swany, mit à ma disposition, pour y passer le temps que devait durer cette fête, une magnifique maison de campagne qu'il possédait à un demi-mille du village de Wannapané, où ce temple était situé.

La pagode de Kandah-Swany ou Willenoor est une des plus belles de toute la province de Jaffna-patnam. Cette fête devait attirer une énorme foule de pèlerins de tous les points de l'Indoustan; aussi acceptai-je avec empressement l'offre qui m'était faite. J'emprunte à mes études religieuses sur les origines de la *Bible dans l'Inde* la description de cette fête, une des plus singulières de cette religion brahmanique qui, partie de l'unité de Dieu et de la trinité, en arrive peu à peu, dans un intérêt de domination sacerdotale, à plonger la foule dans les superstitions les plus ridicules et les plus odieuses, tout en conservant pour les hautes classes des croyances plus philosophiques et plus pures.

Cette fête commence cinq jours avant la nouvelle lune de mai, et ne finit que cinq jours après, sans cesser une seule minute, sans accorder un instant de repos à la foule immense qui y assiste.

Quelque temps avant, les brahmes, accompagnés des bayadères attachées au service de la pagode, se rendent dans les maisons européennes pour faire leurs invitations, qu'il est d'usage d'accepter, en faisant une offrande aux jeunes et jolies prêtresses du temple et de l'amour, qui, ce jour-là, se parent de leurs plus beaux bijoux et vous adressent leurs sourires les plus provoquants.

Nul ne peut se soustraire à ce petit impôt, prélevé du reste le plus gracieusement du monde par les aimables quêteuses, qui, cette fois, ne partagent pas avec les brahmes; ce sont les petits profits de ces pauvres filles, qui vont pendant dix jours danser et déployer leurs grâces en l'honneur de Siva.

Les huit premiers jours de la fête se passent dans l'intérieur du temple; les Indous de haute caste seuls y sont admis, le menu peuple reste dans les cours de l'édifice, se contentant d'entendre de loin la musique et les chants sacrés.

Le premier jour est consacré à Siva et uniquement employé à célébrer son action bienfaisante sur la nature; c'est grâce à lui que de la décomposition naît le germe qui fait pousser le riz, si utile à l'homme, les fleurs parfumées et.les grands arbres qui ornent la terre de leur feuillage.

Pendant la nuit, on chante l'union mystérieuse du dieu avec la belle Parvady, qui a produit le héros Cartignay, qui débarrassa la terre du géant Kaya-mangasaura, monstre à tête d'éléphant.

Le second jour est employé à prier pour les âmes des ancêtres; la nuit, on leur offre du riz bouilli consacré, du miel, du beurre et des fruits. Une fois voués aux mânes, ces aliments ont la propriété d'effacer toutes les souillures. On les distribue aux assistants, qui doivent les manger au soleil levant, et aller se plonger immédiatement dans l'étang sacré qui se trouve sur un des côtés latéraux du temple.

Le troisième jour se passe à implorer les pouléars, divinités protectrices des villages et des campagnes, sorte de dieux pénates.

La nuit, on bénit les images de ces dieux, apportées.par les fidèles, qui les placent ensuite dans leurs maisons et sur les bords des champs, pour en protéger les limites.

Le quatrième jour et la nuit qui suit sont destinés à célébrer la rivière de Mahavelle-Gouya, dont les eaux ont la même propriété purifiante que celles du Gange pour ceux que la pauvreté ou des infirmités empêchent de faire, au moins une fois dans leur vie, le pèlerinage au grand fleuve.

Le cinquième jour est celui des offrandes : les fervents se pressent en foule sous les portiques, apportant du riz, de l'huile, du bois de sandal, qui sert à faire, avec l'encens, la poudre odorante qui brûle dans les trépieds d'or, et des vases précieux. Les brahmes excellent dans l'art de mettre en lutte l'orgueil des riches Indous, pour les faire rivaliser de magnificence dans leurs présents.

Le sixième jour, on prie pour que les entreprises de ceux qui se sont particulièrement distingués dans leurs dons ne soient traversées par aucun mauvais génie, et un brahme annonce, le lendemain, à la première heure du matin, quels seront les jours particulièrement néfastes de l'année.

Le septième jour, spécialement destiné aux femmes qui n'ont pas encore conçu, est employé à conjurer Siva de leur accorder une heureuse fécondité ; celles qui plus spécialement désirent mettre un terme à leur stérilité doivent passer la nuit dans un des sanctuaires reculés de la pagode sous la protection du dieu.

Les brahmes profitent de l'obscurité et de l'émotion que ce lieu excite en elles pour les prostituer entre eux, et se livrer à une nuit de débauche et d'orgie. Ils persuadent à ces pauvres femmes, craintives et crédules à l'excès, qu'elles ont reçu la visite d'esprits supérieurs envoyés auprès d'elles par Siva lui-même.

Il arrive parfois que des femmes de la plus haute caste et d'une ravissante beauté sont ainsi livrées à des étrangers, qui payent de très-fortes sommes aux brahmes pour être introduits secrètement, cette nuit-là, dans la pagode.

Je ne sais si les prêtres du temple de Kandah-Swany, à Ceylan, seraient aussi facilement corrompus; ce dont je puis répondre, c'est que dans tout le centre de l'Indoustan, du Maïssour à Hayderabad, ce n'est qu'une question d'argent.

Le huitième jour se passe tout entier à orner et à décorer le char monumental qui doit, le lendemain, faire le tour de la pagode en portant la statue de Siva.

C'est d'ordinaire le neuvième jour seulement que les Européens invités se rendent à la fête. Des pandals ornés de fleurs sont préparés pour les recevoir.

A onze heures précises, au bruit des fusées, des artifices, des chants et de la musique, deux ou trois mille Indous fendent la foule et vont s'atteler, par de longues cordes en fibres de coco, au char du dieu, haut comme un monument, et couvert de sculptures allégoriques.

Tout à coup, un cri immense ébranle l'air, les bayadères marchent en cadence et font écarter la foule, les prêtres entonnent une hymne sainte : c'est le char qui commence sa marche triomphale.

3.

Autrefois, des centaines de fakirs venaient se précipiter sous les roues et se faisaient broyer à l'envi
sous la statue du dieu : tout le parcours de l'attelage
sacré était marqué par le sang et les lambeaux de
chair des victimes; aujourd'hui le fanatisme n'est
pas moindre, mais le contact des Européens a contribué à diminuer le nombre de ces holocaustes, et
c'est à peine si à chaque grande fête cinq ou six de
ces misérables exaltés continuent encore à se faire
écraser par le char de Siva.

Quand la colossale statue du dieu a achevé sa
course autour du temple, la cérémonie est finie pour
ce jour-là. Il faut un peu de repos pour se préparer
à la grande fête de nuit du lendemain.

C'est le moment pour l'étranger d'entrer dans les
cours et dépendances de la pagode pour visiter les
sannyassis et les fakirs.

Les sannyassis sont des pèlerins mendiants qui
ont accompli le pèlerinage au Gange, par suite
de vœux plus extraordinaires les uns que les
autres.

Les uns sont allés jusqu'aux rives du fleuve sacré
en mesurant la distance avec leur corps.

D'autres ont accompli le même voyage en mar-
chant sur les genoux et les mains; d'autres encore,
en s'attachant les pieds et sautant tout le long de la
route.

Il en est qui se sont condamnés à ne manger et à
ne dormir que tous les trois jours tout le temps du
parcours.

Mais ce n'est rien encore, et la folie de ces gens-là
est de beaucoup dépassée par le fanatisme des fakirs,

qui restent impassibles et souriants au milieu des douleurs les plus atroces, des supplices les plus effrayants.

Voyez cette roue qui tourne avec rapidité, entraînant avec elle cinq ou six corps humains qui rougissent la terre de leur sang : ce sont des fakirs qui s'y sont attachés avec des crochets de fer passés dans les cuisses, les reins et les épaules.

A côté d'eux, en est un autre étendu sur une planche garnie de longues pointes qui lui pénètrent fort avant dans les chairs.

Voyez cet homme qui pompe, à l'aide d'un chalumeau, un peu de bouillie dans un plat; il s'est condamné au silence, et, pour se mettre dans l'impossibilité de rompre son vœu, il s'est avivé les lèvres avec un fer rouge, les a cousues ensemble pour les mieux souder, en ne laissant au milieu de la bouche qu'un petit trou qui ne peut laisser passer que des aliments liquides.

Son voisin est réduit à manger dans un plat comme les animaux, car il ne peut plus se servir de ses mains : il a gardé pendant de longues années les mains croisées et liées l'une sur l'autre avec des cordes, de façon que les ongles de la main droite reposassent sur la paume de la main gauche, et les ongles de la gauche sur la paume de la main droite. Les ongles ont continué à pousser et, traversant les chairs, ont cloué, comme deux planches, les deux mains l'une contre l'autre.

Quelles horribles mutilations ! Au bout de quelques pas, le cœur se soulève de dégoût. Mais, avançons toujours, il est de plus affreux supplices encore, et pas une plainte, par un cri : on dirait que ces hommes ont vaincu la douleur.

Quelle est cette masse inerte étendue sur la terre, et que l'on dirait morte, si elle ne respirait pas : ses bras et ses jambes sont tordus et ankylosés ; elle n'a plus ni nez ni oreilles ; les lèvres, coupées jusqu'à l'extrémité des gencives, laissent voir les dents, qui s'entr'ouvrent parfois. Horreur ! ce cadavre n'a plus de langue ; on dirait une tête de mort. Est-ce bien un homme ? Il respire encore, son corps n'est qu'une vaste plaie ; les vers le rongent à demi vivant.

Un autre est étendu sur un lit de charbons de bois presque rouges ; il les éteindra avec son sang.

Près de l'étang qui sert aux ablutions des brahmes, et à laver les statues des dieux, un fakir râle sous une pile de bois qui pèse au moins cinq à six cents kilogrammes, pendant qu'un autre, enterré jusqu'au cou, reçoit les rayons du soleil dans toute leur ardeur sur son crâne rasé jusqu'à la peau.

Je m'arrête... Aussi bien la vue se lasse, et la plume se refuse à décrire plus longtemps de pareilles horreurs.

Qu'est-ce qui peut pousser ces hommes à s'imposer de telles souffrances ? Quelle foi ardente et fanatique, s'ils croient, de cette façon, être agréables à leur dieu ! Quel courage et quel stoïcisme, si ce n'est que jonglerie !

Les brahmes, dont ils servent les desseins en émerveillant et stupéfiant la foule, les élèvent, dès l'âge le plus tendre, pour de semblables rôles. Ils fanatisent leur esprit par la séquestration et des

alternatives, habilement combinées, d'effrayantes
privations, de débauches et de jouissances infinies.
Grâce au babou Soupraya-Chetty, dont l'influence
était grande à Jaffnapatnam, il m'a été donné de
soulever un coin du voile et d'assister sans être vu à
une de ces scènes d'exaltations nocturnes pendant
lesquelles, au moyen de boissons factices, et surtout
par les bayadères, les brahmes amènent peu à peu
leurs victimes au degré voulu de fanatisme et de folie.
Je conduirai bientôt le lecteur à cet étrange spectacle,
aussi loin que me le permettront, et les ménage-
ments que je dois à sa délicatesse, et les artifices de
langage que peut employer une plume qui tient à
être respectée.

Pendant la nuit du dixième jour, qui est le dernier
de la fête, a lieu la promenade de la statue de Siva
sur l'étang sacré de la pagode, dont elle doit faire
sept fois le tour.

Je n'essayerai pas de décrire l'étrangeté bizarre
et grandiose de cette scène, qui éclate tout d'un
coup, comme par enchantement, au milieu de feux
de Bengale et de fusées qui, de tous côtés, illuminent
le ciel, lancés par cent mille mains.

La nuit est obscurcie par la fumée de trépieds d'or
où brûlent constamment des boules parfumées qui
tournent sur elles-mêmes, traçant dans la nuit un
cercle de feu ; l'étang sacré est au fond d'un cirque
immense. Une foule bigarrée s'agite sur les gradins,
trépigne, hurle en l'honneur du dieu. Par instants,
les flammes de Bengale s'arrêtent, l'obscurité pendant
quelques secondes est presque complète ; seule, l'é-
norme statue de l'idole illuminée glisse silencieuse-

ment sur les eaux ; à ses pieds dansent les bayadères, avec les poses les plus ravissantes; puis de nouveau les feux et les artifices s'élancent dans le ciel, au milieu des hourrahs frénétiques des assistants.

Le septième tour va s'achever; les chants deviennent des clameurs, le délire arrive à son paroxysme : hommes, femmes, enfants, se précipitent dans l'étang, pour se purifier dans les eaux que le dieu vient de parcourir... Malheur au paria qui aurait osé franchir les portes du temple : s'il était reconnu en ce moment, il serait infailliblement mis en pièces.

L'exaltation religieuse est telle, que même s'il plaisait aux brahmes officiants de désigner, au nom de Siva, les Européens invités à la colère de la foule, pas un seul ne sortirait vivant de cette enceinte.

Sur les quatre heures du matin, le dieu est reconduit en grande pompe dans les profondeurs mystérieuses de la pagode, d'où il ne sortira que l'année suivante.

Les feux s'éteignent lentement, la foule s'écoule peu à peu, au bruit des trompes sacrées et des tamtams, et l'étranger qui, comme moi, a assisté à ces divers spectacles, regagne sa demeure, sans pouvoir, sur le moment, se rendre compte facilement de ses sensations, tellement elles ont été multiples, curieuses et variées.

Cette fête de Siva est célébrée avec toutes les splendeurs qu'elle comporte, dans la pagode de Kandah-Swany, et je ne connais que le temple fameux de Chelambrum, dans le Karnatic, qui donne peut-être à ces cérémonies un caractère plus grandiose encore

On se fera une idée du luxe que peut déployer, à l'occasion, cette pagode célèbre, quand on saura qu'elle loge dans son enceinte et entretient à ses frais une population de quinze mille brahmes.

Les grandes fêtes du nord de l'Indoustan sont misérables en comparaison de celles-ci.

Dans le sud, où l'invasion musulmane s'est moins fortement établie, où l'intolérance n'a pas rasé les temples et courbé les consciences pendant plusieurs siècles sous la loi du cimeterre et du croissant, on dirait que la domination brahmanique est encore debout. Là se sont réfugiées les traditions religieuses, là sont les grands monuments, les ruines gigantesques, les dieux majestueux, taillés dans cinquante pieds de granit, là l'Indou est véritablement lui. La conquête n'a pu changer ni son type ni ses mœurs, et on trouve encore des villages habités uniquement par des brahmes qui ne parlent entre eux que la langue sacrée, c'est-à-dire le sanscrit.

C'est là qu'il faut venir fouiller et étudier. Que de choses merveilleuses sont encore à découvrir sur cette vieille terre, qui fut le berceau du monde!

Les rares Européens qui viennent faire quelques excursions dans l'Inde se jettent invariablement sur Calcutta, ville cosmopolite, et le Bengale, contrée plutôt musulmane qu'indoue.

Ils ne comprennent pas que le nord de l'Inde a perdu son cachet primitif, que là se trouve le champ de bataille de toutes les invasions passées et de toutes les invasions à venir, et qu'après les sectateurs d'Hayder-Ali, qui ont renversé les pa-

godes pour construire des mosquées, la race
anglo-saxonne est venue s'y implanter et rendre
impossible, en ruinant systématiquement tous les
rajahs, tous les princes indous, la reconstruction ou
tout au moins la conservation de tous les grands
monuments du passé.

Plus de grandes pagodes, et plus d'associations
de brahmes savants ; plus de grandes fêtes, mais du
coton et de l'indigo partout.

En prohibant sous les défenses les plus sévères le
culte brahmanique aux Indous, en jetant bas toutes
leurs pagodes, les fils d'Omar ont tué le passé religieux du nord de l'Inde. Aussi les fêtes du culte,
au Bengale, ne réunissent-elles pas ces masses im-
posantes de population que l'on remarque à celles
du sud et de Ceylan. Obligés autrefois de se cacher
pour invoquer leurs dieux, les membres de chaque
famille continuèrent à célébrer leurs cérémonies
en petit comité, même après avoir recouvré leur
indépendance religieuse ; et, l'orgueil de caste s'en
mêlant, la séparation devint bientôt un fait normal.
Chaque famille a aujourd'hui son brahme et son
autel ; l'unité religieuse, si précieusement con-
servée dans le Maïssour, le Karnatic, le Malayalam,
tout le sud en un mot, n'existe plus dans le nord
de l'Indoustan.

Les hautes castes ne veulent point des castes inférieures à leurs cérémonies ; dans la même caste,
le riche n'admet point le pauvre à prier avec lui. Il
faut qu'on dise, en voyant passer une statue ornée
d'or et de pierreries, suivie par des gens habillés
de cachemire : — C'est la poudja (fète, procession)

du babou un tel... On ne fait du luxe religieux que pour que la foule sache bien qui le paye.

C'est un peu la vanité européenne qui est venue s'enter sur la vanité indoue. Beaucoup même, aujourd'hui, parmi les membres des hautes castes, dédaignent de se mêler au public et payent des gens pour suivre l'idole et la procession en leur nom.

Cali, la déesse du meurtre et du sang, a toujours de nombreux adorateurs; mais ils se bornent à un culte purement platonique, et les thugs, qui doivent une bonne partie de leur réputation aux inventions de nos romanciers, au lieu de victimes humaines, se contentent de lui offrir des gâteaux au miel.

La seule fête du Bengale qui rappelle un peu le passé par ses splendeurs et l'affluence des assistants, est la poudja de septembre, où l'on invoque à peu près tous les dieux, et plus spécialement les déesses Sarasoudy, Latchoumy et Parvady, femmes prétendues de chacune des personnes de la trinité indoue, Brahma, Vischnou, Siva.

Mais il faut avouer que les Bengalis ont une curieuse manière d'honorer ces déesses. Ils exhibent pour la circonstance, sous les yeux de leurs enfants et de leurs femmes, les images les plus dégoûtantes et les plus obscènes, et représentent sur les tréteaux des farces dont l'impudeur dépasse toutes les bornes.

En public, les acteurs sont habillés à la mode indoue, et ils daignent placer quelques ombres à leurs tableaux; mais, dans l'intérieur des riches maisons qui peuvent se procurer le luxe d'une troupe d'acteurs à leurs frais, la licence ne connaît

aucune borne, et la plupart des personnages sont
dans le costume le plus primitif.

Parfois, ils s'habillent à l'européenne pour représenter leurs scènes les plus singulières ; ils se
vengent ainsi en cachette de leurs maîtres par des
satires de mœurs dans lesquelles la morale est ce
dont ils se soucient le moins.

Leur comédie-farce possède un personnage légen-
daire du nom de Ranguin, dans le genre du Puci-
nello italien et du Guignol du midi de la France,
mais bien autrement gredin que ces derniers : gour-
mand, menteur, voleur autant que pas un argotier,
il représente spécialement, dans la farce indoue,
l'impudicité poussée à ses dernières limites. Je voudrais bien donner une idée de cet effronté coquin,
dont les tours réjouissent les Indous de tout âge et
de toutes les classes. Essayons :

Un soir, dans un petit village des environs d'Agra,
j'obtins du tchaoukidar, le chef du village, d'assister
à une représentation indigène qui avait lieu dans
une des cours intérieures de sa maison. Lorsque je
pénétrai au milieu de l'assistance, l'abominable
Ranguin était en scène, et le public se pâmait de
rire devant les hardiesses de son monologue.

Après avoir sapé tout ce qu'on est convenu d'appeler en Europe les bases sociales, traîné dans la
boue tous les principes d'autorité, l'effronté décla-
rait que chacun était sur la terre pour s'y amuser à
sa guise, et que pour son compte il ne trouvait
qu'une chose de bonne, les plaisirs de l'amour...
Aussi n'avait-il d'autre occupation que celle d'arriver à posséder toutes les femmes qu'il rencon-

trait, par séduction ou par force. Passe une jeune miss anglaise, en chapeau vert-pomme, qui promène sa mélancolie par la campagne : Ranguin lui fait une déclaration... elle résiste, et le polisson la sacrifie par force sur l'autel de Cythérée... Arrive la suivante, à la recherche de sa maîtresse, même sort. La mère, demandant sa fille à tous les échos d'alentour, n'est pas plus respectée... Enfin le père, un bon vieux lord à longs favoris, à l'air respectable, vient savoir ce qu'est devenue toute sa famille. Ranguin s'élance sur lui... A cet instant, je me suis esquivé.

Voilà à quelles ignobles récréations se livrent ces populations sans force, sans énergie contre leurs oppresseurs, et chez lesquelles vingt mille ans et plus d'oppression sacerdotale ont enlevé toute idée de patrie, toute notion de dignité et de morale.

Il est vrai de dire qu'en public Ranguin modère ses ébats et, d'ordinaire, se contente de *monologuer* ce qu'il met en action dans ses représentations privées.

Les farces indoues qui se peuvent représenter en public ressemblent assez aux « farces, soties et mystères » que, comme les acteurs du Bengale, les clercs de la basoche jouaient, les jours de fête, à l'issue des cérémonies religieuses. On ne saurait douter que ces coutumes, qui ne sont point nées sur notre sol, que l'on ne rencontre pas dans les premiers siècles de la réforme chrétienne, ne soient d'origine asiatique, et n'aient été apportées par les invasions indoues qui à diverses époques se sont déversées sur l'Europe.

En résumé, c'est dans les provinces du sud de

l'Indoustan, et à Ceylan seulement, que les grandes fêtes brahmaniques se déploient dans toute leur magnificence, entraînant à leur suite des centaines de mille de fanatiques.

Quel spectacle que celui de ce flot humain, inondant, à la suite de la statue du dieu, les vallées, les montagnes, les rizières! Et, dans cette foule immense, pas un incrédule, pas un athée, pas un homme qui ne soit prêt à donner sa vie pour ses absurdes et superstitieuses croyances.

A la grande fête de Kandah-Swany, l'Inde entière était représentée ; il était venu des gens du Behar et du Kanawer, dont les grandes tailles et les figures pâles les faisaient facilement distinguer de ceux d'Orissa et du Karnatic, plus trapus et plus noirs. Ils avaient laissé leurs éléphants et tous leurs bagages de l'autre côté du détroit, sur la grande terre, à la garde de quelques-uns d'entre eux, et j'aimais à les voir passer dans les rues du village de Wannapané, méditatifs et songeurs, l'œil bleu fixé du côté du nord et des montagnes d'où ils étaient descendus.

Un jour, je demandais à l'un d'eux, qui s'était oublié sur le bord de la mer jusqu'à une heure avancée de la nuit, s'il avait quelque douleur qui chassât le sommeil de ses paupières?

— Non, me répondit-il, mais je viens respirer l'air de mon pays que le vent du nord m'apporte à cette heure.

Et il étendit la main dans la direction de l'Himalaya.

D'autres étaient arrivés de l'Aoude, d'Allahabad,

de Deypour, du Marwar, reconnaissables à leurs turbans verts, à leurs cheveux non rasés.

D'autres, enfin, représentaient Coïmbatour, Kouara, Balayaht, la côte de Coromandel, le Malabar et Guzzerah.

Quand la fête fut finie, le flot humain en eut pour quinze jours à s'écouler dans toutes les directions d'où il était venu; et, peu à peu, Jaffnapatnam, Wannapané et les villages voisins reprirent leur aspect accoutumé.

Chaque année, à la même époque, ont lieu les mêmes cérémonies, mais ce n'est que tous les cinq ans qu'elles attirent la même affluence de fidèles et de pèlerins. N'ayant trouvé personne qui pût m'expliquer les motifs de cette coutume, dont j'avais déjà eu à constater l'existence dans la plupart des grandes pagodes de l'Inde, à Madura, Chelambrum, Trichnapoli, Ellorah, par exemple, je pensai qu'on pouvait en faire remonter l'origine aux brahmes, qui, au temps de leur puissance incontestée sur l'Inde entière et Ceylan, durent établir cette périodicité dans la solennité des fêtes, pour que les pagodes d'une même province pussent à tour de rôle attirer une aussi grande quantité d'assistants les unes que les autres.

La religion brahmanique est si peu connue en Europe, les ouvrages spéciaux sont si rares, si peu complets et arrivent si difficilement à pénétrer dans la masse des lecteurs, qu'il me paraît utile, sans sortir de mon cadre de voyageur, de donner quelques notions de ce culte, d'où sont émanées toutes les religions anciennes et modernes.

On a généralement sur ce sujet les idées les plus singulières, puisées au contact de missionnaires intéressés à ne point dire ce qu'ils ont vu, ou de voyageurs qui n'ont relevé que des superstitions et des cérémonies ridicules, sans réfléchir que les formes extérieures d'un culte ne peuvent servir, surtout en Orient, à juger ses dogmes et sa morale.

Il n'est pas besoin de traverser les mers si l'on veut voir, en matière de religion, les scènes les plus absurdes. Les processions catholiques d'Espagne et d'Italie ne laissent rien à désirer à cet égard, avec leurs pénitents de toutes nuances, se schlaguant à qui mieux mieux dans des costumes de carnaval. Et sans aller aussi loin encore, on peut voir dans le midi de la France, à Perpignan, par exemple, des saintes de toutes provenances que l'on promène dans les rues aux jours de fête, mises à la mode avec des chignons, des bijoux et des crinolines.

Ce n'est point cependant sur cela et sur l'eau de Lourdes qu'il serait juste de juger la morale du Christ.

La religion indoue n'admet qu'un seul et unique Dieu, et Manou, dans son livre de la loi, le définit ainsi :

« Celui qui existe par lui-même, que l'esprit seul perçoit, qui échappe aux organes des sens, qui est sans parties visibles, l'âme de tous les êtres, et que nul ne peut comprendre. »

La Maha-Barada en donne aussi la définition suivante :

« Dieu est un, immuable, dénué de parties et de formes, infini, omniscient, omnipotent et omniprésent ; c'est lui qui a fait sortir les cieux et les mondes de l'abîme du néant, et les a lancés dans les espaces infinis ; il est le divin moteur, la grande essence originaire et °la cause efficiente et matérielle de tout. »

Trois personnes concourent à former ce Dieu, qui sont Brahma, Vischnou et Siva, et cette divine trimourti (en sanscrit, trinité), disent les livres sacrés et les brahmes, est indivisible dans son essence. Mystère profond, que l'intelligence de l'homme ne pourra saisir que lorsqu'il sera admis dans le sein de la divinité.

Brahma représente le principe créateur et reçoit en sanscrit le nom de père, *pitri*.

Vischnou est le fils de Dieu qui s'est incarné dans la personne de Christna, qui est venu sur la terre, pasteur et prophète, sauver l'humanité, puis mourir, son œuvre accomplie, d'une mort violente et ignominieuse.

Siva, enfin, est le principe de la destruction et de la régénération par la transformation : image de la nature, qui renferme en elle ces deux principes si opposés de vie et de dissolution. C'est l'esprit qui préside à cet éternel mouvement d'existence et de décomposition qui est la loi de tous les êtres.

Comme on le voit, c'est la trinité telle que l'Inde l'a transmise à toutes les théogonies du monde : même unité en trois personnes, mêmes caractères particuliers pour chacun des membres de cette unité.

Je ne m'étendrai pas plus longuement sur les attributs de la divinité, que la pure croyance brahmanique n'entoure d'aucune superstition.

Lorsque Brahma sortit de son immobilité pour animer les mondes, il créa d'abord les devas, esprits inférieurs, ou anges, dont il peupla le ciel; mais à peine eurent-ils l'existence, qu'une partie d'entre eux se révolta contre le Créateur. Chassés du séjour céleste, ils devinrent les rakchasas, génies malfaisants, ou démons, sans cesse occupés à troubler les humains, et surtout les sacrifices des pieux ermites, qui sont forcés d'implorer alors les secours des devas restés fidèles.

Ces esprits mauvais sont divisés en plusieurs catégories; il y en a de beaucoup plus puissants les uns que les autres. C'est ainsi que le mal prit naissance dans le monde.

Après avoir créé les devas, Dieu, selon l'expression de Manou, « développa la nature. Ce monde était plongé dans le chaos, imperceptible, dépourvu de tout attribut distinctif, ne pouvant ni être découvert par le raisonnement ni être révélé. Il semblait entièrement livré au sommeil. »

Il créa d'abord la terre, le soleil, la lumière, les étoiles, les plantes et les animaux, puis, enfin, l'homme.

Ici, pour la création de l'homme, deux versions sont en présence : celle des temps antévédiques et de Ceylan; et celle inventée plus tard par les brahmes, dans l'intérêt de leur puissance.

Dans mon premier voyage dans cette île merveilleuse de Lanka, où tous les souvenirs légendaires de l'Inde placent le berceau de l'humanité, j'ai donné, lors de mes excursions aux montagnes du **pic d'Adam**, le poétique récit de la naissance d'Adhima et d'Héva, ainsi que de leur désobéissance aux ordres de Brahma, désobéissance qui les fit chasser du paradis terrestre. C'est cette même légende qui, transportée en Égypte par les émigrations indoues, a été recueillie et dénaturée par la Bible hébraïque.

Toujours d'après la croyance indoue, qui a le droit de réclamer la priorité dans toutes ces inventions sur les origines du monde que les religions modernes se sont appropriées, les hommes étant devenus mauvais, ce qu'il devait parfaitement prévoir avant de les créer, Brahma résolut de leur imposer un terrible châtiment.

De là le déluge.

Il faut avouer que les prêtres de tous les pays ne se sont jamais mis en grands frais d'imagination pour trouver quelque chose de logique et de sensé à enseigner aux hommes.

La tradition indoue est la même que celle que l'on connaît. Un homme juste, Waivaswata, prévenu par le Seigneur du cataclysme qui allait avoir lieu, construit un navire, s'y sauve, lui et toute sa famille, avec un couple de tous les animaux, et repeuple le globe.

Dans ces chaudes latitudes, où l'imagination se complaît à entourer de fictions les choses les plus simples, les poëtes ont raconté de cent manières différentes cette légende des premiers âges. Suivant les uns, Waivaswata et sa femme, après avoir été miraculeusement sauvés, eurent beaucoup d'enfants qui se partagèrent le monde ; suivant d'autres, à peine eurent-ils quitté l'arche, qu'ils n'eurent qu'à

jeter des pierres autour d'eux dans la boue, pour
en faire sortir des hommes immédiatement. D'un
côté, la version admise plus tard par la Judée; de
l'autre, celle adoptée par la Grèce.

Lorsque, après l'âge patriarcal et védique, les
prêtres brahmes divisèrent le peuple en castes, pour
asseoir leur despotisme et lui donner la consé-
cration religieuse, ils substituèrent à la légende
d'Adhima et d'Héva une légende qui leur permit
d'attribuer à Dieu lui-même les différentes classes
qu'ils établirent dans la nation.

Suivant cette croyance, dont on ne trouve aucune
trace dans les écrits de l'Inde qui remontent aux
patriarches, après avoir produit la matière, Brahma
aurait créé l'homme de la manière suivante :

De sa bouche, il fit sortir le brahme, c'est-à-dire le
prêtre; de son bras, le xchatria, c'est-à-dire le roi.
De sa cuisse naquit le vaysia, c'est-à-dire le marchand, le cultivateur; de son pied enfin, il tira le
soudra, c'est-à-dire l'esclave.

Aux brahmes fut réservé l'enseignement des Védas
ou écriture sainte, l'accomplissement du sacrifice.
Représentants directs de Dieu, ils furent maîtres et
propriétaires de la terre entière, dont les autres
classes n'étaient qu'usufruitières, suivant le bon
plaisir du prêtre.

Les xchatrias eurent pour devoir de gouverner
les peuples sous l'autorité des brahmes, qui leur
déléguaient une portion de leur puissance.

Les vaysias furent obligés de cultiver la terre,
d'élever les bestiaux, de faire le commerce; c'est
sur eux que reposait tout le poids de l'impôt: ils

étaient chargés de pourvoir au luxe des classes su-
périeures. Quant au soudra, créé le dernier, et
sorti des parties les moins nobles de la divinité, son
lot fut des plus simples et se peut traduire en deux
mots : obéir et servir. Il fut l'esclave des autres
castes.

La liquidation du système brahmanique, que nos
pères ont apporté de l'Asie, dure encore.....

Après la désobéissance d'Adhima et d'Héva,
Brahma, en les chassant de l'île de Ceylan, où ils ne
devaient plus rentrer, touché cependant de leur re-
pentir, leur avait promis un rédempteur qui, en
s'incarnant dans le sein d'une femme, viendrait ra-
cheter leur faute.

Cette naissance du fils de Dieu, constamment pré-
dite depuis par les saints prophètes, eut lieu dans
la province de Madura, dans le sud de l'Inde.

Suivant le Bagaveda-Gita, qui donne sa généalogie
entière, la vierge Devanaguy, issue sans interrup-
tion des rois les plus illustres de l'Inde, fut inondée
(obombrée, dit l'expression sanscrite) par les rayons
divins de Vischnou, qui s'incarna ainsi dans son
sein, et Christna naquit. (L'expression sanscrite
Kistna ou Christna signifie : divin, sacré, et a donné
naissance au mot grec Χριστὸς, qui a la même signification.)

Le rajah de Madura, oncle de Devanaguy, homme
cruel et détesté de ses sujets, ayant appris en songe
que sa nièce mettrait au monde un fils qui devait
plus tard le châtier de ses crimes et le détrôner, la
fit mettre en prison pour qu'elle ne pût devenir
mère. C'est dans ce cachot que les rayons de Vischnou

vinrent la féconder, et le tyran Kansa, s'étant aperçu de la grossesse de sa nièce, redoubla de surveillance pour s'emparer de l'enfant qui allait naître.

La nuit de l'accouchement, et comme Christna jetait ses premiers cris, un vent violent renversa les portes de la prison et tua les sentinelles, et Devanaguy fut conduite avec son fils dans la maison du berger Nanda par un envoyé de Vischnou, qui mit ce dernier au courant du dépôt qu'il lui confiait.

En apprenant la délivrance et la fuite merveilleuse de sa nièce, le tyran de Madura, au lieu de comprendre que la main de Dieu s'appesantissait sur lui, et de changer de conduite, résolut de poursuivre par tous les moyens possibles et de faire mettre à mort le fils de Devanaguy.

Pour l'atteindre plus facilement, « il ordonna le massacre dans tous ses États des enfants du sexe masculin » nés pendant la nuit où Christna était venu au monde.

Ce serait sortir du cadre que je me suis tracé que de discuter les questions religieuses que ce dernier fait soulève. Je tiens seulement à constater que ce massacre ordonné par Kansa, et qui a eu lieu six mille ans environ avant notre ère, est rapporté par tous les ouvrages historiques et religieux de l'Inde ancienne ; que le monument et la sculpture en ont fixé le souvenir d'une manière indiscutable, tandis que le massacre ordonné par Hérode, dont aucun historien ne fait mention, est insensé, en plein siècle d'Auguste, et ne peut être qu'une invention.

On sait, du reste, que tous ces faits et beaucoup d'autres ne furent mis au jour que trois et quatre siècles après les prétendues dates qu'on leur donne.

Il est des hommes que les écrivains catholiques ont couverts de boue, et pour cause : Simon, appelé le Magicien par saint Pierre, Philon le Juif, Énésidème, Basilide, Carpocrate d'Alexandrie, Tatien, Marcion, Cerdon et une foule d'autres... Toute l'école des gnostiques et l'école d'Alexandrie ont dit aux apôtres ces propres paroles : « Vous avez composé l'histoire de votre Rédempteur avec les incarnations de l'Asie; votre religion n'est qu'une rénovation des mystères de l'Orient. »

Tout argument qui prétendrait à des inventions modernes tombe donc de lui-même. Les penseurs et les savants de l'époque ne s'y sont point trompés. Qu'on relise les écrits des hommes que nous venons de citer.

Guidés par l'inspiration d'un rakchasa (démon), qui voulait traverser les desseins de Vischnou, une troupe de soldats arriva à la bergerie de Nanda; ce dernier allait armer ses serviteurs pour défendre Devanaguy et son fils, quand tout à coup, ô prodige, l'enfant, que sa mère allaitait, se mit à grandir subitement. En quelques secondes, il eut atteint la taille d'un enfant de dix ans, et courut s'amuser au milieu d'un troupeau de brebis.

Les soldats passèrent auprès de lui sans se douter de rien, et, ne trouvant dans la ferme aucun enfant de l'âge de celui qu'ils cherchaient, ils poursuivirent leur chemin.

Toute l'enfance de Christna s'écoula au milieu des dangers suscités par ceux qui avaient intérêt à le faire mourir; mais il sortit victorieux de toutes les embûches et renversa tous les obstacles qu'il rencontra sur son chemin.

Arrivé à l'âge d'homme, il s'entoura de quelques disciples fervents, et, attaquant la corruption des prêtres brahmes, il se mit à prêcher le retour aux doctrines primitives de la loi naturelle.

Il parcourut l'Inde en prêchant. Il aimait à s'arrêter dans les villages, sur les bords des routes, exposant son enseignement par des paraboles, et dans des entretiens familiers qu'il savait admirablement approprier à l'intelligence de ses auditeurs.

Mais l'Inde avait ses pharisiens, ses hypocrites, ses ultramontains, que Christna venait gêner dans leur sainte oisiveté et leurs grasses prébendes. Il était un de ces hommes qui, périodiquement, viennent dévoiler aux peuples les secrets à l'aide desquels on les exploite, et les brahmes, tremblant pour leur puissance, le firent percer de flèches et suspendre aux branches d'un arbre par leurs séides, pour qu'il devînt la proie des oiseaux immondes.

La nouvelle de cette mort se répandit immédiatement dans le peuple, et une foule de gens de toutes conditions vinrent, conduits par Ardjouna, le plus cher des disciples de Christna, pour recueillir ses restes sacrés. Mais le corps de l'homme-dieu avait disparu. Sans doute il avait regagné les célestes demeures, et l'arbre auquel il avait été attaché s'était subitement couvert de grandes fleurs rouges et répandait autour de lui les plus suaves parfums.

Je ne m'étendrai pas plus longuement sur la vie du rédempteur indou ; il faut lire dans le texte même des ouvrages sanscrits les sublimes entretiens de Christna avec ses disciples, et particulièrement avec Ardjouna, pour comprendre à quel point est vraie la parole de l'école des gnostiques que j'ai citée plus haut.

Les problèmes de la philosophie la plus relevée, de la morale la plus simple et la plus pure, sont traités dans ces sublimes monologues, où les auditeurs ne sont là que pour donner la réplique au divin professeur et l'occasion de nouvelles leçons.

Je ne puis guère, dans un volume de voyage, faire comprendre convenablement cette grande figure, et l'influence que sa morale et ses exemples ont eue pendant plusieurs milliers d'années sur la société indoue. Peut-être même me suis-je trop arrêté sur ce sujet, que je vais clore par quelques maximes et une parabole empruntées à l'enseignement de ce novateur.

Il est bon que l'on sache que les grandes vérités morales ne datent pas seulement de dix-huit siècles, ce que beaucoup de gens enseignent, oublieux ou ignorants du passé.

Écoutez les conseils que donne Christna à celui qui veut se sanctifier par l'étude de la sainte écriture, qui est le Véda, et se rendre digne de l'enseigner aux autres.

J'emprunte la traduction de ce passage et de la parabole qui va suivre à mes précédentes études religieuses sur l'Inde :

« Que le prêtre brahme se livre chaque jour à toutes les pratiques de dévotions pieuses, et soumette son corps aux austérités les plus méritoires.

» Qu'il craigne tout honneur mondain plus que le poison, et n'ait que mépris pour les richesses de ce monde.

» Qu'il sache bien que ce qui est au-dessus de tout, c'est le respect de soi-même et l'amour du prochain.

» Qu'il s'abstienne de la colère et de tous les mauvais traitements, même envers les animaux, que l'on doit respecter dans l'imperfection que Dieu leur a assignée.

» Qu'il ne porte jamais ni parasol ni souliers : la souffrance est son lot.

» Qu'il chasse les désirs sensuels, l'envie et la cupidité.

» Q'il fuie la danse, le chant, la musique, les boissons fermentées et le jeu.

» Qu'il ne se rende jamais coupable de médisance, d'impostures et le calomnies.

» Qu'il ne regarde jamais les femmes des autres avec amour, et s'abstienne de les embrasser.

» Qu'il n'ait jamais de querelles.

» Que sa maison, sa nourriture et ses habits soient toujours des plus chétifs.

» Qu'il ait toujours la main droite ouverte pour les malheureux, et ne se vante jamais de ses bienfaits.

» Quand un pauvre vient frapper à sa porte, qu'il le reçoive, lui lave les pieds pour le délasser, le serve lui-même et mange ses restes, car les pauvres sont les élus du Seigneur.

» Mais surtout qu'il évite pendant tout le cours de sa vie de nuire en quoi que ce soit à autrui : aimer son semblable, le protéger et l'assister, c'est de là que découlent les vertus les plus agréables à Dieu. »

Voici maintenant la parabole du pêcheur. Christna affectionnait cette forme imagée quand il s'adressait

au peuple, moins apte à comprendre ses enseignements philosophiques sur l'immortalité de l'âme et
la vie future.

Il revenait d'une expédition lointaine, et rentrait à
Madura avec ses disciples ; les habitants de cette ville
s'étaient portés en foule à sa rencontre, et avaient
couvert de feuilles de cocotier la route par laquelle
il devait passer.

A quelques lieues de la ville, le peuple s'arrêta,
demandant à entendre la parole sainte. Christna
monta sur une petite éminence qui dominait la foule,
et commença ainsi :

« Sur les bords du Gange, au-dessus des lieux
où des centaines de bras divisent son cours sacré,
vivait un pauvre pêcheur du nom de Dourga. Dès
l'aube, il s'approchait du fleuve pour y faire ses ablutions, selon la manière prescrite par les livres saints ;
tenant à la main une tige fraîchement coupée de
l'herbe divine du cousa, il récitait la prière de la
Sâvitré, précédée des trois mots mystiques : Bhour,
Bouvah, Souar.

» Puis, le corps et l'âme ainsi purifiés, il se mettait à l'ouvrage courageusement pour subvenir aux
besoins de sa nombreuse famille.

» Dieu lui avait donné, par sa femme, qu'il avait
épousée à l'âge de douze ans, vierge et dans la
fleur de sa beauté, six fils et quatre filles qui
faisaient sa joie, car ils étaient pieux et bons comme
lui.

» Le plus âgé de ses fils pouvait déjà l'aider à conduire sa barque et à lancer ses filets ; et ses filles,
enfermées dans l'intérieur de la maison, tressaient

le poil soyeux et long des chèvres pour en faire des
vêtements, et pilaient pour les repas le gingembre, la
coriandre et le safran, dont elles faisaient une pâte
qui, mélangée avec le jus du piment rouge, devait
servir à préparer les poissons.

» Malgré un continuel labeur, la famille était pauvre; car, jaloux de son honnêteté et de ses vertus,
les autres pêcheurs s'étaient réunis contre Dourga et
le poursuivaient chaque jour de leurs mauvais traitements.

» Tantôt ils dérangeaient ses filets, ou, pendant la
nuit, transportaient sa barque dans le sable, pour
qu'il perdît la journée entière du lendemain pour la
remettre à flot.

» D'autres fois, quand il allait à la ville voisine
pour y vendre le produit de sa pêche, ils lui arrachaient ses poissons de force, ou les jetaient dans la
poussière, pour que personne n'en voulût en les
voyant souillés.

» Assez souvent Dourga revenait fort triste au logis,
songeant qu'il ne pourrait bientôt plus subvenir aux
besoins de sa famille.

» Malgré cela, il ne manquait jamais de porter les
plus beaux poissons aux saints ermites, et recevait
tous les malheureux qui venaient frapper à sa porte,
les abritait sous son toit et partageait avec eux le peu
qu'il possédait, ce qui était un continuel sujet de
dérision et de moquerie pour ses ennemis, qui lui
adressaient tous les mendiants qu'ils rencontraient,
en leur disant : — « Allez trouver le riche Dourga;
c'est un nabab déguisé, qui pêche seulement pour se
distraire. »

» Et ainsi ils plaisantaient sur sa misère, qui était leur ouvrage.

» Mais les temps devinrent très-durs pour tout le monde; une effroyable famine désola le pays tout entier, le riz et les menus grains ayant complétement manqué à la dernière récolte. Les pêcheurs ennemis de Dourga furent bientôt aussi misérables que lui, et ne songèrent plus à le tourmenter, en face du malheur commun.

» Un soir que le pauvre homme revenait du Gange sans avoir pu prendre le moindre poisson, et comme il songeait amèrement qu'il ne restait plus rien au logis, il rencontra au pied d'un tamarinier un petit enfant qui pleurait en appelant sa mère.

» Dourga lui demanda d'où il venait et qui l'avait ainsi abandonné.

» L'enfant répondit que sa mère l'avait laissé là, lui disant qu'elle allait lui chercher à manger.

» Ému de pitié, Dourga prit dans ses bras le pauvre petit et l'emporta dans sa maison. Sa femme, qui était brave, lui dit qu'il avait bien fait de ne pas le laisser mourir de faim.

» Mais il n'y avait plus ni riz ni poisson fumé; la pierre à carry n'avait pas retenti ce soir-là sous la main des jeunes filles qui la frappent en cadence.

» Ma (la lune) montait silencieusement dans l'orbe céleste; la famille entière se réunit pour l'invocation de la nuit.

» Tout à coup le petit enfant se mit à chanter :

— « Le fruit du cataca purifie l'eau, ainsi les bienfaits purifient l'âme. Prends tes filets, Dourga, la barque flotte sur le Gange, et les poissons attendent.

» Voici la treizième nuit de la lune, l'ombre de l'éléphant tombe à l'est, les mânes des ancêtres demandent du miel, du beurre clarifié et du riz bouilli; il faut leur en offrir. Prends tes filets, Dourga, la barque flotte sur le Gange et les poissons attendent.

» Tu donneras des repas aux brahmes où l'aurita coulera aussi abondante que les eaux du fleuve sacré; tu offriras aux roudras et aux adytias la chair d'un chevreau à toison rouge, car les temps d'épreuve sont finis. Prends tes filets, Dourga, treize fois tu les jetteras; la barque flotte sur le Gange, et les poissons attendent. »

» Dourga, émerveillé, pensa que c'était un conseil qui lui venait d'en haut, il prit ses filets et descendit avec le plus fort de ses fils sur les bords du fleuve.

» L'enfant les suivit, monta dans la barque avec eux, et, ayant pris une rame, se mit à la diriger.

» Treize fois les filets furent lancés dans l'eau, et à chaque coup la barque, ployant sous le nombre et le poids des poissons, fut obligée d'aller les déposer au rivage pour s'alléger, et la dernière fois l'enfant disparut.

» Ivre de joie, Dourga se hâta de porter à sa famille de quoi apaiser sa faim; puis, songeant immédiatement qu'il y avait d'autres souffrances à calmer, il courut chez ses voisins les pêcheurs, oubliant tout le mal qu'il en avait reçu, pour leur faire part de ses richesses.

» Ceux-ci accoururent en foule, n'osant croire à

tant de générosité, et Dourga leur distribua sur-le-champ le restant de sa pêche miraculeuse.

» Pendant tout le temps que dura la famine, Dourga continua non-seulement à nourrir ses anciens ennemis, mais à recevoir tous les malheureux qui accouraient en foule auprès de lui; il n'avait qu'à jeter ses filets dans le Gange pour avoir immédiatement tout le poisson qu'il pouvait souhaiter.

» La disette passée, la main de Dieu continua à protéger le pêcheur, et il devint si riche par la suite, qu'il put à lui seul élever un temple à Brahma, tellement sompiueux et magnifique, que les pèlerins de tous les coins du globe le venaient visiter et y faire leurs dévotions.

» Et c'est ainsi, habitants de Madura, que vous devez protéger la faiblesse, vous aider entre vous, et ne jamais vous souvenir des torts d'un ennemi malheureux. »

Tel fut l'enseignement de Christna, de ce novateur dont les brahmes firent un dieu, pour confisquer à leur profit la révolution morale qu'il avait tenté d'accomplir.

Christna avait été simple dans son enseignement et ses mœurs; ses disciples, plutôt que de suivre ses traces, préférèrent s'unir aux brahmes, qui les reçurent dans leur sein, et partagèrent honneurs et richesses. A chaque révolution religieuse, pendant des siècles, les peuples n'ont gagné que des maîtres de plus.

Les pures notions de la Divinité furent précieusement conservées par les brahmes pour les initiés, et le peuple fut par calcul plongé dans les plus grossières

superstitions : les incarnations furent multipliées à
plaisir ; chaque fois qu'il devint nécessaire de rajeu-
nir la puissance sacerdotale, des milliers de dieux
et de saints personnages furent placés dans le ciel,
des milliers d'esprits malfaisants peuplèrent les enfers, afin de mieux dominer la foule par l'adoration
des uns et la peur des autres.

J'avais renvoyé à Jaffnapatnam mes deux domestiques et ma voiture à bœufs, que j'avais fait venir à
Wannapané pour faire quelques excursions pendant
la fête, et je comptais rentrer moi-même au belatti-
bengalow le lendemain matin, en profitant de la
fraîcheur des premières heures du jour.

Je ne sais rien d'agréable dans ces contrées équatoriales comme la promenade du matin, à travers
les forêts de cocotiers, les cannelliers en fleurs, les
grands tulipiers rouges et les flamboyants, dont les
différents feuillages, chargés de rosée, s'irisent de
mille couleurs sous les premiers rayons du soleil
levant.

Et puis, quel magnifique spectacle si vous êtes sous
bois quelques instants avant que l'éclair de feu dore
l'horizon ! Il est tard quand les milliers d'oiseaux
qui peuplent les forêts se décident à s'endormir sur
la branche ou dans le nid ; ils chantent, piaulent et
gazouillent jusqu'à une heure avancée de la nuit.
Eux aussi veulent jouir de la fraîcheur, et il semblerait
qu'ils gardent pour ce moment-là leurs plus belles
mélodies. Aussi les premières lueurs du jour vien-
nent-elles les surprendre dans un sommeil profond ;
appuyez-vous contre une racine séculaire de baobah,
regardez et écoutez,

Du fond d'une feuille de bananier, qu'il a retournée artistement pour en faire sa demeure et abriter ses amours, le bengali s'envole sur une branche voisine ; le boulboul, ce fidèle de la déesse Lakmy, l'y a précédé, et tous deux commencent un duo dans lequel le gazouillement de l'un se marie admirablement aux roulades de l'autre. A mesure que la feuillée s'illumine, la vie y pénètre. Les grands aras au bec jaune ou rouge, au plumage varié, s'élancent en criant de branche en branche, fouettant du bout de leurs ailes les radjouvalas (sortes de hiboux), pour qui la nuit commence alors que tout s'éveille ; les rats palmistes se poursuivent en se jouant jusqu'au sommet des plus grands arbres, et les charmantes petites perruches bleues et vertes de Ceylan, qui ne vivent que par couple, s'envolent dans les champs de cannes pour y cueillir le roseau sucré qui forme leur seule nourriture. Ces heures-là, dans mes voyages, m'ont toujours payé de toutes mes fatigues. Trois milles à peine séparent Wannapané de Jaffnapatnam, et ce devait être pour moi une poétique distraction que de retourner à pied au bengalow de Jaffna.

Les gens du village, ayant vu sur le soir passer mes domestiques et la voiture à bœufs, durent me croire parti avec eux, et cela me valut pour le lendemain matin le plus étrange de tous les spectacles.

Dans un but d'hygiène que l'idée religieuse a consacré pour lui donner plus de poids, les Indous sont astreints matin et soir, au soleil levant et couchant, à des ablutions générales.

Les brahmes les font dans l'étang sacré de la pagode, qui sert également à ondoyer les nouveau-nés, à purifier les vases des sacrifices et autres instruments du culte. Les castes inférieures possèdent des bassins artificiels construits pour cet usage, lorsqu'ils n'ont point, à proximité de leurs villages, un cours d'eau, ruisseau, fleuve, ou rivière, dans lesquels ils puissent aller se plonger.

Le législateur Manou s'exprime ainsi sur cette coutume :

« Celui qui connaît la sainte écriture et qui veut se maintenir toujours en état de pureté, doit se garder d'oublier ses ablutions.

» Il doit chercher pour cela les eaux vives des rivières et les endroits écartés, en employant la main qui ne sert pas à la nourriture, et le visage tourné vers l'Orient ou vers le Nord.

» Que le brahme fasse toujours l'ablution avec la partie pure de sa main consacrée au Véda, ou avec celle qui tire son nom du Seigneur des créatures, ou bien avec celle qui est consacrée aux dieux, mais jamais avec la partie qui dérive des pitris (mânes, ancêtres).

» La partie consacrée au Véda est celle qui est située à la racine du pouce, la partie du Créateur est à la racine du petit doigt ; celle des dieux est au bout des doigts, et celle des pitris entre le pouce et l'index.

» Qu'il avale d'abord de l'eau à trois reprises, autant qu'il en peut tenir dans le creux de sa main ; qu'il essuie ensuite deux fois sa bouche avec la base de son pouce, et enfin qu'il touche avec de l'eau sa poitrine et sa tête.

» Un brahme est purifié par l'eau qui descend

jusqu'à sa poitrine; un x∵hatria par celle qui va dans son gosier; un vaysia par celle qu'il prend dans sa bouche; un soudra par celle qu'il touche du bout de sa langue et des lèvres.

» Mais après ces ablutions locales, le dwidja (fidèle, régénéré) de chaque classe doit, par trois fois, se plonger en entier dans l'eau, et qu'il n'oublie jamais, chaque fois qu'il aura pris sa nourriture dans un parfait recueillement, et le repas terminé, de se laver la bouche d'une manière convenable, et d'accomplir l'ablution prescrite dans les six parties creuses de la tête, les yeux, les narines et les oreilles. »

Dans les villages, les riches Indous font construire, près de leurs maisons de campagne, des bassins vastes et commodes, entourés d'escaliers comme les gradins d'un cirque, pour y faire leurs ablutions quand ils y résident; et ils permettent à tous les habitants des lieux voisins qui appartiennent à la même caste qu'eux, d'en user pour le même objet. Et il y a, comme on le pense, des bassins réservés à chaque sexe.

La maison de campagne de Soupraya-Chetty, à Wannapané, dans laquelle je venais de passer quinze jours, possédait un magnifique bassin circulaire alimenté par une source d'eau vive, tout entouré de lauriers-roses, de bananiers et de bambou reliés les uns aux autres par des lianes et offrant à l'œil indiscret du dehors une barrière impénétrable.

J'étais devenu complétement Indou sur le chapitre des ablutions et des bains. Aussi était-ce un réel plaisir pour moi, chaque matin, aux premiers rayons du soleil, de soulever le rideau de vétivert qui séparait ma chambre à coucher et la vérandah de l'étang, et de m'élancer dans ses eaux bienfaisantes.

Pendant tout le temps de mon séjour à Wannapané, aucun Indou n'était venu y faire ses ablutions, et je supposai que mon hôte n'avait point concédé aux habitants du village le droit de venir se baigner dans ce bassin, qu'il conservait peut-être pour l'usage de sa famille et le sien.

Il n'en était rien, et ma seule présence, j'en fus bientôt convaincu, avait enlevé aux Indous des castes commouty et chetty l'usage de leur bain accoutumé.

Ainsi que je l'ai déjà dit, la fête était terminée à Kandah-Swany, mes domestiques étaient rentrés la veille à Jaffnapatnam pour faire les préparatifs de notre départ pour l'intérieur, et cette nuit était la dernière que je passai dans la maison de Soupraya.

A la pointe du jour, avant de retourner moi-même au bengalow de Jaffna, je voulus, selon mon habitude, aller me plonger dans les eaux fraîches et bienfaisantes de la pièce d'eau. Déjà j'étais sous la vérandah, et j'allais soulever le rideau, quand il me sembla entendre parler à quelques pas de moi. Je regardai avec précaution à travers les persiennes qui garnissaient un des côtés de l'habitation. Heureusement, le hasard m'avait prévenu à temps. Si je m'étais élancé sans réflexion, ce qui eût pu arriver si je n'eusse rien entendu, je tombais au milieu de quatre ou cinq jeunes femmes qui, après avoir déposé leurs pagnes sur la berge, descendaient dans l'eau en se tenant par la main.

Je m'arrêtai stupéfait... C'était un étang d'ablu·
tions réservé aux femmes de Wannapané; je compris pourquoi l'usage exclusif m'en avait été abandonné jusqu'à ce jour, et maintenant qu'elles me
croyaient parti, elles venaient reprendre possession
de leur charmant réduit, plein de fraîcheur et
d'ombre.

A celles-ci d'autres succédèrent bientôt, et en
moins de rien, les escaliers furent garnis de femmes
de tout âge, qui descendaient dans l'eau, s'y plongeaient trois fois en faisant les ablutions prescrites
par la loi religieuse, remontaient prendre leurs
pagnes et s'échappaient à travers les bananiers et
les lauriers en fleurs, pour faire place à d'autres.

Le soleil levant, suivant l'épaisseur du feuillage,
inondait de ses rayons certaines parties de la pièce
d'eau et en laissait d'autres dans une mystérieuse
obscurité; ces oppositions d'ombre et de lumière,
au milieu de cette splendide végétation, avec ces
femmes dont la plupart eussent servi de modèle à
la Vénus antique, formaient le plus étrange et le
plus extraordinaire de tous les spectacles.

A un moment donné, riant et babillant entre elles,
tout en dénouant leurs longs cheveux, apparurent
trois jeunes filles de quatorze à seize ans au plus,
couvertes de magnifiques pagnes de soie, et suivies
d'une vieille Malabaresse, qui s'accroupit au pied
d'une touffe de bambou.

Presque toutes les femmes étaient parties, et les
charmantes enfants qui venaient sous la garde de
leur aya accomplir les ablutions ordonnées par
Manou, n'étaient pas tout à fait en règle avec les

prescriptions religieuses, qui recommandent de se plonger dans l'eau lorsque les premiers rayons de Sourya émergent à l'Orient.

Arrivées sur les bords du bassin, elles rejetèrent d'un gracieux mouvement d'épaules leurs pagnes, qui glissèrent en plis onduleux à leurs pieds, et, les cheveux au vent, elles commencèrent à descendre les gradins de la pièce d'eau. Rarement il m'a été donné dans le cours de mes voyages de me trouver dans une situation plus poétiquement gracieuse, et, me reportant par la pensée aux récits merveilleux de la Fable antique, je compris l'embarras de Pâris, quand il fut obligé de se prononcer entre les trois déesses, entre les trois types les plus parfaits de la beauté grecque.

Au moment où elles allaient se jeter à l'eau, une fleur rouge amatlé, portée par sa tige grimpante à l'extrémité d'une branche flexible de bambou, vint frôler le visage de l'une d'elles : souriante, elle s'arrêta, et, cueillant la fleur, elle la plaça dans ses cheveux. Les fleurs attirent les femmes : même désir vient immédiatement aux deux autres, qui, saisissant la branche de bambou, cherchent à s'emparer d'un bouquet d'amatlés qui, malheureusement, n'est point à leur portée ; mais elles trouvent aisément à vaincre cette difficulté. Pendant que l'une saisit le rameau de toutes les forces que peuvent déployer ses petites mains, les deux autres la soulèvent de chaque côté et parviennent à lui faire atteindre les fleurs si désirées. Un peintre eût donné dix ans de sa vie pour tenir au bout de son pinceau ce groupe de trois jeunes filles, aussi déli-

Pendant que l'une saisit le rameau, les deux autres la soulèvent
et lui font atteindre les fleurs si désirées... (Page 80.)

cates, aussi parfaites de formes qu'on puisse les
rêver, enlacées au milieu du feuillage, et joignant
leurs gracieux efforts pour cueillir un rameau de
liane fleurie.

Je ne crois pas que l'art, dans ses conceptions les
plus idéales, puisse arriver à lutter jamais avec
le plus petit effort de la nature. Quand on a vécu de
longues années loin des villes, que ce soit dans les
vieilles et humides forêts du nord de l'Amérique, que
ce soit au milieu de la splendide végétation de l'Inde,
de Java, de Bornéo, ou sur les rives du rio Parana,
on ne comprend plus ces discussions d'école, ces
querelles byzantines, dans lesquelles certains artistes
arrivent à soutenir que l'art doit idéaliser la nature, c'est-à-dire ajouter encore de la grandeur,
du charme, de la beauté, de la délicatesse, de la
poésie, à toutes ses grandeurs, à tous ses charmes,
à toutes ses délicatesses, à toutes ses poésies...

Sans vouloir aucunement me mêler à un débat auquel je n'entends rien, je l'avoue en toute humilité,
je déclare, toute prétention à part, car je ne parle
que pour moi, que tous les chefs-d'œuvre produits
par le pinceau de l'homme ne valent pas le plus simple paysage naturel qu'illumine un rayon de soleil.

L'art est la représentation de la nature, et ne
peut et ne saurait être autre chose; et il faut
tout l'orgueil humain pour s'imaginer qu'on peut
vaincre la nature dans la représentation de ses
œuvres. L'artiste a beau dire qu'il réunit sur une
toile une foule de beautés qui sont dispersées en
cent endroits divers, il ne rend point sa cause meilleure, et je suis forcé de lui dire qu'il ne me donne

pas les sensations que j'éprouve en parcourant les campagnes et les bois qui lui ont servi de modèle.

Sans parler de ces contrées équatoriales où l'Océan, le luxe de la végétation, la grandeur des points de vue et un soleil qui colore en feu tout ce qu'il touche, semblent se réunir pour étonner au moins autant que charmer, il est un paysage que j'ai rencontré partout, que chacun a peint et que personne n'a fait... C'est tout ce que vous voudrez; mais il y a du feuillage, de l'ombre, de la fraîcheur, un ruisseau qui court sous la mousse, de la lumière... Et comme je ris, quand je suis assis dans un de ces endroits-là, des peintres qui prétendent embellir, *idéaliser* la nature!

Et, je vous l'affirme, il n'est pas pour moi de tableau de grand maître qui puisse rivaliser de grâce, de fraîcheur et de vérité avec cette scène de bain près de l'étang de Wannapané; et tous les raisonnements du monde ne me feront jamais admettre que la Fornarina n'a pas eu plus de jeunesse, de beauté, d'expression, de vie, que le portrait que Raphaël nous a laissé de sa maîtresse.

Les trois Malabaresses avaient disparu depuis longtemps derrière les lauriers-roses, l'eau de l'étang que leur corps frais et jeune avait agitée, s'était calmée, que je refléchissais encore, appuyé contre une des colonnes de la vérandah, à l'imprévu de cette charmante apparition...

Le soleil était déjà haut à l'horizon lorsque je me décidai à partir, et je dus presser le pas, pour n'être point surpris par la chaleur sur la route de Jaffnapatnam.

DEUXIÈME PARTIE

CEYLAN

Fakirs, sannyassis et charmeurs. — Une nuit dans la pagode
de Kandah-Swany.

La presqu'île de Jaffna, avec ses quatre districts
populeux, Vademoratchy, Timmoratchy, Patchele-
pellé et Valligam, est une des parties les plus riches
et les plus productives de Ceylan, et renferme plus
de deux cents villages, dont les habitants, pour la
plupart Indous-Malabares, savent admirablement
développer les immenses richesses que la culture
bien entendue du sol fournit dans ces fertiles
contrées. On y récolte des quantités considérables
de tabac, d'une qualité fort estimée, et qui s'exporte
dans toutes les provinces de l'Indoustan; le coton y
est d'une qualité supérieure, le riz produit deux
fois l'an, l'indigo couvre des terrains immenses et
vient presque sans culture; les cocotiers poussent
presque partout, jusque dans le sable des bords de
la mer, et toutes les variétés des fruits des tropiques,
l'ananas, la sapotille, la mangue, l'avocat, la banane,

la pomme-cannelle, le cœur-de-bœuf, la goyave, le
letchy, la figue, l'orange de Ceylan, la pomme de
Cythère, etc., croissent dans les jardins, dans les
champs, dans les jungles, sans qu'il soit nécessaire
de les planter.

L'industrie et le commerce y sont représentés
par des fabriques de cotonnades et d'étoffes mous-
selines en usage chez les Indous; on y rencontre
aussi des fabriques de djagre ou sucre de palmier,
quelques orfévreries qui sont célèbres sur toute la
côte, des poteries et des briqueteries, et beaucoup
de moulins à huile de coco d'un système tout à fait
primitif.

En effet, pour obtenir ce précieux liquide, qui
sert à une foule d'usages dans l'Inde, et auquel
nous-mêmes demandons nos savons et nos bougies
les plus estimées, l'Indou se borne à introduire une
certaine quantité de ces fruits, après les avoir
décortiqués, dans un énorme tronc d'arbre creusé
qui reçoit un pilon en bois de fer mis en mouvement
par un éléphant à l'aide d'une poulie. D'autres
procèdent à l'aide d'un manége auquel est attelé un
bœuf. On a essayé vingt fois de faire comprendre
aux Indous l'utilité des roues hydrauliques et des
machines; mais on s'est buté à une routine
invincible : ils préfèrent leurs moyens à eux, bien
qu'on leur ait démontré qu'ils perdent ainsi plus
de la moitié de leur récolte d'huile.

Le siége du gouvernement de la presqu'île est à
Jaffnapatnam, qui possède un collecteur et son
assistant, une haute cour et trois juges, un attorney
général, un magistrat de police et un ingénieur

chef des travaux, tous appartenant au *civil service;*
la force armée était représentée par un détachement
de highlanders commandé par le colonel Maxwell,
dont je cite ici le nom avec le plus vif plaisir, en
raison des agréables relations que j'eus avec lui
pendant mon séjour dans la presqu'île de Jaffna.
J'aurai occasion de parler de lui de nouveau.

Le but de cet ouvrage étant surtout d'étudier les
mœurs intimes des habitants des contrées que je
visite, le lecteur a déjà dû s'apercevoir que je donne
le moins de développement possible aux questions
géographiques pures, que l'on peut étudier facilement dans les livres spéciaux... Aussi, quand
j'aurai ajouté que Jaffnapatnam possède une vaste
citadelle en forme de pentagone, avec glacis et bas-
tions, un palais de justice, une bibliothèque, un
club, un temple construit sur le modèle d'une croix
grecque, une caserne, le palais du collecteur et un
magnifique bazar plein des marchandises les plus
diverses, et dont les banquiers, changeurs, armateurs et négociants ont fait une sorte de bourse où
ils traitent toutes leurs affaires, j'aurai donné à peu
près tous les renseignements que j'ai notés sur cette
partie de Ceylan.

Mais il est une chose que je ne me lasserai jamais
de dire, c'est que Jaffnapatnam est une des villes
les plus coquettement jolies et les plus pittoresques
en même temps que je connaisse. C'est un nid de
verdure d'où émergent çà et là, au milieu de grands
arbres couverts de fleurs, des maisons avec terrasses
et colonnes sculptées, qui sont de véritables petits
monuments d'architecture polychrome. On ne saurait

croire combien sont d'un effet charmant, au milieu
de cette verdure éternelle et de ce ciel toujours
bleu, ces frontons, ces chapiteaux, ces colonnes,
ces balustrades, dont les nuances différentes, rose,
vert tendre, grisaille, orange, violet ou bleu clair,
ont été mariées entre elles par la main habile d'un
moutchi.

La caste moutchi, — car il n'est pas aujourd'hui
dans l'Inde un seul métier qui ne forme une
caste, — est la caste des peintres en tous genres,
peintres sur étoffe, sur verre, sur papier, en bâti-
ments, enlumineurs de manuscrits, artistes, peintres
des pagodes; on ne fait aucune différence entre
le barbouilleur de murailles et celui qui représente
les exploits des héros et des dieux. Il est vrai de dire
que le dernier des Indous semble venir au monde
avec l'instinct des couleurs, la gamme des nuances,
et que de lui-même, et sans études, il harmonise les
tons en apparence les plus criards et les plus cho-
quants à l'œil.

Rien ne me retenait plus à Jaffna, et je faisais
mes préparatifs pour recommencer, sous les deux
ou trois jours, mes pérégrinations à l'intérieur,
lorsqu'un matin Amoudou m'apporta un petit billet
du colonel Maxwell, qui me conviait à déjeuner
pour le jour même, en m'avertissant qu'à l'issue du
repas j'aurais le plaisir de voir un des plus célèbres
fakirs charmeurs du Maïssour, dont l'habileté tenait
du miracle.

Je connaissais de longue date ces jongleurs indous, formés par les brahmes dans le silence des pagodes, dont les tours sans apprêt laissent bien loin

derrière eux les plus étonnantes prestidigitations des Robert Houdin, et qui produisent à volonté sur le premier sujet venu les phénomènes les plus curieux de magnétisme et de catalepsie.

Aussi, je ne manquais jamais, chaque fois que j'en trouvais l'occasion, d'assister à ces singulières « expériences ». J'emploie à dessein cette expression scientifique; car, à côté des jongleries pures, j'ai toujours trouvé dans les actes de ces fakirs des choses tellement extraordinaires, tellement inexplicables, que je me suis souvent demandé si les brahmes, avec leurs sciences occultes (que le moyen âge n'a fait qu'entrevoir par les Arabes, qui en avaient conservé le souvenir d'Orient), n'ont pas réellement fait de grandes et sérieuses découvertes sur des questions qui, de nouveau agitées depuis quelques années en Europe, n'ont trouvé, jusqu'à ce jour, que des incrédules quand même ou des fanatiques affirmant toujours, et se traitant mutuellement de fous.

Je fus, comme on le pense bien, exact au rendez-vous donné par sir Maxwell.

Je vais rendre compte simplement de ce qui s'est passé sous mes yeux, sans tenter la moindre explication ni tirer la moindre conséquence, me bornant, en historien fidèle, à enregistrer les faits et les phénomènes tels qu'ils se sont accomplis.

Je n'hésite pas à déclarer à ceux de mes lecteurs qui pourraient trouver extraordinaires les choses dont je vais rendre compte, qu'il n'y a pas, dans les pages qui vont suivre, un seul fait dont je n'aie été témoin et dont je ne certifie l'exactitude, sans avoir la prétention de l'expliquer. J'en appelle du reste à tous ceux qui, ayant vécu dans l'Inde, ont eu occasion de voir à l'œuvre ces fakirs charmeurs.

Lorsque nous fûmes tous réunis dans une élégante salle dallée de marbre et meublée à l'orientale, le café *pur salem* fut servi dans des coupelles en terre noire de Coïmbatour; chacun s'arrangea à sa façon sur son divan, et sir Maxwell donna l'ordre à son dobachy d'introduire le charmeur.

Quelques instants après, un Indou, presque entièrement nu, maigre et fortement bronzé, à la face ascétique, au regard illuminé, faisait son entrée. Tout autour de son cou, de ses bras, de ses cuisses et de son corps, des serpents de différentes grosseurs étaient enroulés, et ne donnaient, pour le moment, aucun signe de vie : ils semblaient dormir.

Après avoir mis ses deux mains sur son front en s'inclinant légèrement, le fakir prononça la phrase consacrée sans laquelle nul Indou n'oserait vous aborder.

— Salam, saëb, que Dieu soit avec vous! Je me nomme Chibh-Chondor, fils de Chibh-Goutnalh-Mana.

— Salam, Chibh-Chondor, fils de Chibh-Goutnalh-Mana, répondit notre hôte, qu'il te soit donné de mourir en regardant le Gange! Tu es dans la maison du rissaldar (commandant) des cypahis blancs.

— Que voulez-vous de moi? poursuivit l'Indou.

— Ta renommée est venue jusqu'ici : nous désirons que tu nous montres ce que tu sais faire.

— J'obéis aux ordres de Siva, qui m'a conduit vers vous.

Ayant dit ces mots, l'Indou s'accroupit sur la dalle ; à l'instant, les serpents qui étaient enroulés autour de son corps se mirent à relever la tête en sifflant doucement et sans apparence de colère. Immobile, les yeux levés au ciel, le fakir se mit à prononcer trois fois l'incantation suivante :

— « Que toutes les puissances qui veillent sur le Kchétradjna (principe intellectuel de vie) et sur le Bhoûtatma (principe de la matière), me protégent contre la colère des pisatchas (esprits malfaisants), et que le Machat-Tridandi (esprit qui a trois formes) ne me livre pas à la vengeance de Yama (juge des enfers) ! »

Les Indous, en général, ne se livrent à aucune des actions de la vie, fût-ce même la plus simple, la plus habituelle, sans invoquer la protection d'une divinité quelconque.

Il y a les dieux protecteurs des eaux, de l'air, des moissons, des bois, du foyer domestique, de la nourriture, du sommeil, des voyageurs, des pèlerins, des entreprises commerciales, etc. Pour chacun de ces esprits célestes, et pour chaque objet pour lequel on les implore, il existe des prières spéciales, et malheur à qui les oublie. Il est sûr de voir tous ses desseins traversés par les mauvais esprits.

Après avoir ainsi invoqué les divinités propices, le fakir commença ses tours. Je laisse de côté tout ce qui touche à l'adresse et à l'escamotage, dont on peut aisément se faire une idée par nos baladins d'Europe, quoiqu'ils soient incomparablement moins habiles que les jongleurs indous. En effet, ces derniers opèrent sans aucun instrument ; ils ne connaissent ni les tables à double fond, ni les gobelets, ni les bouteilles inépuisables, ni les boules s'aplatissant et rentrant les unes dans les autres ; ils ne peuvent rien cacher sur eux, ne possédant d'autre vêtement qu'une pièce de toile de vingt centimètres carrés en guise de feuille de vigne.

Rien ne peut être préparé, puisqu'ils travaillent accroupis dans le premier endroit venu, au jardin, dans une cour ou une chambre, ou sous la vérandah, et qu'ils empruntent dans la maison où ils se trouvent, les objets dont ils se servent. Et cependant, quelle incompréhensible et merveilleuse adresse ! Je citerai cependant deux faits avant de passer aux exercices de manétisme. Le fakir nous tira de sa bouche une charge de pierres qu'il fallut emporter dehors avec une brouette, et un paquet de lianes épineuses qu'il enroulait à ses pieds comme les marins font des cordages, au fur et à mesure qu'elles sortaient de son gosier... J'entends d'ici nos escamoteurs se déclarer prêts à reproduire ces tours, qu'ils traiteront sans doute d'enfantillages ; je les mets au défi de les accomplir dans le costume des jongleurs indous et assis à terre, à trois pas de leurs spectateurs. Quant à l'adresse, qu'on en juge. Il jongla sans effort avec huit boules et huit poignards ensemble, dont il faisait au-dessus de sa tête tantôt des cercles, tantôt des pyramides, au gré de son caprice.

Et pendant tous ces tours, les serpents que le fakir portait enroulés autour de lui agitaient leurs têtes en tous sens, comme s'ils eussent pris plaisir aux exercices de leur maître.

Mais tout cela n'était que le prélude : la véritable

séance allait commencer. Saisissant une espèce de flageolet microscopique appelé *vagoudah*, qu'il portait attaché à une mèche de ses cheveux, Chibh-Chondor se mit à en tirer des sons à peine perceptibles et assez semblables au gazouillement du *tailapaca* (buveur d'huile), sorte d'oiseau ainsi appelé parce qu'il est très-friand de la noix de coco écrasée, qu'il vient ramasser jusque entre les pieds des éléphants dans les moulins à huile. Le chant de cet oiseau se compose de roulades dont les sons sont tellement ténus et légers, qu'à quelques pas ils se confondent dans un bourdonnement d'un effet singulier.

Rien ne porte au rêve et à la mélancolie comme l'interminable mélodie que roucoule le tailapaca dans les bosquets d'acacias ou sur une branche de cocotier, près de votre demeure, lorsque, bercé dans un hamac, vous respirez sous la vérandah l'air frais de la nuit.

L'Indou imitait ce chant à s'y méprendre, et nous allions nous demander dans quel but, lorsque nous vîmes les serpents se détacher peu à peu de ses cuisses, de ses bras et de son cou, et glisser un à un sur la dalle. A peine chaque serpent touchait-il terre, qu'il relevait la tête et à peu près un tiers de son corps, et se mettait à se balancer en cadence, en suivant la mesure que le fakir imprimait à ses roulades. Il y en avait une dizaine, tous de l'espèce cobra-capel, une des plus dangereuses de l'Indoustan.

Tout à coup le fakir, laissant retomber son instrument, se mit à faire des passes avec ses mains devant les serpents, les regardant fixement avec une

expression étrange, sans qu'un muscle bougeât sur
son visage; on eût dit une tête coulée en bronze.
Bien que l'œil du fakir ne fût point dirigé sur moi,
j'éprouvai bientôt un malaise indéfinissable à le
fixer, et je détournai les regards pour échapper au
charme; tous les assistants étaient sous le coup de
la même impression.

A ce moment un petit chocra, jeune domestique
chargé d'entretenir le feu pour les cigares dans un
brasero en cuivre, cédant à l'attraction, se laissa glisser à terre et s'endormit. Cinq minutes s'écoulèrent
ainsi : des effluves magnétiques d'une incontestable
puissance se dégageaient réellement de la personne
et de la volonté du charmeur. Nous sentions tous
que s'il se fût adressé directement à nous, il nous
eût endormis en quelques secondes.

L'effet qu'il produisait était tel, que nous ne re-
gardions plus les serpents et que nous nous trouvions
sous le coup d'une violente hallucination, lorsque
Chibh-Chondor se leva; il fit deux passes sur le
chocra, sans le réveiller, et lui dit simplement en
tamoul : « Neroupou conda rissaldar », c'est-à-dire :
Donne du feu au commandant. Le cigare de sir Maxwell s'était en effet éteint. L'enfant se leva sans hésiter, sans chanceler le moins du monde, et vint offrir
du feu à son maître. On le pinça, on le tira de toute
façon : il n'y avait pas à douter de son sommeil;
nous eûmes beau lui parler, le commander pour
son service, il ne bougea d'auprès de sir Maxwell que
quand le fakir, qui seul était en communication avec
lui, le lui ordonna.

Si le chocra eût été réveillé, le fakir n'aurait pas

eu le pouvoir de se faire **donner** par lui-même un verre d’eau sans l’autorisation d’une des personnes de la maison.

Nous regardâmes alors les serpents. Un spectacle plus extraordinaire encore nous attendait. Les cobra-capels, paralysés par l’effluve magnétique, gisaient tout de leur long sur la dalle, comme des branches de bois mort. Ils n’avaient pas même eu le temps, en s’endormant, de se lover dans la position qui leur est familière.

Nous nous approchâmes de ces dangereux animaux momentanément inoffensifs; ils ne faisaient pas un mouvement, et c’est à peine si de temps à autre une légère contraction nerveuse, un frisson, courant sous la peau, venait déceler la vie.

Le fakir nous fit signe alors de les prendre entre nos mains, ce que nous fîmes en hésitant quelque peu. Quel ne fut pas notre étonnement, de voir que nous pouvions les soulever en les prenant par un bout comme nous eussions fait d’un bâton! Ils étaient en état complet de catalepsie.

Quand nous les eûmes suffisamment examinés, nous les replaçâmes sur la dalle, où le fakir les réveilla l’un après l’autre. Au fur et à mesure que chaque serpent recouvrait l’usage de ses sens, de lui-même il venait reprendre sa place autour du cou ou des bras de son maître.

Tout aussi facilement, avec quelques passes de plus, Çhibh-Chondor fit passer le chocra de l’état de sommeil simple à l’état cataleptique, et le ramena de l’un à l’autre, selon nos désirs.

Lui ayant demandé si sans nous endormir il ne

pourrait pas nous faire sentir sa puissance, il sourit et nous pria tous de nous asseoir. Ayant déféré à son désir, il vint à nous et nous fit quelques passes sur les jambes : instantanément nous n'eûmes plus l'usage de ces membres, et il nous fut impossible de quitter nos siéges et de marcher. Il nous délivra aussi aisément qu'il nous avait paralysés.

Pour continuer les expériences, nous fîmes venir des cuisines une grosse Malabaresse, tanigartchie (porteuse d'eau et laveuse de vaisselle); deux passes suffirent au charmeur pour l'endormir; et, l'ayant mise en communication avec ceux d'entre nous qui le désirèrent, il renouvela, avec une merveilleuse facilité, les plus étonnants phénomènes de magnétisme, sans qu'une seule de ses expériences ait été frappée d'insuccès.

Voici une des plus curieuses :

La tanigartchie était en communication avec moi, et elle devait traduire tout haut une de mes pensées; la seule condition était que je formulasse cette pensée d'une manière très-distincte en moi-même, quelle que fût, du reste, la langue dans laquelle cette pensée serait conçue.

Je me mis alors à penser au premier vers de l'Iliade, en scandant en moi-même toutes les syllabes de ce vers.

Habitant Ceylan ou l'Inde depuis longtemps, nous étions tous familiarisés avec ces étranges phénomènes que le dernier des fakirs produit à volonté; cependant, je renonce à dépeindre l'impression que nous ressentîmes tous, lorsque la grosse Indoue, qui de sa vie n'avait entendu parler du

grec, se mit à prononcer distinctement le vers suivant :

Μῆνιν ἄειδε, θεά, Πηληϊάδεω Ἀχιλῆος.

En entendant ces sons inconnus, le fakir, s'ima-
ginant sans doute que nous avions essayé, par une
formule cabalistique, d'annuler les effets qu'il produisait, se mit à sourire comme un homme sûr de
sa puissance.

On ne peut rien voir de plus concluant : ni le
fakir ni le sujet ne pouvaient s'entendre pour arriver à de pareils résultats...

Chibh-Chondor termina la séance en produisant
des phénomènes de volonté sur des objets ina-
nimés. Je n'ose décrire les divers exercices auxquel
il se livra... Il est des choses qu'on ne peut dire,
même après les avoir vues, par crainte d'avoir été
sous le coup d'inexplicables hallucinations.

Et cependant, dix fois, vingt fois, j'ai vu et REVU
les fakirs obtenir les mêmes résultats sur la matière
inerte.

Il y a certainement quelque chose là... Ainsi, ce
ne fut qu'un jeu pour notre charmeur ds faire pâlir
et d'éteindre à volonté les flambeaux qu'on allumait
par son ordre dans les parties les plus reculées
de l'appartement, de faire mouvoir les meubles,
les divans sur lesquels nous étions assis, d'ouvrir
et de fermer les portes, et le tout sans quitter la
dalle sur laquelle il était accroupi. A un moment
donné, il aperçoit par une fenêtre un Indou qui
tirait de l'eau d'un puits dans le jardin ; il fait un
seul geste, et la corde se refuse à glisser dans la

poulie, à la grande colère du toutoucara (jardinier), qui ne savait à quoi attribuer l'aventure. D'un second geste, il rend la liberté de mouvement à la corde.

Peut-être dira-t-on que j'ai mal vu, qu'il n'y a dans tout cela que beaucoup d'habileté et beaucoup de compères. C'est possible, je ne discute pas, je raconte, et n'ajouterai qu'un mot : *des centaines, des milliers de personnes* ont vu et voient tous les jours comme moi les mêmes exercices et d'autres plus étonnants encore ; en est-il une seule qui en ait découvert le secret, qui soit arrivée à reproduire les mêmes phénomènes? Et je ne me lasserai jamais de répéter que tout ceci ne se passe pas sur un théâtre, avec tous les *trucs* de la mécanique à la disposition de l'opérateur. Non, c'est un mendiant accroupi nu sur une pierre, qui se joue ainsi de votre intelligence, de vos sens et de tout ce que nous sommes convenus d'appeler les immuables lois de la nature, dont il semble changer le cours à volonté!

En change-t-il le cours? Non, il les fait mouvoir à l'aide de forces qui nous sont inconnues, disent les croyants.

Quoi qu'il en soit, je me suis trouvé vingt fois à de pareilles réunions avec les hommes les plus distingués de l'Inde anglaise, des professeurs, des médecins, des officiers; pas un qui n'ait résumé ainsi ses impressions en quittant la salle : —Voilà qui est terrifiant pour l'intelligence humaine! Chaque fois que j'ai vu renouveler par un fakir le phénomène des serpents réduits en catalepsie, état dans lequel ces animaux ont toute la rigidité d'une branche d'arbre, j'ai songé à la fable biblique qui prêtait le même pouvoir à Moïse et aux prêtres de Pharaon.

Chibh-Chondor clôtura ses exercices par le tour le plus merveilleux que j'aie vu faire dans l'Inde, et dont je me hâte d'annoncer que beaucoup de voyageurs ont déjà rendu compte, pour n'être point seul à porter le fardeau de ce récit.

Ayant demandé une canne, le fakir appuya sa main gauche sur la pomme, et, s'élevant graduellement en croisant les jambes, resta suspendu à deux pieds du sol, aussi immobile qu'une statue, sans autre soutien apparent que la canne qu'on venait de lui donner.

Il est plus que probable qu'il n'y a là dedans qu'un simple tour d'acrobate, mais il faut avouer qu'il dépasse à lui seul tous ceux de nos gymnasiarques les plus distingués.

Lorsque Chibh-Chondor eut terminé ses exercices, comme il allait sortir après avoir reçu son salaire, je m'approchai de lui et lui dis :

— Le fils de Goutenalh-Mana peut-il répondre à une question que je désire lui faire?

— Parle, je dirai ce qui est permis.

— Je sais que tu ne dois pas dévoiler les secrets de ton initiation, je voudrais simplement savoir de toi si tu agis avec les mêmes moyens sur la matière organisée, sensible, comme les serpents, le chocra, la tanigartchie, que tu as fait obéir à ton gré, et sur le matière inorganique et insensible, sur les flambeaux que tu as éteints, les siéges et les meubles que tu as fait mouvoir.

— Je n'ai qu'un seul moyen pour dominer l'une et l'autre.

— Quel est-il?

— La volonté... L'homme, qui est la résultante de toutes les forces intellectuelles et matérielles, les doit dominer toutes.

— C'est tout?

— Les brahmes eux-mêmes n'en sauraient dire davantage.

— Merci. Salam, Chibh-Chondor.

— Salam, saëb.

Et ayant salué de la main le colonel et ses invités comme il l'avait fait en entrant, le fakir se glissa le long de la vérandah et disparut dans la direction de la pagode dédiée à Siva, à laquelle il était attaché.

Ces fakirs charmeurs, qui parcourent l'Inde entière, dépendent tous d'un temple auquel ils sont tenus de rapporter ce qu'ils gagnent. D'une sobriété à toute épreuve, à peine couverts d'un lambeau d'étoffe, couchant n'importe où, dans la poussière des routes ou sous les vérandahs des maisons, insensibles aux affronts comme aux prévenances, ils représentent, pour les Indous des villages qui les voient passer, de saints personnages qui, à force d'austérités et de prières, sont parvenus à ravir quelques-uns des secrets de la puissance des dieux.

Quand ils rentrent à la pagode après une abondante moisson, ils disparaissent pendant huit à dix jours; renfermés dans l'intérieur des temples, ils se livrent, avec les brahmes et les bayadères, à d'interminables orgies dédiées à Anoumati, déesse des libres amours.

Ces fêtes de la débauche et de la licence la plus
effrénée, dans lesquelles sont admis tous les initiés
des pagodes, remontent à la plus haute antiquité,
et la Grèce antique, fille de l'Inde par sa langue, ses
mœurs, ses coutumes, en conserva le souvenir dans
ses saturnales.

La représentation du fakir avait duré une partie
de l'après-midi, et nous allions prendre congé de
notre aimable hôte, lorsqu'il nous déclara qu'il
venait de faire mettre un planton à la porte pour
défendre la sortie, et que nous restions ses prisonniers pour toute la soirée encore : Au reste, messieurs, ajouta lady Mavwell en souriant, nous ferons
notre possible pour adoucir votre captivité.

Il eût fallu qu'il n'y eût pas de Français dans la
réunion pour que cette phrase ne donnât pas l'occasion d'une galanterie à l'adresse de la gracieuse geô-
lière, et ce fut pendant cinq minutes un échange de
plaisanteries de bon ton, qui, par une association
d'idées facile à comprendre, amena peu à peu la
conversation sur ces mille et un rien légers, délicats,
pleins d'attraction, qui font tout le charme de la
société des femmes.

Ce jour fut une véritable fête préméditée, mais à
laquelle nos hôtes avaient su donner tout l'attrait de
l'impromptu.

Au dîner, nous eûmes la musique du troisième
highlander, qui, après avoir joué tous les airs nationaux, la *Marseillaise* en tête, des différents invités
du colonel, entonna, à l'apparition du champagne,
la fameuse gigue écossaise, *les Cambpwell arrivent,*
qui fut le signal, après onze mois de siége, de la

délivrance de la garnison anglaise de Laknow.

Les Anglais allaient se rendre à discrétion à Nana Saïb, la capitulation se signait sur les remparts, il ne restait plus dans la ville ni une cartouche, ni une livre de riz ; nul n'avait mangé depuis la veille... Tout à coup, la femme d'un soldat pousse un cri et arrache la plume des mains du commandant, une bouffée de vent venait d'apporter à ses oreilles les sons lointains du biniou écossais, jouant au loin, dans la jungle, l'air national qui avait bercé son enfance. Tout le monde écoute, rien. Seule, la montagnarde des Highlands, à genoux, comme en extase, la main étendue du côté de la campagne, continue à percevoir les sons qui se rapprochent, et s'écrie : Écoutez, écoutez !... les voilà, c'est le clan des Cambpwell qui arrive.

On croyait à une hallucination produite par les privations et les souffrances de toute nature, quand on aperçut les highlanders qui accouraient au pas gymnastique au secours de leurs frères.

Il est impossible que les Écossais entendent loin de leurs montagnes ce chant qui remonte aux origines de leur histoire, sans que leurs yeux soient envahis par les larmes... Aussi, après le premier toast obligatoire, *for the queen*, à la reine! la santé des défenseurs de Laknow fut-elle saluée par un triple hurrah, répété avec enthousiasme par les musiciens du jardin.

Le soir, dans une charmante salle de verdure, disposée à cet effet et éclairée *à giorno*, sur l'invitation de sir Maxwell, les acteurs indous d'Ourdibazar vinrent nous donner la représentation de deux des plus belles pièces du théâtre indou : *Avany* et la *Devadassy*.

Avany n'est autre chose que la tragédie de *Phèdre* écrite en sanscrit par Vyassa, cinq à six mille ans avant Euripide, Sénèque et Racine, et que l'on joue dans l'Inde entière, traduite en tamoul, en indoustani, en telinga ou en kanara, suivant les lieux.

Cette tragédie fut représentée devant nous en tamoul, langue du sud de l'Inde, la plus parfaite de toutes les langues orientales après le sanscrit, dont elle est un dérivé, et que nous comprenions tous.

La *Davadassy* est une petite comédie de mœurs, écrite en tamoul également.

L'art dramatique indou est si peu connu de la masse des lecteurs, qu'on me saura gré peut-être de donner ici la traduction de cette pièce, qui servit de lever de rideau à cette soirée théâtrale. Elle a été traduite, pour la première fois, par moi, en 1868.

Le théâtre indou, très-riche en drames, déclamations d'aventures héroïques et tragédies, ne l'est peut-être pas moins en petites pièces satiriques qui d'ordinaire se jouent à la fin d'une représentation capitale, celle de *Sarangua, Sacountala* ou *Avany*, pour reposer le spectateur des émotions de la soirée.

La plupart de ces pièces, dues à la verve d'un des acteurs de la troupe, qui chaque année stationne dans les villages pendant les mois de mai, juin et juillet (mayaci, any et ady), ne vivent qu'une saison Souvent même deux ou trois soirées suffisent pour les faire oublier. Elles disparaissent avec les événements tout locaux et d'actualité qui les ont fait naître : une fuite de jeune fille de haute caste avec son amant, l'enlèvement d'une bayadère de la pagode, la mort de quelque vieil avare, connus dans toutes les aldées voisines.

Tout scandale, ou public ou privé, est immédiatement mis au théâtre et servi à la foule, qui applaudit à outrance aux allusions les plus transparentes et les plus hardies.

Mais autant en emporte le vent : ces morceaux de satire restent dans la mémoire de ceux qui les ont entendus, comme un simple souvenir ; nul ne les collectionne, et c'est à peine si leur auteur daignera placer la feuille de palmier sur laquelle il les a gravés entre deux représentations, dans son léger bagage de voyageur. Et c'est ce qui a fait dire à certaines gens qui font de l'orientalisme en chambre, et qui causent de l'Inde à tort et à travers, au hasard de la plume, que les Indous de l'époque actuelle n'avaient pas de théâtre, et qu'ils se bornaient à vivre sur le passé.

La *Devadassy*, c'est-à-dire la *Bayadère*, n'est point la seule pièce légère qui ait survécu à l'oubli qui atteint ordinairement ce genre de productions dans l'Inde ; mais c'est sans contredit celle que les populations du sud affectionnent le plus, et celle que les acteurs qui viennent tenir leurs séances sous les grands arbres des villages pendant les chauds mois de l'été interprètent le plus volontiers.

Je l'ai vue pour ma part une vingtaine de fois dans les aldées de la côte de Coromandel. Cette pièce est attribuée à un certain Parasourama, qui jouissait, il y a vingt-cinq ans environ, d'une grande réputation comme acteur et poëte populaire. On a de lui un certain nombre de comédies et de drames d'une réelle valeur. J'aurais de beaucoup préféré donner au lecteur la tragédie d'*Avany*, mais peut-être cette traduction eût-elle dépassé les bornes permises dans le cadre restreint d'un voyage. Puis, comme étude de mœurs actuelles, la *Devadassy* est certainement mieux en place ici.

Le lecteur trouvera sans doute dans cette pièce des hardiesses auxquelles l'état présent de nos mœurs théâtrales ne l'a pas habitué : on étale sans façon des nudités sur la scène, mais on se garde de certains mots qu'une pudeur de convention interdit dans le discours. Si cela continue, on enlèvera les derniers voiles des figurantes, mais on n'osera plus jouer Molière.

Dans la poétique orientale, c'est dans l'ensemble qu'il faut rechercher l'idée morale; les caractères sont représentés dans toute leur repoussante nudité, et l'idée n'est jamais affaiblie par le mot.

Qu'on se souvienne de la liberté d'allures et de langage des satiriques grecs et latins, et on aura le véritable point de vue d'après lequel la *Devadassy* doit être jugée.

Voici cette petite pièce :

LA DEVADASSY

COMÉDIE INDOUE.

LATCHOUMYAMA, vieille bayadère.

RANGASSAMY, vagabond, et musicien pour les cérémonies funéraires.

ANNIAMA, pileuse de nelly (riz non décortiqué), fille de Moutamalle, treize ans.

MOUTAMALLE, marchande de callou (liqueur fermentée que l'on
  tire du cocotier).

SAVERINADEN, jeune négociant de la caste des commoutys.

LE BECHCAR, magistrat de police.

LE PUNDIT-SAËB, juge.

Un brahme. — Mendiants et fakirs, marchandes du bazar. voisines de Moutamalle.

PREMIÈRE PARTIE.

*(La scène se passe sur la grande place du bazar de l'aldée (village)
de Bahour.)*

Rangassamy. — Moutamalle. — Le bechcar. — Latchoumyama. —
Marchands d'arrack, de callou, de bétel et de menus grains. —
Mendiants et fakirs. — Un brahme.

Une marchande. — Oui, oui, nous voulons savoir
quel est l'auteur de l'écrit scandaleux affiché cette
nuit sur une colonne du bazar, et dans lequel la
vertu de l'estimable Moutamalle est traînée dans la
boue ni plus ni moins qu'une vieille pelure de banane
qui aurait déjà servi à nettoyer des sandales. Ne
serait-ce pas toi, Rangassamy? Voyons, on t'accuse :
présente ta défense. Nous t'écoutons. Et toi, Moutamalle, saisis-le par son chamin (pièce d'étoffe dont
on s'entoure les hanches), pour l'empêcher de fuir.

Rangassamy. — Que me voulez-vous, charmantes
commères, marchandes de moutaï (bonbons) et de
poissons salés, à qui il ne reste plus que la langue.
C'est moi qui sonne de la trompe dans les maisons
des morts. Parlez ! Faut-il un petit air pour vos
vieilles têtes décrépites, vos cheveux absents et vos
seins aussi plats qu'une peau de mangouste dessé-
chée?

La foule des mendiants et fakirs. — Bravo,
Rangassamy !

Les marchandes. — Oh! l'horrible garçon; voyez
comme il nous insulte !

MOUTAMALLE. —. Que Yama (juge des enfers) le confonde! C'est bien lui qui a gravé sur cette olle (feuille de palmier) tout ce tissu d'infamies pour me faire chasser de la caste. Si mon fils était là, tu mourrais sous le rotin, Rangassamy.

LA FOULE. — Bravo, Moutamalle! Remplace ton fils, Moutamalle. Tiens, voilà un rotin, Moutamalle.

RANGASSAMY. —A qui en a donc cette vieille guenon? Tu m'enverras ton fils, Moutamalle, quand il aura retrouvé son père, que tu n'as jamais pu lui indiquer.

LA FOULE. — Bien répondu, Rangassamy.

MOUTAMALLE (pleurant). — Ayo, ayo, ayo, personne ne viendra à mon secours. Il crache sa puante salive sur le pagne blanc des veuves. Effronté menteur, polisson, mon mari se nommait Ponnou-Rassendren; ta mère pourrait-elle en dire autant, fils d'une bayadère?

RANGASSAMY. — Pleure, Moutamalle, pleure, ton défunt pourra croire que c'est de regret d'avoir jeté son corps aux chacals plutôt que de payer les frais de son bûcher.

MOUTAMALLE. — Coquin! entremetteur de ta mère!...

LES MARCHANDES. — Viens te plaindre à la chauderie (tribunal de police), Moutamalle, nous te soutiendrons.

(Entre le bechcar.)

LE BECHCAR. — Quel est ce bruit qui est venu me troubler aux heures de la sieste?

Les marchandes. — Justice, seigneur bechcar! Rangassamy ameute contre nous tous les mauvais sujets du bazar.

Moutamalle. — Justice, seigneur bechcar! Rangassamy, pour me perdre de réputation, a placardé ici même cet écrit couvert de calomnies et d'impostures.

Le bechcar. — Il en est bien capable.

Rangassamy. — Ces vieilles sont folles, et elles mentent. Demandez plutôt à tous ces gens qui sont là.

La foule. — C'est vrai, elles sont folles.

Le bechcar. — Taisez-vous, je ne vous ai point dit de parler.

La foule. — Vive le seigneur bechcar!

Rangassamy. — Vous le voyez. Je passais pour me rendre à une cérémonie mortuaire quand ces marchandes m'ont arrêté, m'injuriant et menaçant de me battre.

Moutamalle. — Ne l'écoutez point. Sa bouche est aussi habile à souffler le mal qu'à trouver ensuite de belles paroles pour se couvrir.

Le bechcar. — C'est bien. Voyons d'abord l'écrit. (Il s'approche de la colonne et lit.)

« Au nom du juste Yama qui voit tout. Que mon âme renaisse dans le corps d'un animal immonde qui déterre les cadavres des morts; que je sois mis au rang des vampires et des pisatchas, si ceci n'est point la vérité!

» Écoutez, habitants de Bahour, brahmes, soudras, vannias et bohis, et vous dont les demeures sont situées dans la rue des commoutys.

» La vieille Moutamalle, ne pouvant plus faire le soir des stations sous les topes de cocotiers (rendez-vous des prostituées dans l'Inde), vient d'entrer dans l'honorable caste des entremetteuses.

» On trouve chez elle, à toute heure du jour et de la nuit, de belles filles aux yeux doux et languissants comme ceux des génisses, au corps bien frotté de safran, à la bouche aussi parfumée que le fruit suave du tamarinier.

» Son callou est toujours frais, et ses pastilles au piment et au gingembre disposent merveilleusement à l'amour.

» Tous ceux qui veulent des filles vierges, savoureuses et délicates comme une jeune fleur de lotus qui s'épanouit sous les premiers baisers du soleil levant;

» Tous ceux qui désirent des femmes dont le cou est orné du taly (collier des femmes mariées), ceux qui ont de douces propositions à faire aux bayadères de la pagode, peuvent s'adresser à Moutamalle.

» Dans huit jours commenceront les cérémonies de la nubilité de sa fille, et le lendemain on pourra l'acheter.

» Les enchères sont ouvertes. Avis donc à vous, brahmes ventrus et fainéants. Avis à vous aussi, commoutys gourmands et paillards qui ne savez que faire de vos roupies : allez les placer chez Moutamalle. »

Ceci est grave!

MOUTAMALLE. — Ayo, ayo, Samy (hélas, hélas, mon Dieu)! où trouverai-je maintenant un mari pour ma douce Anniama?

LE BECHCAR. — Il s'agit bien de toi! Le drôle insulte les brahmes et les commoutys.

RANGASSAMY. — Ce n'est point moi qui ai gravé cette olle; je ne sais pas écrire.

LE BECHCAR. — Je te connais, et il n'y a que toi pour oser faire de pareils tours.

MOUTAMALLE. — J'embrasse vos genoux paternels, seigneur bechcar; délivrez-nous de cet audacieux fripon, faites-le conduire au thana (prison).

LES MARCHANDES. — Écoutez la prière de Mouta-malle, seigneur bechcar.

LA FOULE. — Tchi, tchi, tchi, à bas les vieilles! Si Rangassamy a écrit cela, il a dit la vérité.

LE BECHCAR. — Taisez-vous, vous dis-je. Je vais conter cette affaire au thasildar, qui la dira au paléagar, qui ira faire son rapport au naïnard, et ce dernier prendra les ordres du pundit-saëb, qui avisera. Et prends garde au rotin, Rangassamy, il y a trop longtemps que tu le cherches pour que tu ne finisses pas par le rencontrer.

(Le bechcar s'en va.)

LA FOULE. — Vive le seigneur bechcar! (Elle suit le bechcar.)

MOUTAMALLE. — Qui donc me vengera, ainsi que ma pauvre Anniama?

LES MARCHANDES. — Viens, Moutamalle, nous trouverons bien un couli qui, pour quelques caches (menue monnaie), nous fera taire ce mauvais gar-nement.

(Elles sortent.)

RANGASSAMY. — Allez, sorcières, et ne vous trouvez jamais sur ma route, car je vous casserai ma trompe sur la tête. (Comptant sur son doigt.) Du bechcar au thasildar, du thasildar ou paléagar, du paléagar au naïnard, du naïnard au pundit-saëb, l'affaire a chance de se perdre en chemin, et j'aurais tort de m'en tracasser l'esprit.

(Rentre le bechcar.)

LE BECHCAR. — Il me répugne de te faire mettre au thana, pauvre Rangassamy. Donne-moi vingt roupies, et je me charge de faire taire toutes ces braillardes.

RANGASSAMY. — Je n'ai rien à me reprocher; cependant, pour éviter... Vingt roupies, c'est bien cher; ne pourriez-vous diminuer vos prétentions de moitié?

LE BECHCAR. — Ah! tu veux me faire composer!... Adieu, Rangassamy.

(Il sort.)

RANGASSAMY (seul). — Va, va, Saverinaden est plus puissant que toi, et comme c'est dans son intérêt que je travaille, il saura bien te clore la bouche. Comme toutes ces mégères étaient furieuses! J'ai cru un instant que j'allais être obligé de leur distribuer quelques coups de pied pour les mettre à la raison.

(Rentre le bechcar.)

LE BECHCAR. — Allons! va pour dix roupies; dépêche-toi de me les donner, et garde-toi d'en souffler mot.

RANGASSAMY. — J'ai réfléchi et ne ferai point

cela; il ne me plaît pas de payer pour les autres.
Si cinq roupies pouvaient vous suffire?

Le bechcar. — L'effronté se moque de moi.

Rangassamy. — C'est tout ce que je possède.

Le bechcar. — Bien vrai?

Rangassamy. — Je le jure par mon père.

Le bechcar. — Ton père, quel est-il? Tu es fils
de l'amour.

Rangassamy. — Eh bien, par ma mère.

Le bechcar. — C'est une bayadère.

Rangassamy. — Par quoi voulez-vous donc que je
jure?

Le bechcar. — Donne-moi d'abord l'argent, tu
jureras ensuite par tout ce que tu voudras.

Rangassamy. — Je ne l'ai pas sur moi, il faut que
j'aille le chercher à la pagode.

Le bechcar. — C'en est trop, et je vais de ce pas
chez le thasildar. (Il sort.)

Rangassamy (seul). — Si j'avais voulu, je m'en
serais tiré avec six caches. Mais pourquoi Latchoumyama me fait-elle attendre si longtemps? C'est bien
ici, cependant, qu'elle m'avait donné rendez-vous.

(Il s'assied au pied d'un arbre et chante.)

Sur les bords du lac Oussoudou, sous les palmiers
et les flamboyants aux fleurs rouges, est la paillotte
de ma bien-aimée; le soir, quand le lac dort réfléchissant dans ses eaux les étoiles, je me glisse dans
l'herbe comme un pampou aux anneaux verts (serpent liane) pour entendre ses soupirs plus doux que
le vent de la nuit, plus parfumés que la divine liqueur de Vischnou.

Ma bien-aimée est vierge et pure ; nul n'a encore pressé ses seins nus au milieu d'un amoureux délire. Les bayadères ne lui ont point dit : Nous venons danser autour de ta natte en chantant les couplets consacrés en l'honneur des premières fleurs de ton printemps. Ma bien-aimée est vierge et pure, et les devas jaloux retardent l'époque de mon bonheur.

(Entre Latchoumyama, la devadassy.)

LATCHOUMYAMA. — Tu chantes, Rangassamy. Est-ce ainsi que tu gagneras les cinquante pagodes (monnaies d'or) que le riche commouty Saverinaden nous a promises?

RANGASSAMY. — J'ai entretenu Anniama pendant toute la soirée d'hier ; en vain j'ai fait briller à ses yeux les bijoux les plus riches, les pagnes les plus somptueux, elle ne veut rien entendre.

LATCHOUMYAMA. — Que prétend-elle?

RANGASSAMY. — Demain ont lieu entre elle et le porteur de palanquin Souprayen les échanges du bétel, de l'eau et du cousa (fiançailles).

LATCHOUMYAMA. — Elle aime ce vieil ivrogne, ce buveur de callou!

RANGASSAMY. — Non, mais elle tient à porter le taly.

LATCHOUMYAMA. — Et tu t'es contenté de ces rêves de petite fille! Va, tu n'es plus ce pourvoyeur habile des marchands et des brahmes, à qui rien ne résistait.

RANGASSAMY. — Et qui te dit que nous ne réussirons point? Vois ce que j'ai affiché la nuit dernière sur cette colonne.

LATCHOUMYAMA (après avoir lu). — C'est un coup de maître, ça, Rangassamy. Il y en a pour huit jours à amuser toutes les langues du bazar. Moutamalle et sa fille sont perdues de réputation, et Souprayen, je le connais, ne voudra plus d'Anniama.

RANGASSAMY. — Oui, mais je me suis attiré le bechcar sur les bras. Il m'a demandé vingt roupies pour ne point faire son rapport. J'ai marchandé, le vieux cuistre est descendu jusqu'à cinq roupies, et je les lui ai refusées, après m'être moqué de lui.

LATCHOUMYAMA. — Si le rapport est fait, Saverinaden doublera, triplera la somme, et l'arrêtera chez le thasildar; mais tu as eu tort, il fallait lui donner cinq roupies.

RANGASSAMY. — Je ne les avais pas.

LATCHOUMYAMA. — Et ce que je t'ai donné hier?

RANGASSAMY. — Il me reste huit caches pour mon riz et mon carry de ce soir.

LATCHOUMYAMA. — Tu ne posséderas jamais autre chose que ton chamin, Rangassamy; tu aimes trop le jeu, l'arrack (l'eau-de-vie de riz) et les belles filles de la place d'Odiau-Sallé.

RANGASSAMY. — Allons trouver Saverinaden. Son coffre est inépuisable, et puisque nous risquons pour lui le thana ou le rotin, il est juste qu'il paye en conséquence.

LATCHOUMYAMA. — Je le veux bien, mais à partir de maintenant tu vas me laisser agir; surtout, ne cherche pas à parler de nouveau à la jeune fille. Après ce qui s'est passé ce matin, elle ne peut que se défier de toi.

Je me charge, grâce à ton affiche audacieuse, de

soulever la caste de Moutamalle contre elle, de dégoûter Souprayen, et enfin d'amener Anniama dans
les bras du commouty.

Un brahme sannyassi (passant). — Qui veut de l'eau
sacrée du Gange pour faire ses ablutions et laver ses
souillures, à six caches la cope (petite mesure de
capacité)?

Rangassamy. — Porte cela aux femmes et aux imbéciles, fainéant!

DEUXIÈME PARTIE.

*(La scène se passe sous la vérandah de la maison de Moutamalie,
dans une rue de Bahour.)*

ANNIAMA. — LATCHOUMYAMA. — MOUTAMALLE. — VOISINES.

ANNIAMA (pilant des graines sur la pierre à carry). — J'ai
rêvé, cette nuit, que je me rendais à la fête de Tir-
cangi, vêtue d'un pagne tressé de fils d'or et de
soie; le haoudah dans lequel j'étais enfermée était
porté par un éléphant blanc.

Brahmes, fakirs, mendiants et soudras se pro-
sternaient dans la poussière, comme devant le rajah
de Travencor... Que veulent dire ces présages?

Quel est cet oiseau qui voltige sur ma tête en
poussant des cris joyeux, comme s'il appelait ses
petits?...

Ah! c'est l'oiseau chéri de Covinda (un des noms
de Vischnou), celui qui portait ses douces plaintes
d'amour à la divine Devanaguy... Viens-tu, tendre
messager au plumage brun, m'annoncer une heureuse nouvelle ou me prévenir d'un danger?

O mon Dieu! un milan paria le traverse dans son
vol!... Il me regarde. Vite, conjurons sa sinistre
présence.

(Elle jette une boulette de riz enduite d'huile de coco.)

Le voilà parti, je suis toute saisie... Mon cœur
tremble. Est-ce de joie? Est-ce de crainte?

(Latchoumyama paraît.)

Latchoumyama. — Chasse la crainte et réjouis-toi ; salam, Anniama.

Anniama. — Tu m'as effrayée.

Latchoumyama. — Je viens réaliser ton présage heureux. Me connais-tu ?

Anniama. — N'es-tu pas la fille de Parvady ? Ton nom est Latchoumy.

Latchoumyama. — Quand j'étais jeune et belle, quand je menais la danse de mes compagnes devant le char de Siva, quand les vellajas et les commoutys se disputaient ma possession, on m'appelait Latchoumy ; je ne suis plus maintenant que Latchoumyama (la vieille Latchoumy).

Anniama. — Tu as de bien beaux bijoux.

Latchoumyama. — Il ne tient qu'à toi d'en posséder de pareils.

Anniama. — Je ne puis avoir que des taïtous et des moncautys de cuivre (colliers et ornements du nez). Souvent le riz manque à la maison.

Latchoumyama. — Une belle jeune fille comme toi ne doit point porter des ornements de paria. Le jeune commouty Saverinaden se meurt d'amour pour Anniama. Qu'Anniama l'écoute, et il lui donnera en abondance de l'or, des perles fines, des cachemires, et du riz pour sa mère.

Anniama. — Rangassamy m'a déjà dit tout cela ; c'est un mauvais garçon dont la bouche ne parle que pour tromper. J'ai refusé de l'écouter.

Latchoumyama. — Dis-moi, Anniama, est-ce que pendant les chaudes nuits du mois mayaci (mai), le vent qui souffle du côté des montagnes du Valdaour n'est jamais venu, à travers la porte entr'ouverte de ta paillotte, te murmurer des mots d'amour?

Anniama. — Il est venu, et j'ai compris son langage.

Latchoumyama. — N'as-tu jamais vu, dans tes rêves, des jeunes hommes, beaux et bien faits, passer leurs mains dans ta noire chevelure, et couvrir de baisers brûlants tes lèvres entr'ouvertes et tes seins aussi fermes que le fruit du papayer?

Anniama. — Je les ai vus et j'ai désiré d'aimer.

Latchoumyama. — Et quel est le mortel heureux qui, le premier, a pressé ton beau corps, dans une étreinte passionnée, sur une natte de vétivert couverte du pagne blanc des vierges?

Anniama. — Hélas! personne ne m'a dit encore qu'il eût soif de mes caresses.

Latchoumyama. — Sans doute, tu as repoussé les avances qu'on te faisait?

Anniama. — Qui peut faire attention à une pauvre pileuse de nelly?

Latchoumyama. — Je viens t'apporter les paroles de Saverinaden.

Anniama. — T'a-t-il chargée de me remettre un taly?

Latchoumyama. — Il n'est pas de ta caste et ne peut t'épouser.

Anniama. — Je ne t'écoute plus. Je veux des enfants que je puisse bercer sur mon sein en présence de leur père, et qui, plus tard, accompliront sur ma tombe sans rougir les cérémonies funéraires.

Latchoumyama. — Et tu comptes sur Souprayen pour réaliser tes rêves d'amour?

Anniama. — Non, il est vieux, et je ne puis l'aimer;

mais je lui serai soumise et saurai rester honnête.

LATCHOUMYAMA. — Et si le beau Saverinaden consentait, malgré le chef de sa caste, à t'offrir l'eau et le cousa?

ANNIAMA. — Mon cœur a déjà parlé pour lui.

LATCHOUMYAMA. — C'est bien, je vais lui porter ta réponse. Cette nuit, quand les rondras procureront à Moutamalle des rêves profonds, à l'heure où Ma (la lune) s'inclinera doucement vers l'est, tu t'assoiras au pied de ce cocotier, et je viendrai te dire sa volonté. Accomplis, en attendant, les cérémonies consacrées aux présages heureux.

ANNIAMA. — Ce sera trop tard. Oublies-tu que Souprayen vient me chercher ce soir pour la cérémonie des fiançailles?

LATCHOUMYAMA. — Souprayen ne pense plus à toi, et la cérémonie de ce soir n'aura pas lieu.

ANNIAMA. — Dis-tu vrai? Que le divin Vischnou te prête sa sagesse et parle par ta bouche!

LATCHOUMYAMA. — Tu sauras de ta mère que je ne t'ai point menti.

ANNIAMA. — C'est bien. A l'heure où Ma s'inclinera doucement vers l'est, j'irai m'asseoir au pied de ce cocotier et je t'attendrai.

LATCHOUMYAMA. — Saverinaden va connaître les pensées de ton cœur, et peut-être viendra-t-il lui-même suspendre le taly d'or à ton cou.

(Elle s'en va.)

ANNIAMA (seule). — O mes doux rêves de cette nuit, et toi, bel oiseau de Covinda, je vois bien que vous ne m'avez pas trompée! Je vais me hâter de préparer le carry, car ma mère va bientôt rentrer, et son humeur n'est pas douce quand le riz ne chante pas dans la tiselle (vase de cuivre destiné à faire cuire le riz).

(Elle rentre dans la maison.)

MOUTAMALLE (pleurant et s'arrachant les cheveux). — Ayo, ayo, Samy! le chef de caste m'ordonne de comparaître devant lui : tous les mendiants du bazar, poussés par cet abominable Ranguin (diminutif de Rangassamy), m'accusent de séduire les jeunes filles et de corrompre les femmes mariées... Ayo, ayo, Samy! que je suis malheureuse! Souprayen vient de me reprendre la pagode qu'il m'avait donnée comme arrhes du mariage de ma fille.

(Appelant cette dernière.)

Anniama! Anniama!

ANNIAMA (dans l'intérieur de la maison; elle chante). — Doux messager de la belle Devanaguy, bel oiseau au plumage brun, reviens planer sur ma maison.

MOUTAMALLE. — Tu chantes au lieu de répondre! Attends, je vais t'apprendre à respecter les paroles de ta mère!

(Elle entre dans la maison, on entend des cris dans l'intérieur.)

PLUSIEURS VOISINES (paraisssant sous leur vérandah), — D'où viennent ces cris?

UNE D'ELLES. — C'est la vieille Moutamalle, qui a trop bu de callou, et, suivant son habitude, elle rosse sa fille pour se dégriser.

TROISIÈME PARTIE.

(La scène se passe sous le cocotier de la rue Bahour, où Latchou-
myama a donné rendez-vous à Anniama.)

Anniama. — Latchoumyama. — Saverinaden. — Rangassamy

ANNIAMA (assise au pied du cocotier). — Voilà longtemps que j'attends... Si Latchoumyama allait ne
pas venir !... J'ai bien peur... C'est l'heure où les
esprits mauvais hantent les rues désertes pour
entrer dans les maisons devant lesquelles on n'a point
tracé les signes consacrés qui conjurent les malé..ces.
Quel est ce bruit qui semble venir de l'étang d'Oudira,
Paléom ? Sans doute ce sont les génies des eaux, qui
fouettent l'étang avec une liane flexible afin de le
purifier pour les ablutions du soleil levant. Une
ombre se glisse là-bas le long des vérandahs... Je
tremble... elle s'approche. Mahartchis, protégez-
moi !

LATCHOUMYAMA (paraissant). — Ne crains rien, c'est
Latchoumyama. Saverinaden me suit, il t'apporte le
taly qu'il a détaché du cou de sa mère mourante...
Il brave tout pour que tu lui appartiennes.

SAVERINADEN (aux genoux d'Anniama). — Le voici,
laisse-moi t'en parer, ma douce Anniama ; c'est le
gage le plus sacré que puisse te donner mon amour.
Vois comme il te va bien ! Tu ne me réponds pas !

ANNIAMA. — Hélas ! que te dire, Saverinaden ? Je
n'ai jamais connu l'amour, je suis vierge. Mon cœur
s'ouvre au bruit harmonieux de tes paroles ; je com-

prends son langage, mais je ne sais comment le traduire.

SAVERINADEN. — Tu trembles dans mes bras tandis que ta bouche distille un miel plus doux à mon âme que l'amrita (ambroisie). Que crains-tu?

ANNIAMA. — Je tremble, mon bien-aimé, car ton souffle est brûlant comme le vent des Nielguerryes, qui courbe sur le sable les tiges des jeunes palmiers.

SAVERINADEN. — Laisse-moi presser mes lèvres sur tes lèvres, boire ton haleine amoureuse, comme le cerf altéré qui aspire sur les feuilles la rosée de la nuit.

ANNIAMA. — Quel frisson inconnu m'agite? Tes baisers me font mourir !

SAVERINADEN.— Les flambeaux innombrables du ciel d'Indra pâlissent, Ma descend silencieusement vers sa céleste couche : c'est l'heure propice aux amants. Viens avec moi sous le feuillage plein d'ombre de ce bosquet d'acacias roses, et les devas (anges) seront jaloux de notre bonheur.

(Il l'entraîne sous le feuillage.)

RANGASSAMY (paraissant). — **Eh bien, Latchoumyama, quoi de nouveau?**

LATCHOUMYAMA. —Anniama est en train de gagner nos cinquante pagodes.

QUATRIÈME PARTIE.

(La scène se passe dans le prétoire du pundit-saëb.)

Anniama. — Saverinaden. — Latchoumyama. — Rangassamy. — Le pundit-saëb. — Foule de marchands, mendiants et fakirs.

Anniama (tenant un enfant dans ses bras). — J'ai fait appeler devant vous, seigneur pundit, le commouty Saverinaden, pour qu'il consente à me recevoir comme son épouse légitime, et qu'il reconnaisse cet enfant comme sien.

Je dépose entre vos mains vénérables le taly, signe du mariage, que lui-même a passé autour de mon cou, un soir qu'il vint près de la maison de ma mère me jurer une foi éternelle.

Le pundit-saëb. — Peux-tu affirmer que ta bouche ne se souille pas d'un mensonge?

Anniama. — Que mon corps soit privé de la sépulture des justes, que nulle cérémonie funéraire ne soit faite à perpétuité pour l'anniversaire de ma mort, et que mon âme revienne animer le corps immonde d'un vautour aux pieds jaunes, si ce que je dis n'est pas la vérité!

Le pundit-saëb. — Ton serment a été entendu par Yama (juge des enfers). Que répond Saverinaden?

Saverinaden. — Je ne connais pas cette femme, et tout ce qu'elle dit n'est que fausseté.

Le pundit-saëb. — Peux-tu faire le serment prescrit?

SAVERINADEN. — Ma caste me défend de jurer.

ANNIAMA. —Tu ne me connais pas! Tu ne te souviens sans doute plus des paroles que tu m'adressais,
il y aura bientôt deux ans, pour la fête de Siva, au
pied du cocotier de la grande rue de Bahour; je
veux te les redire, car je les ai retenues, moi. (Elle
éclate en sanglots.) Voyons si tu pourras les entendre
sans rougir. « Laisse-moi presser mes lèvres sur
tes lèvres, boire ton haleine amoureuse, comme le
cerf altéré qui aspire sur les feuilles la rosée de la
nuit. »

LA FOULE. —Cette jeune femme paraît sincère,
et sa douleur fait mal.

SAVERINADEN. — Non, certainement, je ne connais point cette femme, et son audace est étrange.

ANNIAMA (lui présentant son fils). — Et cet enfant,
qui est ta chair et ton sang, auras-tu le courage
de le repousser comme sa mère? Sais-tu que sa
naissance m'a fait chasser de la caste, de la maison
où mon père est mort? Sais-tu que depuis plus de
douze mois je vis de l'aumône, errant sur les grands
chemins, comme une paria sans asile? Mais il n'a
pas souffert, lui! Regarde comme il est fort et beau!
Il te tend ses petits bras; refuseras-tu de l'embrasser?

LE PUNDIT-SAËB. — Je crois que tu es ému, Saverinaden.

SAVERINADEN. — Cette femme ment, vous
dis-je...

LE PUNDIT-SAËB. — Le divin Manou t'autorise à
faire entendre des témoignages. N'y avait-il personne auprès de vous lorsque le commouty t'a

remis ce taly? Parle sans crainte, Anniama, mais aussi sans chercher à tromper.

ANNIAMA. — Seigneur pundit, une femme conduisit Saverinaden près de moi, et, d'avance, elle m'avait séduite par ses paroles dorées, mais perfides. C'est la vieille bayadère Latchoumyama. Qui pourrait se fier à ce qu'elle va dire?

LATCHOUMYAMA. — Cette fille a été chassée par sa mère à cause de sa mauvaise conduite. Je lui ai procuré, à sa prière, bien des amants, mais je ne me souviens pas que Saverinaden ait été du nombre.

ANNIAMA. — Saverinaden m'a connue vierge : si un autre homme a délié mon pagne, s'il a entendu sortir de ma bouche des paroles d'amour, qu'il se présente et répète le serment consacré.

RANGASSAMY. — J'ai partagé ta natte un soir sur les bords de la rivière de Gengi, et je t'ai donné deux roupies.

LA FOULE. — Tchi! tchi! tchi! Rangassamy!

ANNIAMA (dédaigneusement). — Et combien Saverinaden t'a-t-il donné pour venir déposer ainsi?

RANGASSAMY. — J'ai dit vrai. Que mon corps soit privé de la sépulture des justes si... !

LA FOULE (l'interrompant). — A bas, Rangassamy! traître, menteur, fripon! Au thana, Rangassamy!

LES MARCHANDES. — A la rivière, Rangassamy!

LA FOULE. — Marquons-le sur le front avec le fer aux porcs.

(Rangassamy s'enfuit.)

SAVERINADEN (avec agitation). — Je n'ai point chargé cet homme de prononcer ces honteuses paroles.

Anniama. — Saverinaden, si les esprits célestes qui veillent aux bonnes actions ont du pouvoir sur ton cœur, reconnais au moins ton fils, et je serai ton esclave, ta tanigartchie (porteuse d'eau).

Le pundit-saëb. — Je vais dire la sentence que Yama m'inspire; mais, avant de faire parler la loi, j'ordonne que Saverinaden prenne entre ses bras l'enfant d'Anniama pour me l'apporter.

Anniama (tendant l'enfant). — Voilà ton fils, Saverinaden!

L'enfant (souriant à Saverinaden). — Papa!

Saverinaden (le pressant sur son cœur). — O pundit-saëb, ne prononce point ta sentence, et toi, Anniama, mon épouse chérie, reprends ce taly et pardonne, les rakchasas (démons) m'avaient aveuglé, me soufflant de mauvais desseins, mais le divin Vischnou m'a éclairé par la bouche de cet enfant. Allons à la pagode accomplir la cérémonie de l'expiation.

La foule. — Que de longs jours soient accordés à Saverinaden et à la belle Anniama!

Le pundit-saëb. — Que Latchoumyama soit saisie et promenée toute nue dans l'aldée entière, avec dix stations de dix coups de rotin chacune : telle est la peine des faux témoins. Ainsi le veut Manou!

La foule. — Vive le seigneur pundit!

Telle est cette petite pièce, dont on ne saurait nier ni l'intérêt ni les qualités dramatiques, et que les acteurs d'Ourdi-bazar représentèrent chez le colonel Maxwell avec un entrain et surtout un naturel qu'on

rencontre rarement, même chez nos meilleurs acteurs d'Europe, qui, dès qu'ils sont sur les planches,
se croient obligés de remplacer le ton ordinaire de
la conversation par la déclamation et l'afféterie.

La représentation de la tragédie d'*Avany* nous
conduisit fort avant dans la nuit. Cette pièce est
admirable, et j'affirme que jouée telle quelle en
Europe, et simplement traduite, elle produirait le
plus grand effet.

Avany, la belle-mère amoureuse de son beau-fils,
même dans les plus grands emportements de la
passion, est plus tendre, plus réellement femme que
la Phèdre antique et que celle de Racine. C'est une
femme vertueuse vaincue par l'amour. Les grandes
luttes de vertu et de passion qui se livrent dans son
âme la font plaindre et non mépriser, et si elle
succombe, en avouant son amour à l'objet aimé, en
face de l'effroi et de la pudique innocence de Nir-
dhasa, qui ne comprend pas bien ce que lui veut
celle qu'il appelle *ama* (ma mère), elle s'élève à de
sublimes fureurs contre son indignité, et finit par
se tuer pour ne point succomber.

Quand nous voudrons bien fouiller dans cet antique Orient, mais alors d'une manière sérieuse,
en étudiant son langage et traduisant ses livres...
quels sublimes ancêtres nous donnerons à Racine,
Corneille et Shakspeare, à Sénèque, Euripide et
Sophocle!

Il pouvait être une heure du matin lorsque, la
représentation terminée, je pus prendre congé de
lady Maxwell et du colonel et reprendre le chemin
du bengalow. En passant par le quartier ouest de
la ville, spécialement habité par les Indous malabares, je fus étonné de voir la plupart des vérandahs
des maisons encore éclairées et garnies d'une
foule d'individus des deux sexes qui semblaient
écouter attentivement le chant nazillard d'un fakir
ou d'un sannyassi. J'allais m'enquérir des motifs de cette veillée presque générale, lorsque je
me souvins que le mois de mayaci (mai) est consacré spécialement, dans l'Inde, aux représentations
théâtrales, ainsi qu'aux récits, contes, fables et déclamations religieuses ou héroïques, et qu'il est
d'usage que chaque chef de famille aisé attache à
sa maison pendant ce mois-là, soit un rapsode,
soit un fakir, soit un sannyassi, qui fait des tours,
déclame des vers ou récite des fables, pendant une
partie de la nuit, devant tous les parents, enfants et
serviteurs.

Comme tout ce qui est art, philosophie, littérature, date dans l'Inde de plusieurs milliers d'années
avant notre ère, le théâtre seul comptant des œuvres modernes, ces fables et ces contes sont généralement empruntés au *Pantcha-Tandra*, immense
recueil d'apologues que les jongleurs apprennent
par cœur et s'en vont réciter littéralement aux
veillées du printemps.

Lorsque j'arrivai au belatti-bengalow, je tombai
inopinément au milieu de pareille fête. Kandassamy, mon vindicara, et Amoudou avaient attiré

sous la vérandah du bengalow un de ces conteurs,
dont la parole rhythmée avait fait accourir immédiatement tous les Indous du voisinage, qui n'avaient
pas les moyens de se donner un pareil luxe.

Ne voulant point troubler le plaisir de ces pauvres gens, j'ordonnai à chacun de rester en place,
et au fakir de continuer son récit, à la grande
joie de Kandassamy et d'Amoudou, qui tout d'abord
ne paraissaient point des plus rassurés sur la manière dont j'allais prendre la chose.

M'étant fait donner un de ces fauteuils renversés
si chers aux Européens, dans lesquels on peut, si
l'on veut, passer la nuit entière aussi à l'aise que
dans un bon lit, je me mis à écouter comme les
autres.

Le fakir narrait à ce moment à l'assemblée émerveillée les aventures extraordinaires du brahme
Kahla-Sarma, qu'il fit suivre immédiatement, à la
demande générale, des contes de la première nuit
de mai du berger Cartica au rajah Rama-Tchandra.

Voici deux récits, dont l'auteur est le brahme
Vischnou-Sarma, connu en Europe, je ne sais trop
pourquoi, sous le nom de Pylpay.

Cette traduction n'est pas de moi. Je l'emprunte
à un recueil très-rare dans l'Inde, intitulé : *Extraits
du Pantcha-Tantra*, et qui fut imprimé à Chandernagor, par les ordres de Dupleix, en 1735, pour
les besoins de l'école franco-indoue, que ce héros,
qui faillit nous donner l'Inde, avait fondée pour
venir en aide à sa politique, qui était de rapprocher
les deux races.

La lecture de ces deux morceaux de littérature

antique ne sera pas, j'aime à le croire, sans intérêt
pour le lecteur.

Aventures du brahme Kahla-Sarma.

« Dans la ville de Soma-Pour vivait un brahme
du nom de Kahla-Sarma, qui, après avoir été longtemps plongé dans la misère, se vit tout à coup, par
un concours de circonstances heureuses, élevé à un
brillant état d'opulence. Il résolut alors d'entreprendre le saint pèlerinage du Gange, pour obtenir
le pardon de ses péchés en se lavant dans les eaux
de ce fleuve sacré.

» Chemin faisant, un jour qu'il traversait un dé-
sert où coulait la rivière Saravasty, il voulut effec-
tuer dans cette rivière ses ablutions accoutumées.
A peine était-il entré dans l'eau qu'il vit venir à lui
une écrevisse qui lui demanda où il allait. Informée
qu'il se rendait en pèlerinage au Gange, elle le supplia de la transporter dans ce fleuve sacré, promettant, s'il daignait lui rendre service, d'en conserver
le souvenir tant qu'elle vivrait, et de faire, de son
côté, dans l'occasion, tout ce qui dépendrait d'elle
pour lui être utile.

» Le brahme, surpris de ces dernières paroles,
lui demanda s'il était possible qu'un être aussi
faible et aussi vil qu'elle pût jamais rendre service
à un homme et surtout à un brahme. A quoi l'écrevisse répondit par l'apologue suivant :

» Dans la ville de Prabavatty-Patnam vivait un
roi nommé Ahdita-Varma. Un jour ce prince était à
la chasse au milieu d'une épaisse forêt, accompagné
d'une foule de monde ; il vit venir à lui un éléphant

d'une taille. énorme dont l'apparition subite répandit la terreur, dans son escorte. Le roi, ayant ras-
suré ses gens, leur dit qu'il fallait tâcher de se
rendre maître de cet éléphant pour le conduire à
son palais. Pour cet effet, on se mit à creuser une
fosse profonde que l'on couvrit de branches d'arbres
et de feuillage ; après quoi tous les chasseurs envi-
ronnèrent l'éléphant, ne lui laissant pour fuir
d'autre issue que celle qui conduisait à la fosse,
dans laquelle, en effet, il se laissa tomber.

» Charmé d'avoir si bien réussi, le roi dit à ses
gens qu'avant de retirer cet éléphant de la fosse, il
fallait le laisser jeûner pendant huit jours ; qu'au
bout de ce temps, ayant perdu ses forces, on pourrait aisément le dompter. Tout le monde se retira donc, laissant l'éléphant dans le piége où il
s'était pris.

» Deux jours après, un brahme, qui voyageait
sur les bords du fleuve Youmna, vint à passer près
de cet endroit, et, ayant vu l'éléphant dans la fosse,
il lui demanda par quel fâcheux accident il se trouvait là. L'éléphant lui raconta sa triste aventure et,
lui exposant ensuite les tourments qu'il endurait,
tant des suites de sa chute que de la faim et de la
soif, il le supplia d'avoir pitié de lui en l'aidant à
recouvrer sa liberté.

» Le brahme lui représenta qu'il était hors de
son pouvoir de retirer d'une fosse si profonde un
corps du poids et du volume du sien. L'éléphant
lui fit de nouvelles instances et le conjura de l'aider
au moins de ses conseils, en lui indiquant le moyen
d'échapper au danger qui le menaçait.

» A cela, le brahme répondit que s'il avait autrefois rendu service à quelqu'un, il devait l'invoquer à présent et l'appeler à son secours.

» Je ne me souviens pas, répondit l'éléphant, d'avoir rendu service à qui que ce soit, si ce n'est aux rats, ce que je fis de la manière suivante :

» Dans le pays de Calinga-Dessam régnait un roi nommé Souvarna-Bahon; il vit tout à coup ses États infestés par des myriades de rats qui dévoraient toutes les plantes et répandaient partout la désolation. Les habitants, ne pouvant plus exister au milieu d'un tel fléau, allèrent trouver le roi, et le supplièrent d'avoir recours à quelque expédient pour délivrer le pays des ravages de ces animaux destructeurs. Le prince rassembla aussitôt tous les chasseurs de son royaume, qui, munis de filets et de piéges de toute espèce, allèrent ensemble à la poursuite des rats. A force de travaux et de patience, ils parvinrent à les faire sortir de leurs trous. Tous furent pris et enfermés vivants dans de grands vases de terre, où on les laissa pour qu'ils y mourussent de faim.

» Sur ces entrefaites, continua l'éléphant, je vins à passer près du lieu où tous ces rats étaient emprisonnés et entassés pêle-mêle. Leur chef, m'ayant entendu, m'appela : il me supplia de prendre pitié de lui et de ses compagnons et de leur sauver la vie. Rien de plus facile, dit-il, puisqu'il me suffisait de briser d'un coup de pied les vases de terre qui les retenaient captifs. Touché de compassion pour le sort déplorable de ces infortunés, je mis en pièces leurs prisons, et je les arrachai à une mort certaine.

» Le chef des rats, après m'avoir remercié, dit qu'ils conserveraient, lui et les siens, un éternel souvenir du service que je leur avais rendu, et jura qu'ils me payeraient de retour, si jamais je me trouvais dans quelque embarras.

» Après que l'éléphant eut achevé ce récit, le brahme lui conseilla d'invoquer les rats, qu'il avait si essentiellement obligés, et de les appeler à son aide.

» Il lui souhaita ensuite une prompte délivrance, et continua sa route.

» L'éléphant, livré à lui-même, réfléchit qu'il n'avait rien de mieux à faire que de suivre le conseil qu'on lui avait donné.

» A la voix de son bienfaiteur, le chef des rats accourut sans délai.

» L'éléphant ne l'eut pas plus tôt aperçu, qu'il lui exposa les malheurs qui lui étaient survenus, ceux dont il était encore menacé, et le supplia de l'aider de quelque manière à sortir de sa prison.

» Le service que tu requiers, seigneur éléphant, répondit le rat, n'est pas pour moi une chose difficile : reprends donc courage, et je te promets d'opérer dans peu ta délivrance.

» A l'instant, le chef des rats convoqua plusieurs millions de ses sujets, et les conduisit au bord du précipice où leur libérateur avait été englouti; tous se mirent à gratter la terre qui était autour et à la jeter dans la fosse; celle-ci se comblant peu à peu, l'éléphant s'élevait à mesure : bientôt il put aisément sortir et se trouver à l'abri de tout danger.

» En terminant cet apologue, l'écrevisse dit au

brahme pèlerin : Si un rat trouve l'occasion de
rendre un service signalé à un éléphant et de lui
sauver la vie, ne peut-il pas s'en présenter une où
je serai moi-même à portée de t'obliger et de te
témoigner ma reconnaissance ?

» Le brahme Kahla-Sarma, charmé de trouver tant
d'intelligence dans un si chétif animal, n'hésita plus
à prendre l'écrevisse avec lui, et, la mettant dans
son sac de voyage, il continua sa route.

» En traversant une épaisse forêt, il s'arrêta vers
l'heure de midi, au moment où le soleil était dans
sa plus grande force, pour se reposer à l'ombre
d'un arbre touffu. Il s'y endormit bientôt, et, pendant
qu'il dormait, voici ce qui arriva :

» Près de l'arbre où Kahla-Sarma goûtait un paisible repos, un serpent monstrueux avait établi sa
demeure dans un de ces monceaux de terre élevés
par les kariahs (fourmis blanches), et au milieu de
ce feuillage, un corbeau avait construit son nid.

» Ce corbeau et ce serpent avaient, en qualité de
voisins, contracté ensemble une étroite amitié.
Lorsque quelque voyageur fatigué venait se délasser
à l'ombre de cet arbre, le corbeau en avertissait son
ami le serpent par un certain cri, et ce dernier, sortant aussitôt de son repaire, s'approchait en silence
du voyageur, le mordait et lui insinuait son venin
dans les veines. Le poison était si subtil, que la personne mordue en mourait presque à l'instant.

» Le corbeau rassemblant alors les individus de
son espèce, ils se jetaient tous sur le cadavre, qui
leur servait de pâture.

» Le corbeau n'eut pas plus tôt aperçu que le

brahme pèlerin dormait profondément, qu'il donna
au serpent le signal ordinaire : celui-ci sortit de son
trou incontinent, et lui ôta la vie par sa morsure
empestée.

» Le corbeau s'empressa de rassembler ses amis
et ses proches, et ils fondirent tous ensemble auprès
du cadavre. Comme ils se disposaient à le dévorer,
le chef corbeau ayant aperçu quelque chose qui re-
muait dans le sac du voyageur, et voulant savoir ce
que c'était, y mit la tête. A l'instant même l'écrevisse
le saisit par le cou avec ses pinces, et le serra au
point de l'étrangler.

» Le corbeau criait merci, mais elle lui déclara qu'elle ne le lâcherait pas, à moins que le
brahme, dont il venait de causer la mort, n'eût recouvré le jour.

» Le corbeau ayant fait connaître à ses compagnons
l'extrémité où il se trouvait réduit, et les conditions
auxquelles l'écrevisse consentait à le laisser vivre,
les conjura d'aller en toute hâte informer son ami
le serpent de sa situation critique, et l'engager à
ranimer bien vite le corps du brahme. Le serpent,
instruit du malheur de son ami, s'approcha du mort,
mit la gueule à l'endroit même où il l'avait mordu,
suça tout le venin dont il l'avait infecté, et lui rendit
la vie.

» Dès que le brahme eut repris l'usage de ses
sens, il ne fut pas peu surpris de voir son écrevisse
tenant un corbeau étroitement serré entre ses pinces.
Elle lui raconta ce qui venait de se passer. A ce
récit, le voyageur, qui croyait sortir d'un doux sommeil, fut saisi du plus grand étonnement. Néanmoins,

lui dit-il, puisque le corbeau a satisfait aux conditions que tu as exigées de lui, il faut aussi que tu remplisses la promesse que tu lui as faite de lui laisser la vie sauve : lâche-le donc maintenant.

» L'écrevisse, qui voulait châtier ce méchant comme il le méritait, mais qui craignait de le faire dans le voisinage du serpent, répondit qu'elle ne lui rendrait la liberté qu'à quelque distance de là.

» Le brahme les transporta donc tous les deux un peu plus loin, et, ouvrant son sac, il invita de nouveau l'écrevisse à ne plus différer de tenir sa promesse.

» — Insensé ! répondit l'écrevisse, y a-t-il quelque foi à garder aux méchants ? Peut-on compter sur leurs promesses, à eux ? Tu ignores donc que ce corbeau perfide a déjà été l'instigateur de la mort d'une foule d'innocents, et que si je le laisse échapper, il en fera périr encore un grand nombre ?

» Veux-tu savoir ce que les gens de bien gagnent à obliger les méchants ? Veux-tu connaître la manière dont il faut traiter ces derniers quand on les tient en son pouvoir ?

» La fable suivante te l'apprendra :

» Un brahme nommé Astica habitait l'agrahra (monastère) d'Agny-Stala, situé sur les bords du fleuve Youmna. Ce brahme, ayant entrepris le pèlerinage du Gange, passa un jour près d'une rivière dans laquelle il voulut faire ses ablutions.

» Il ne fut pas plus tôt entré dans l'eau, qu'un crocodile vint à lui, et, apprenant dans quelle intention le brahme s'était mis en route, il le supplia instamment de le transporter aussi dans les eaux du fleuve sacré. Il espérait, disait-il, pouvoir y vivre plus à son aise que dans le lieu où il était, qui, se trouvant souvent à sec dans le temps des chaleurs, l'exposait alors à endurer des souffrances cruelles.

» Le brahme, touché de compassion, fit entrer ce crocodile dans son sac, et, le chargeant sur ses épaules, continua sa route.

» Arrivé sur le rivage du Gange, le pèlerin ouvrit son sac, et, montrant au crocodile les eaux de ce fleuve, il lui dit qu'il pouvait y entrer. Mais ce dernier objecta à son bienfaiteur que, se sentant très-fatigué de la route qu'ils avaient faite ensemble, il n'avait point la force de gagner seul le cours d'eau, et qu'il le priait de l'y conduire jusqu'à une certaine profondeur.

» Le brahme, ne soupçonnant aucune perfidie, eut encore cette condescendance pour le crocodile. Il s'avança le plus qu'il put dans le lit du Gange et y déposa son compagnon de voyage. Mais, au moment où il se retirait, le crocodile, le saisissant par la jambe avec ses dents, s'efforça de l'entraîner au fond de l'eau. Plein de frayeur, et outré d'une pareille trahison, le pèlerin s'écria : — Oh! scélérat, oh! perfide, est-ce ainsi que tu rends le mal pour le bien? Voilà donc la vertu que tu pratiques? Voilà donc la reconnaissance que j'avais lieu d'attendre de toi, après t'avoir rendu service !

» — Bon, repartit le crocodile, que viens-tu me parler de reconnaissance et de vertu ! La vertu, de nos jours, c'est de dévorer ceux qui nous nourrissent.

» — Suspends au moins ton perfide dessein our

quelques moments, reprit le brahme, et voyons si
la morale que tu professes trouvera des approba-
teurs, remettons l'affaire au jugement des arbitres,
et, s'il s'en présente trois seulement qui approuvent
ta manière d'agir et de penser, je consens que tu
me dévores.

» Le crocodile se rendit aux réclamations du
brahme, et consentit à ne le sacrifier à sa glou-
tonnerie qu'après qu'ils auraient recueilli les suf-
frages de trois arbitres qui ne blâmeraient pas son
procédé.

» Ils s'adressèrent d'abord à un manguier planté
sur le rivage. Le brahme lui demanda s'il était permis de faire du mal à ceux qui nous avaient fait du
bien. — J'ignore si cela est permis ou non, répondit le manguier, mais je sais bien que c'est là précisément la conduite que les hommes tes semblables
tiennent envers moi. En effet, j'apaise leur
faim en les nourrissant de mes fruits succulents ; je
les garantis des ardeurs du soleil en les couvrant de
mon ombrage : cependant, dès que la vieillesse ou
quelque accident me met hors d'état de leur procurer ces avantages, oubliant mes services antérieurs,
ils coupent mes branches et finissent par me priver
de la vie en arrachant jusqu'à mes racines : d'où je
conclus que la vertu, parmi les hommes, consiste à
détruire ceux qui les nourrissent.

» Ils abordèrent ensuite une vieille vache qui pais-
sait sans gardien sur les bords du fleuve ; le brahme
lui demanda si ce n'était pas blesser la vertu que de
faire du mal à ceux qui vous avaient fait du bien.

» — Que veux-tu dire par ce mot de vertu ? répondit

la vache. La vertu, de nos jours, est de perdre ceux
qui nous rendent service ; je ne l'éprouve que trop
par ma malheureuse expérience. Jusqu'ici j'ai rendu
les services les plus importants à l'homme en labou-
rant ses champs, en lui donnant des veaux, en le
nourrissant de mon lait ; maintenant que je suis
vieille et qu'il n'a plus rien à attendre de moi, il
me rebute : abandonnée et sans secours, sur le bord
de ce fleuve, je me vois exposée à chaque instant à
devenir la proie des bêtes féroces.

» Il ne manquait plus que le jugement d'un troisième arbitre pour consommer la ruine du brahme.
Celui-ci, ayant aperçu un renard, lui fit la même
question qu'il avait déjà adressée au manguier et
à la vache.

» Avant de répondre, le renard voulut connaître
à fond l'affaire dont il s'agissait ; le brahme lui raconta en détail les services qu'il avait rendus au crocodile, et la trahison que ce dernier méditait. Le
renard se prit à rire et parut d'abord disposé à donner gain de cause au crocodile : — Cependant, dit-il,
avant de porter un jugement définitif sur votre
affaire, il faut que je voie la manière dont vous avez
voyagé ensemble.

» Le crocodile, ne se défiant point des intentions
du renard, entra sans hésiter dans le sac de voyage,
et le brahme le mit sur son cou. Alors le renard dit
à celui-ci de le suivre, et, arrivé en un lieu isolé, il
lui fit signe de déposer par terre son fardeau. A
peine eut-il obéi que le renard, prenant une grosse
pierre, la jeta sur la tête du crocodile et l'écrasa ;
puis, s'adressant au brahme : — Imbécile que tu es,

lui dit-il, que les dangers que tu as courus t'apprennent désormais à être prudent : ressouviens-toi bien qu'on ne doit jamais contracter amitié ni s'associer avec des méchants.

» Le renard rassembla ensuite sa famille, et ils firent du crocodile un excellent régal. Le brahme, ayant accompli le but de son pèlerinage en se lavant dans le Gange, s'en retourna chez lui, où il arriva sans autre accident.

» Cet apologue, dit l'écrevisse au brahme son bienfaiteur, qui avait prêté une oreille attentive à son récit, doit te convaincre qu'il n'y a point de pacte à faire avec les méchants, et qu'on peut sans scrupule leur manquer de foi. Quand on les tient en son pouvoir, il faut les détruire. En disant ces paroles, elle serra fortement le cou du corbeau, et l'étrangla.

« Après ce châtiment exemplaire, le brahme Kahla-Sarma, reprenant avec lui l'écrevisse, continua sa route, et, arrivé au Gange, il y déposa sa bienfaitrice, comme elle le désirait. Après lui avoir témoigné sa vive reconnaissance pour le service important qu'elle lui avait rendu en lui sauvant la vie, il fit ses ablutions dans le fleuve sacré, et reprit ensuite la route de son pays, où il arriva sain et sauf... »

Au milieu des murmures flatteurs de ses auditeurs, qui n'avaient pas perdu une syllabe de ce récit, le fakir, après avoir bu quelques gorgées de callou au vase qui circulait dans l'assemblée, et aspiré quelques bouffées de la fumée odorante du boukali de son voisin, entama immédiatement le morceau capital de la veillée de mai : les contes du berger Cartica devant le rajah Tchandra... Je ne ferai pas assister le lecteur à cette suite interminable de récits, qui nous conduisit jusqu'au jour ; en dehors du paysage qui les encadrait, au milieu de cette nuit lumineuse, tiède et chargée des senteurs des canneliers, des girofliers et des tamarins en fleurs, peut-être les trouverait-il monotones. Un seul de ces contes choisi parmi les plus intéressants suffira à donner une idée de cette littérature, qui, quoique créée pour le vulgaire, ne laissait pas parfois que de cacher de philosophiques enseignements.

Tel est le récit d'Appadjy, premier ministre du rajah Christna-Roya, par lequel notre rapsode termina la veillée.

Il s'exprima en ces termes :

« Avant les invasions des hommes du nord, au temps où les peuples de l'Inde jouissaient du bonheur d'être gouvernés par des princes de leur nation, un de ces princes, nommé Christna-Roya, régnait sur une des plus fertiles provinces méridionales du pays. Son unique sollicitude était de se concilier l'amour et le respect de ses peuples en s'appliquant à les rendre heureux ; et, pour y parvenir, il apportait une affection particulière à n'admettre au nombre de ses ministres et de ses confidents que des personnes qui, par leur savoir, leur expérience et leur prudence, fussent capables de lui donner de sages conseils.

» Appadjy, son premier ministre, possédait surtout sa confiance, parce qu'il avait toujours l'art de lui dire la vérité en la voilant sous des allégories frappantes.

» Un jour que ce sage ministre était seul avec son maître, celui-ci, dans un moment où il n'avait pas d'avis plus important à lui demander, lui proposa la question suivante à résoudre :

» — Appadjy, lui dit-il, j'ai souvent entendu répéter que les hommes, dans leurs usages religieux et civils, ne se conduisent que machinalement et par routine, et que la religion et les coutumes, une fois établies et mises en vogue, sont suivies aveuglément et sans examen par la multitude, quelque absurdes qu'elles puissent être. Je désirerais que tu me prouvasses la vérité de cette assertion, afin de connaître la justesse du proverbe si répandu : DJATRA-MAROULO? DJENA-MAROULO?... DJENAS-MAROULON! (Sont-ce les usages ou ceux qui les suivent, qui sont ridicules? Ce sont les usages!)

» Appadjy, avec sa modestie ordinaire, promit au roi de réfléchir sur cette question et de lui donner une réponse dans peu de jours.

» Dès qu'il fut rentré chez lui, l'esprit tout occupé de l'argument que son maître lui avait donné à résoudre, le ministre envoya chercher le berger qui veillait à la garde de ses moutons : c'était un rustre d'un esprit lourd et fort étroit, comme le sont ordinairement les gens de cette profession. Lorsqu'il se fut rendu aux ordres d'Appadjy, ce ministre parla de la sorte :

» — Kourouba, il faut que tu quittes à l'instant ton habit de berger, pour te revêtir du costume de saniassy (dévot ascétique), dont je veux que tu joues le rôle pendant quelques jours. Commence donc par te débarbouiller tout le corps avec des cendres ;

d'une main prends le bâton à sept nœuds qu'un
pénitent porte toujours avec lui, de l'autre la cale-
basse qui lui sert à contenir son eau ; mets sous ton
bras la peau de gazelle sur laquelle il a coutume de
s'asseoir ; et dans cet équipage, pars sans délai
pour la montagne voisine de cette ville. Arrivé là,
tu entreras dans la caverne creusée sur ses flancs ;
puis, étendant sur le sol ta peau de gazelle, tu t'y
accroupiras à la manière d'un saniassy, ayant les
yeux toujours fixés vers la terre, te bouchant d'une
main les narines, et tenant l'autre main appuyée sur
le sommet de ta tête. Sois attentif à bien jouer ton
rôle, et garde-toi de me trahir. Il peut se faire que
le roi, accompagné de toute sa cour, et d'une grande
multitude de monde, aille te rendre visite dans cette
caverne ; mais, qui que ce soit qui s'y présente, fût-ce
moi, fût-ce le monarque lui-même, reste immobile
dans la posture que je viens de te prescrire, ne regarde personne, ne parle à personne, et quoi qu'il
puisse t'arriver, t'arracherait-on tous les poils du
corps les uns après les autres, ne laisse apercevoir
aucun signe de douleur, ne bouge non plus qu'un
roc.

» Voilà, Kourouba, ce que je t'ordonne ; si par
malheur tu t'écartes le moins du monde de mes
instructions, songe qu'il y va de ta vie. Si au contraire tu les suis ponctuellement, tu peux compter
sur une magnifique récompense.

» Le pauvre berger, accoutumé toute sa vie à faire
paître des moutons, ne se sentait nulle aptitude à
changer sa condition pour celle de saniassy : cependant, le ton de son maître lui paraissait tellement

impératif, qu'il jugea prudent de s'interdire toute
objection, et d'obéir aveuglément. Affublé de tout
l'attirail de son nouvel emploi, et repassant avec
attention dans sa tête tout ce qu'on lui avait prescrit
de faire, il partit pour sa destination.

» Sur ces entrefaites, Appadjy se rendit au palais,
où il trouva le roi environné de tous ses courtisans.
S'étant approché de lui d'un air sérieux, il lui adressa
la parole en ces termes:

» — Grand roi, en ce moment où, environné de
vos sages conseillers, vous vous occupez des moyens
de rendre vos peuples heureux, pardonnez-moi si
je viens vous interrompre pour vous annoncer que
le jour est arrivé où les dieux, charmés de l'éclat de
vos vertus, ont voulu donner une marque visible de
leur protection et de leur faveur. A l'heure où je
vous parle, quelque chose qui tient du prodige se
passe dans votre royaume, et non loin de votre
résidence. Sur le penchant de la montagne voisine
de cette capitale il existe une caverne dans laquelle
un saint pénitent, descendu sans doute du séjour
même du grand Vischnou, a daigné venir établir sa
demeure Plongé dans la plus profonde méditation
sur les perfections de Parabrahma, il est entièrement insensible à tous les objets terrestres, il n'a
d'autre nourriture que l'air qu'il respire ; aucun des
objets qui frappent les sens ne fait la plus légère
impression sur lui : en un mot, on peut dire avec
vérité que son corps habite seul ce bas monde, tandis que ses pensées et toutes ses affections sont déjà
intimement unies à la divinité. Je ne doute pas que
l'apparition merveilleuse de ce saint personnage dans

vos États ne soit un gage manifeste de l'intérêt que les dieux prennent à vous et à vos peuples.

» Le discours d'Appadjy frappa d'étonnement et d'admiration le roi et ses courtisans.

» Ce prince voulut aller sans délai rendre visite à l'illustre pénitent dont son premier ministre venait de lui faire un si pompeux éloge, et, pour que cette visite eût un éclat digne des vertus éminentes de celui qui en était l'objet, il décida qu'il se rendrait près de lui accompagné de sa cour et escorté d'une forte partie de troupes. En outre, il fit annoncer aux habitants par les crieurs publics, au son des tambours et des trompettes, le motif qui le conduisait à la montagne, et tout le monde fut invité à le suivre.

» Bientôt le cortége se mit en marche. Jamais jusque-là on n'en avait vu de plus brillant; jamais une aussi grande multitude de peuple ne s'était trouvée réunie. Le plaisir et la joie se peignaient sur tous les visages, l'air retentissait des cris d'allégresse, et chacun se félicitait d'avoir vécu jusqu'à ce jour, pour avoir le bonheur de contempler un des plus grands personnages qui de temps immémorial eussent paru sur la terre.

» Arrivé à la caverne, le roi, pénétré d'une crainte religieuse à l'aspect de ce lieu sacré, y entra avec les marques du plus profond respect. Bientôt ses regards empressés découvrirent la figure de l'illustre pénitent, qui, accroupi dans la posture bizarre qu'on lui avait permis de prendre, paraissait être aussi immobile que le rocher qui lui servait de retraite. Le roi, l'ayant contemplé quelque temps en silence, s'approcha en tremblant, et se prosterna devant lui la face contre terre. Puis, s'étant relevé, il lui adressa, les mains jointes et d'un ton humble, les paroles suivantes:

» — Illustre pénitent, béni soit le destin qui m'a fait vivre jusqu'à ce jour afin que je puisse jouir du bonheur inestimable de voir vos pieds sacrés. Je ne sais ce qui peut m'avoir attiré une faveur aussi éclatante, le peu de bien que j'ai fait durant cette génération n'a pu m'en rendre digne ; et c'est peut-être aux vertus de mes ancêtres ou à quelque bonne œuvre que j'aurai accomplie dans une génération précédente que j'en suis redevable. Quoi qu'il en soit, le jour où j'ai vu vos pieds sacrés est certainement le plus beau, et le plus heureux jour de ma vie.

» Désormais je n'ai plus rien à désirer en ce monde. En les voyant, ces pieds sacrés, j'ai obtenu le plus grand bienfait qui puisse être accordé à un mortel. Par cette seule vue, tous les péchés que j'ai commis dans cette génération et les précédentes me sont remis. Je suis désormais aussi pur que l'eau du Gange, et tous mes désirs sont accomplis.

» Le prétendu pénitent entendit ce discours flatteur sans témoigner qu'il y fût sensible, et sans changer de contenance ni de posture. La foule qui l'entourait, étonnée de cette indifférence, demeura convaincue qu'il n'y avait qu'un être surnaturel qui pût dédaigner de répondre à un aussi grand roi, et même de jeter un regard sur lui. Il est évident, se disait-on, que le corps seul de ce saint pénitent habite ici-bas, tandis que son âme et ses pensées sont intimement unies à la Divinité, dont il est l'image.

» Le roi Christna-Raya, ravi en extase, et ne pouvant se rassasier de la vue du saint pénitent, lui dit encore des choses flatteuses, dans l'espoir de s'attirer au moins un seul de ses regards. Soins superflus! le plus léger mouvement de tête ne vint point interrompre l'imperturbable immobilité de ce personnage impassible.

» Le prince se disposait à sortir de la caverne, lorsque Appadjy lui parla de la sorte :

» — Grand roi ! étant venu de si loin pour visiter le grand personnage qui va désormais devenir l'objet de la vénération publique, vous ne devez pas le quitter sans avoir reçu sa bénédiction, ou au moins quelque don qui puisse vous porter bonheur le restant de vos jours. Absorbé dans la méditation, insensible aux objets extérieurs qui l'environnent, ce pénitent ne peut rompre le silence ; cependant, vous devez tâcher d'obtenir quelque chose de lui, ne fût-ce qu'un des poils dont il a le corps tout couvert.

» Le roi goûta l'avis de son ministre et, s'approchant du saniassy, il lui arracha avec précaution un des poils dont sa poitrine était hérissée, le porta à ses lèvres, le baisa dévotement, et, le montrant ensuite aux spectateurs : — Je le conserverai toute ma vie, dit-il. Je le ferai enchâsser dans une boîte d'or, qui demeurera sans cesse suspendue à mon cou comme le plus précieux de mes ornements, persuadé qu'une si noble relique sera pour moi un talisman contre **tous** les accidents fâcheux de la vie.

» Les ministres et les courtisans, à l'imitation de leur maître, voulurent tous participer à la même fa-

veur et s'empressèrent d'arracher chacun au pauvre
pénitent un poil de la poitrine, promettant aussi de
le conserver précieusement et de l'honorer comme
une relique.

» Les gens qui escortaient le prince, et la multitude presque innombrable qui l'avait accompagné,
instruits de ce que le roi et ses courtisans venaient de
faire, voulurent à l'envi suivre un si bel exemple,
et en un instant le prétendu saniassy se vit épilé
des pieds à la tête; car les plus fervents, ne se contentant pas d'un seul de ses poils, les lui arrachaient
à pincée.

» Le pauvre Kourouba soutint cet horrible supplice sans proférer la moindre plainte, sans changer
de posture, et sans même lever les yeux.

» De retour à son palais, le roi alla entretenir ses
femmes de l'être merveilleux qu'il avait visité, et
leur montra la relique dont il était possesseur. Les
ranies, pénétrées d'admiration, prirent l'une après
l'autre ce poil entre leurs doigts, le baisèrent dévotement, l'appliquèrent sur leurs yeux, et témoi-
gnèrent la plus grande envie de voir cet illustre
personnage.

» Mais comme les règles de la décence prescrites
aux personnes de leur sexe et de leur rang ne
leur permettaient pas de se montrer au public,
elles supplièrent instamment le roi de leur accorder
la faveur de faire transporter le saniassy au palais,
afin qu'elles pussent aussi jouir du bonheur de le
contempler et de cueillir de leurs propres mains
un de ses poils.

» Le roi, après bien des objections, se rendit enfin

aux instances de ses femmes, et, voulant encore dans cette circonstance honorer le pénitent autant qu'il était en lui, il envoya sa cour et toutes ses troupes à pied et à cheval pour l'escorter.

» Arrivés tous auprès de la caverne, où la multitude était encore à se disputer les poils du saniassy, quatre des personnes les plus distinguées s'approchèrent de celui-ci ; et, après lui avoir humblement exposé l'objet de leurs désirs, elles le prirent entre leurs bras et le placèrent sur un superbe palanquin, où il se tint dans la même posture qu'il avait gardée jusque-là. Il fut ensuite conduit en triomphe et promené avec pompe dans les rues de la ville, suivi d'une multitude de curieux qui poussaient des cris de joie, et faisaient retentir l'air de leurs acclamations.

» Le pauvre Kourouba, qui n'avait rien mangé depuis deux jours, et qui ressentait les effets cuisants du rude assaut qu'il venait d'essuyer, était loin de s'enorgueillir de tant d'honneurs. L'espérance que cette farce aurait bientôt une fin qui lui serait profitable, et la crainte d'encourir la colère de son maître, purent seules soutenir son courage, et le dissuader de déclarer tout haut qui il était.

» — Qu'avais-je à faire, murmurait-il cependant en lui-même, de me charger d'un rôle qui me convient si peu et qui m'expose à tant de souffrances!

» J'aimerais mille fois mieux, au milieu de mon troupeau, entendre les rugissements des tigres des forêts, que d'être assourdi par les cris de joie et les acclamations de cette multitude insensée. Auprès de mes moutons, à l'heure qu'il est, j'aurais déjà fait mes deux repas; et depuis deux jours, je me trouve à jeun sans savoir encore ni quand, ni comment tout cela finira !

» Pendant que le pauvre berger roulait ces pensées dans sa cervelle, on arriva au palais. Transporté dans un superbe appartement, il ne tarda pas à y recevoir la visite des princesses, qui vinrent successivement se prosterner à ses pieds. Après l'avoir admiré quelque temps en silence, elles voulurent aussi chacune posséder un de ses poils pour le faire enchâsser dans une boîte d'or, et le mettre au nombre de leurs joyaux les plus précieux. En vain elles en cherchèrent sur les parties visibles de son corps, la foule des dévots qui les avaient précédées n'en avait pas laissé l'apparence. Enfin, après avoir fait une recherche soigneuse, elles en découvrirent par-ci par-là, dans les rugosités de sa peau grossière, quelques-uns qui avaient échappé à l'extirpation totale. Force leur fut de se contenter de ces respectables restes, et, après les avoir religieusement recueillis, elles se retirèrent. Le roi ordonna que le pénitent fût laissé seul durant la nuit, pour qu'il pût jouir du repos dont il avait un si grand besoin, après la fatigante et douloureuse journée qu'il avait passée.

» Cependant, Appadjy, s'étant glissé en cachette dans l'appartement ou le faux saniassy mourait de faim, de fatigue et d'angoisse, lui adressa ces paroles consolantes :

» — Kourouba, le temps de ton épreuve est fini; tu as bien joué ton rôle, et je suis content de toi; je t'ai promis une récompense, sois assuré que tu

la recevras ; en attendant, quitte ce costume de pénitent, reprends tes habits de berger ; va réparer
tes forces par une bonne nourriture et un sommeil
paisible, et demain matin tu iras vaquer à tes occupations ordinaires.

» Le pauvre diable ne se le fit pas dire deux fois :
il s'enfuit sur-le-champ par le passage dérobé que
son maître lui indiqua, bien résolu de ne plus se
laisser désormais attraper de la sorte.

» Le lendemain matin, le roi, accompagné de ses
principaux officiers, se rendit à l'appartement où il
avait laissé le saniassy, afin de lui offrir de nouveau
l'hommage de sa profonde vénération ; mais on ne
fut pas peu surpris de voir qu'il avait disparu. Cependant, cette circonstance ne fit qu'accroître sa
renommée dans le public, et personne ne douta
que ce saint personnage ne fût réellement une
divinité qui, sous une forme humaine, avait daigné
faire au monarque une visite passagère et, dans le
silence de la nuit, était retournée au séjour du bonheur, d'où elle était descendue. Cette apparition
et cette disparition miraculeuses furent durant quelques jours le sujet de toutes les conversations à la
cour, à la ville et dans les campagnes de tout le
royaume ; mais, à la fin, on s'ennuya de répéter toujours la même histoire et l'on cessa d'en parler.

» Quelque temps après cet événement, un jour
qu'Appadjy était à la cour du roi son maître, celui-
ci lui rappela la question qu'il lui avait proposée
auparavant à résoudre, c'est-à-dire, sont-ce les coutumes qui sont ridicules, ou bien sont-ce les hommes
qui les suivent qui le sont?

» Appadjy, qui n'attendait que cette occasion pour répondre, la saisit avec plaisir ; et, après avoir obtenu du roi l'assurance de ne point s'offenser s'il s'expliquait sans déguisement et sans flatterie, il lui tint ce discours :

» — Grand roi, votre conduite a résolu la question d'une manière irréfragable, lors de la visite que vous n'avez pas dédaigné de faire à la caverne de la montagne pour y voir le prétendu grand pénitent qui s'y était établi. Vous serez sans doute étonné d'apprendre que ce fameux personnage n'est autre que le berger qui depuis bien des années s'occupe du soin de faire paître mes moutons, homme stupide et grossier dont la personne ne peut inspirer que le plus souverain mépris. C'est cependant à un pareil être que vous et toute votre cour avez rendu des honneurs divins, et cela d'après mon seul témoignage. La multitude a suivi aveuglément votre exemple ; et sans rien approfondir, sans chercher à connaître l'objet de sa dévotion, elle s'est livrée à tous les excès d'un zèle religieux à l'égard d'un obscur et misérable berger qu'une faible lueur de raison distingue à peine de la brute. Peut-on ne pas reconnaître en cela la preuve frappante que les hommes, dans leurs pratiques religieuses et civiles, ne sont guidés que par la routine ? Ainsi, vous avez justifié la vérité de l'ancien proverbe qui dit que, « quelque ridicules et absurdes que soient les cérémonies et les usages, les hommes qui les suivent le sont encore davantage ».

» Christna-Raya, loin d'être courroucé de la liberté avec laquelle Appadjy s'était conduit pour lui faire toucher du doigt la vérité, sur un point aussi important, redoubla, au contraire, envers ce ministre, d'affection et de confiance, et continua toujours de le regarder comme le plus fidèle et le meilleur de ses amis. »

Comme le fakir achevait ces mots, les premiers rayons du soleil illuminèrent l'Orient, ce qui fut regardé par tout le monde comme un heureux présage ; l'habile conteur, qui avait commencé au coucher, terminait ses récits juste au lever de l'astre, sans qu'il eût l'air d'y ajouter ou d'en retrancher une parole pour attendre la minute précise où l'horizon s'éclaire, ce qui est le comble de l'art. Tous les assistants se levèrent et, ayant frappé par trois fois dans leurs mains, s'écrièrent en chœur : *La première veillée de mai est terminée.*

Tel est ce conte célèbre qui, dans toutes les provinces du sud de l'Indoustan et à Ceylan, fait invariablement partie des récits qui ouvrent les veillées du mois de mai tout entier consacré à la poésie, aux chants et aux représentations dramatiques. A ce titre, et comme un souvenir du héros qui nous eût donné l'Inde sans les haines imbéciles et jalouses qui firent échouer l'œuvre en brisant l'homme, j'ai tenu à le relater ici.

Quelques heures de repos et de fraîches ablutions eurent raison des fatigues de la nuit, et en déjeunant d'un excellent mouloucoutani de langouste, plat dans lequel Amoudou était passé maître, je lui annonçai ainsi qu'à Kandassamy, mon vindicara, que notre départ pour l'intérieur était irrévocablement fixé au lendemain. Je n'avais l'intention de

me mettre en route qu'un jour ou deux plus tard,
car les charmantes relations que je m'étais créées à
Jaffnapatnam m'obligeaient à de nombreuses visites
d'adieu; mais il est toujours bon, quand on s'adresse
à des domestiques indigènes, de ne pas leur donner
quatre ou cinq jours pour faire des préparatifs de
voyage qu'ils ne commencent jamais qu'au dernier
moment; lents et méticuleux dans tout ce qu'ils
font, ils ont l'imagination vive et prompte, mais
cette qualité ne leur sert qu'à se persuader qu'en
trois heures, lorsqu'ils s'y mettront, ils auront raison
d'une besogne qui leur en demandera vingt-quatre;
de cette façon, ils ont toujours le temps de commencer, et n'arrivent jamais, quoi qu'on fasse, à être
prêts au moment voulu.

Je chargeai Amoudou de maints achats en ap-
provisionnements de toute espèce, dont je lui remis
une liste détaillée, car, d'après l'itinéraire que je
me proposais de suivre, je ne pouvais espérer de
me ravitailler en objets européens qu'à Colombo,
que nous allions mettre près de deux mois à atteindre. On m'avait bien affirmé que dans l'île de
Manaar, centre de la pêche aux perles, et à Anourah-
dapour, la vieille capitale en ruines des anciens
rajahs de race malabare, je trouverais des bazars
assez bien fournis; mais j'avais été pris au dépourvu
tant de fois déjà, que je m'étais décidé à ne suivre
d'autres conseils que ceux de la prévoyance, et à
ne me mettre en route qu'après avoir rempli ma
petite caisse de réserve de tout ce dont je pouvais
avoir besoin. A part trois ou quatre paniers de vins,
et une petite dame-jeanne de vieux cognac dont

j'usais modérément, et que j'emportais surtout pour couper l'eau, qui est souvent peu saine dans l'intérieur, je ne faisais pas de provisions de bouche, préférant de beaucoup la nourriture indoue, que je trouvais excellente, et qui, dans tous les cas, est admirablement appropriée à l'hygiène de ces contrées.

Cette nourriture se compose uniquement de carry, mais le lecteur ne s'apitoiera pas trop sur l'ordinaire auquel il pourrait croire que le voyageur se trouve réduit dans ces contrées, quand il saura que ce mets indigène, dont j'ai donné la recette dans mes premiers récits de voyages sur la côte sud-est de Ceylan, se compose de volailles, dindons sauvages, gibier de terre et d'eau de toutes espèces dont les forêts et la jungle regorgent, que l'on mange avec du riz et une sauce parfumée et pimentée qui satisfait au plus haut point le goût et l'appétit.

Ce plat vraiment délicieux, qui ne déparerait pas la table européenne la plus exquise, peut aussi se préparer soit avec des poissons de mer ou de rivière, soit avec des crevettes, homards, langoustes ou coquillages.

Lorsqu'on a la bonne fortune de s'arrêter dans un des villages musulmans de la côte ouest, on peut aussi ajouter à son menu un de ces délicieux pilau au riz et au mouton braisé dont les descendants de Baber et d'Aureng-Zeb ont conservé le secret. Amoudou, qui était fils du prophète, ne connaissait pas de rival, non-seulement dans la préparation du pilau, mais encore dans celle du couscoussou, dont

il avait appris la véritable recette avec les caravanes de la basse Nubie, qu'il accompagnait dans son
enfance.

On voit qu'il ne tenait qu'à moi de varier ma nourriture au gré de mes désirs, et les feuilles de bananiers qui, dans les campements, me servaient d'as-
siette, ont plus d'une fois contenu des pièces de
venaison qui eussent réveillé les sens du plus blasé
des gourmets.

A l'occasion, je donnerai la recette de ceux de ces
plats exotiques qui se peuvent préparer en Europe. A mon avis, la cuisine d'un peuple doit trouver sa petite place dans les études qu'on consacre
à ses mœurs. Et il ne saurait déplaire à l'observateur d'apprendre comment mangent des hommes qui
appartiennent à une civilisation si différente de la
nôtre. Il y aurait un livre intéressant à plus d'un
titre à faire, pour un physiologiste voyageur, de
l'étude sérieuse du mode d'alimentation de tous les
peuples, de l'Esquimau, qui se nourrit d'huile de
poisson, aux naturels de l'Océanie, qui ne vivent que
de mayoré, ou fruit de l'arbre à pain...

Après avoir fait mes dernières recommandations
à Amoudou et à Kandassamy sur la manière dont
j'entendais que fussent installés mes effets particuliers, et leur avoir par-dessus tout fait une loi de
ne point toucher à ma caisse de munitions, poudre,
balles explosibles et cartouches, ordinaire de chasse,
dont je désirais opérer moi-même le chargement, je
montai en palanquin, et commençai cette fastidieuse
et obligée distribution de cartes P. P. C. (pour prendre
congé) à toutes les personnes auxquelles j'avais été

présenté, distribution sans laquelle on ne peut espérer de laisser chez les Anglais, aux colonies, la
réputation d'un homme bien élevé. Il suffisait que
j'eusse pris un verre de sherry avec le premier venu
pour que je lui dusse ma carte, si l'ami commun
chez lequel nous nous étions rencontrés avait jugé à
propos de nous présenter l'un à l'autre.

Il semblerait qu'en raison des ennuis que cela doit
causer à l'étranger qu'on reçoit, ces présentations
dussent être excessivement rares : il n'en est rien ;
car il est passé dans les mœurs qu'une non-présen-
tation à une personne que l'on voit avec son hôte,
soit dans la rue, soit à la promenade, soit dans tout
autre lieu public, est pour cette personne l'injure
la plus mortelle que l'on puisse lui faire ; cela équi-
vaut presque à lui dire en face :

— Je ne vous présente pas à cet Européen qui
voyage dans notre pays, parce que vous n'êtes pas
de son monde et qu'il ne pourra prendre congé de
vous à son départ.

Il suit de là que pour éviter des brouilles et ces
haines d'autant plus violentes, qu'elles auraient leur
cause dans des froissements d'amour-propre, tout
créole ou Anglais d'origine dont vous avez accepté
l'hospitalité ou avec qui vous êtes en relation en voya-
geant dans l'Inde, vous présente à tous les gens de
sa connaissance qu'il rencontre avec vous, lesquels,
sans plus de façon, acquièrent par cela le droit de
vous présenter à leur tour tous leurs amis.

Si vous aviez l'intention de rester plusieurs années dans la ville où vous vous trouvez, rien, il faut
l'avouer, ne saurait être plus agréable, car vous avez

immédiatement de nombreuses et fort utiles relations; mais si vous ne devez y rester qu'une quinzaine ou un mois tout au plus, cette coutume n'a
d'autre résultat que celui de vous obliger à une
centaine de visites avant votre départ, ce. qui est
fort gênant, car, bien qu'il soit reçu qu'on doive se
contenter d'une simple carte, il faut la porter soi-
même.

Dans les maisons où vous avez reçu des invitations, comme partout, la visite effective est de rigueur; mais de plus il faut la faire entre midi et deux
heures, à l'heure du lunch, et partager le repas de
la famille ou produire une excuse valable. Aussi,
quand un habitant de l'Inde se propose de partir
pour l'Europe, commence-t-il d'ordinaire ses visites d'adieu un mois ou deux avant son embarque-
ment, selon l'importance de la ville qu'il habite et le
nombre de ses amis.

Heureusement pour moi, je m'étais tenu le plus
possible en dehors des invitations intimes, et à part
mes correspondants, MM. Steward and C°, le colonel
Maxwell, le collecteur du district, et deux ou trois
autres personnes chez lesquelles je me faisais un
plaisir encore plus qu'un devoir d'aller passer
quelques heures, je n'eus qu'une trentaine de petits
morceaux de carton à distribuer, ce à quoi je m'employai jusqu'à la nuit. Je venais de rentrer, assez
fatigué et d'une humeur douteuse, lorsqu'un chocra
au service du babou Soupraya-Chetty vint au belatti-
bengalow m'apporter une lettre de son maître, qui
m'intrigua fort et que voici textuellement traduite,
pour donner une idée du style épistolaire des Indous :

« Au seigneur Franguy (Français)
» Assirvadham! (Que Dieu te bénisse!)

» Au seigneur étranger qui habite au belatti-
» bengalow, qui est orné de toutes les vertus; qui
» possède une connaissance parfaite de toutes choses;
» qui, par l'éclat de ses qualités, brille comme le
» soleil; dont la réputation de sagesse est répandue
» dans le monde entier;

» Moi, son très-humble serviteur et esclave, Sou-
» praya-Chetty, fils de Narayana-Chetty, de la caste
» commouty;

» Me tenant à une distance convenable, les deux
» mains jointes, la bouche close, les yeux baissés,
» la tête inclinée, et attendant dans cette humble
» posture qu'il daigne jeter les yeux sur celui qui
» n'est rien en sa présence; après avoir obtenu sa
» permission, m'approchant de lui avec crainte et
» respect et me prosternant à terre à ses pieds, qui
» sont la fleur même du tavarai (lis d'étang), je
» lui fais cette humble supplique :

» Ce deuxième jour du mois de mayaci (mai), le
» seigneur Franguy voudra-t-il bien condescendre
» jusqu'à accepter l'invitation que moi, qui ne suis
» rien en face de lui, ose lui faire, de venir passer
» la nuit avec son humble esclave à sa maison des
» champs de Wannapané.

» Si Sa Seigneurie daigne jeter sur ce projet un
» regard favorable, il ne sera pas nécessaire, pour
» faire connaître sa réponse à son indigne serviteur,
» qu'elle s'abaisse jusqu'au point de m'écrire. Il
» suffira, au cas où elle viendrait à accepter, que sa

» bonté me fasse parvenir une feuille de bétel
» échancrée par la pointe avec l'ongle ; ce qui
» signifiera que ma supplique a été entendue.

» Telle est mon humble prière !

» Babou Soupraya-Chetty.

» *Assirvahdam !*

» Après avoir parcouru cette singulière missive,.
je fus intrigué au plus haut point, non par sa forme,
car il y avait longtemps que je connaissais le style
ridiculement emphatique dont les Indous se servent
pour demander les choses les plus simples, dès qu'ils
ont en main la feuille de palmier et le poinçon à l'aide
duquel ils gravent leurs lettres ; mais par cette invitation sans but apparent, mystérieuse même, dans la
manière dont elle était présentée. J'hésitai quelques
instants sur la réponse que je devais faire au babou ;
mais, réfléchissant que, dans tous les cas, l'associé de
M. Steward ne pouvait me ménager qu'une surprise
agréable, je descendis de la vérandah dans le jardin,
suivi par le chocra, qui épiait mes mouvements, cher-
chant à deviner la réponse qu'il allait remporter ; et
ayant cueilli une feuille de bétel que j'épointai avec
l'ongle, je la lui remis, sans prononcer une parole.

Le petit messager (les chocras sont de jeunes
serviteurs de douze à quatorze ans), l'ayant placée
dans un des replis de son chomin et porté la main
au front en signe de remercîment, s'éloigna en courant dans la direction de la demeure de Soupraya-
Chetty.

La nuit était venue, et j'allais ordonner à Amoudou
de me servir à dîner, lorsque le bruit d'une voiture
s'arrêtant du côté du jardin du bengalow qui regar-

dait la campagne parvint à mes oreilles, et moins
d'une minute après, le babou Soupraya-Chetty se
faisait annoncer par le meti préposé à l'arrivée des
visiteurs.

— Je t'attendais plus tard, lui dis-je.

— L'heure est bonne pour aller à la campagne,
la brise de mer vient de se lever, répondit le babou.
Es-tu prêt?

— Oui, en vingt-cinq minutes j'aurai terminé
mon repas, et je serai à tes ordres.

— Laisse ton dîner à Amoudou, j'en ai fait préparer un à Wannapané à ton intention, avec les meilleurs vins de ton pays!

— C'est donc une invitation à dîner que tu viens
de m'envoyer?

— Ce n'est point spécialement pour cela que je
t'ai prié de venir.

— Mais alors pourrais-tu m'expliquer…?

— Illé!…

L'expression de *illé* est un chut tellement éner-
gique en langue tamoule, que je regardai mon
interlocuteur avec un réel étonnement.

Après avoir prononcé cette parole, Soupraya-
Chetty porta vivement l'index à ses lèvres, et, me
montrant Kandassamy et Amoudou qui clouaient
des caisses sous la vérandah et mettaient la dernière
main aux préparatifs de départ, il me fit signe de le
suivre.

Je n'insistai pas.

Une fois dans la voiture, qui partit au galop de
deux magnifiques purs sangs de Singapour, je me
retournai du côté de mon compagnon de voyage,

et procédai à un interrogatoire en règle; je dois
dire que ma curiosité était excitée au dernier point.

— Eh bien, babou, lui dis-je, nous voilà seuls,
peux-tu m'expliquer et ta lettre et tes allures singulières?

— Il y a sakty-poudja cette nuit à la pagode de
Kandah-Swany, et comme je t'ai entendu un jour
exprimer le désir d'assister à une de ces fêtes, je
me suis arrangé de façon à pouvoir te conduire à
ce spectacle, que peu d'Européens peuvent se vanter
d'avoir vu.

Je fus pendant quelques minutes plongé dans le
plus profond étonnement. Soupraya risquait, dans
cette aventure, de se faire chasser de sa caste, s'il
était surpris à introduire un Européen dans le sanctuaire de la pagode, et surtout pour le faire assister
à une de ces orgies brahmaniques, appelées sakty-
poudja, que les prêtres cachent avec soin même à
leurs compatriotes; je lui en fis l'observation.

— Je n'ai rien à craindre, me répondit-il, c'est
moi qui fais tous les frais de cette fête, et demain les
chefs de la caste des commoutys ne trouveraient
pas un seul brahme pour venir déposer contre moi.
Du reste, parmi tous les prêtres, un seul saura
qu'un Européen y a assisté...

J'avais souvent entendu parler de ces mystères
ou fêtes nocturnes que les prêtres sectateurs de
Siva célèbrent dans des réduits souterrains de
leurs temples, connus d'eux seuls, pendant lesquels
ils se livrent, avec leurs invités des deux sexes, aux
actes de débauche les plus monstrueux et les plus
contre nature; je savais que les brahmes profitaient

de ces orgies pour fanatiser leurs fakirs, en leur
laissant entrevoir que les jouissances qu'ils leur
procuraient n'étaient rien en comparaison de celles
qui les attendaient dans l'autre vie, pourvu qu'en
ce monde ils fussent toujours prêts à affronter les
plus affreuses tortures en l'honneur de leurs dieux.
Mais, quel que fût le désir que j'aie eu d'assister à
ces scènes étranges qui me reportaient par la pensée
aux mystères de l'Égypte et de la Grèce, je n'avais
pu jusqu'à ce jour trouver un prêtre qui consentît
à violer pour moi sa loi religieuse, et à m'introduire dans une de ces réunions : — Tu n'en sortirais
pas vivant, m'avaient toujours répondu ceux à qui je
m'étais adressé.

Je ne m'étais point payé de cette raison, tout au
plus bonne à effrayer ceux qui ne sont pas familiarisés avec les mœurs de l'Inde, et chaque fois j'en
avais conclu, soit que je n'étais pas assez avant dans
la familiarité de celui à qui je m'adressais, soit
qu'on n'avait pas une confiance suffisante dans ma
discrétion. Il n'y a en effet aucun danger à aller
n'importe où dans l'Inde, sous la protection d'un
brahme; il suffit qu'il consente à vous y conduire.

Ce fut, on le conçoit, avec un sentiment singulier
de curiosité et d'émotion que j'appris ainsi inopinément que dans quelques heures j'allais être
témoin de ces orgies sacerdotales, auxquelles on
procède comme aux plus importantes cérémonies
religieuses, et qui ont leur rituel ni plus ni moins
que les autres sacrifices du culte.

Après les quelques paroles que nous avions
échangées, Soupraya-Chetty s'était tu, attendant, sui-

vant les règles de la politesse indoue, que je reprisse
le fil de la conversation.

Mais, quelque désir que j'eusse de l'interroger à
nouveau, je gardai pour l'heure du repas les questions que j'avais à lui adresser, et me laissai aller à
ces rêveries pleines de bien-être physique et de dé-
lassement intellectuel que les nuits de l'Inde ont
toujours eu le privilége d'exciter en moi.

Rien ne saurait rendre l'attrait de cette nature,
qui se calme, s'apaise, sous la brise de la mer, et
se charge des parfums qui s'échappent de ces milliers d'arbres, de lianes et de fleurs à mesure que
la fraîcheur remplace les feux du jour. Le sandal,
le tamarinier, les acacias roses, les tulipiers au
calice jaune, les lotus bleus des étangs, les amatlés
qui s'enroulent autour des tiges flexibles des jeunes
bambous, marient ensemble leurs odorantes exha-
laisons, tandis que nous arrivent de loin par rafales
les senteurs plus âcres des champs de vétivert ou
des forêts de cannelliers. Puis, quel concert vous
entoure ! Dans le sein de chaque fleur est un oiseau-
mouche, qui bourdonne ; sur chaque branche,
gazouille un bengali, un boulboul; des myriades de
ces petites perruches cyngalaises qui meurent dès
qu'on tente de les arracher à leur île embaumée,
font entendre leurs chants mélodieux et bizarres;
pendant des heures, toute la gent emplumée s'en
donne à cœur joie, et ce n'est que fort avant dans
la nuit que la dernière note cessera comme à regret,
pour faire place au sommeil...

Le breack du babou s'était arrêté devant le perron de la maison de Wannapané, que je n'avais pas

encore songé à remercier mon hôte de la surprise qu'il m'avait ménagée ; je le fis en quelques paroles qui lui firent d'autant plus de plaisir, que les Indous ne sont pas habitués à recevoir des Anglais la moindre politesse. Soupraya-Chetty était, du reste, une nature délicate et cultivée, et il n'y avait à craindre avec lui aucune familiarité de mauvais goût.

Tout était prêt pour nous recevoir dans la salle à manger, éclairée *à giorno :* la table, chargée de hors d'œuvre et de fruits, ployait sous les plats ; le champagne se prélassait dans la glace ; les domestiques étaient à leur poste, et les pankah-bohis, accroupis sous la vérandah, s'apprêtaient, leurs cordes de rotin à la main, à faire mouvoir sur nos têtes de larges pankahs destinés à donner à nos poumons de l'air frais et renouvelé. Je ne décrirais pas notre menu, en carry, poissons rares, volailles et gibiers de toutes espèces, si je n'avais l'espérance que parmi mes lecteurs il se trouvera bon nombre de gourmets qui me pardonneront ce *hors-d'œuvre...* Et puis, j'éprouve un certain plaisir à démontrer l'inanité de cette croyance assez vulgairement répandue, qu'on ne mange bien qu'en Europe.

Le cuisinier malabare du babou avait admirablement combiné les ressources qu'offrent la cuisine indoue et la cuisine française, pour nous servir un de ces repas qui comptent dans l'existence d'un voyageur. Qu'on en juge :

Potages aux tomates farcies et à la purée de dindon. Les tomates, grosses comme de petites billes à jouer, avaient été farcies avec des crevettes d'eau douce, et un dindon rôti en broche avait été pilé tout entier, et passé au tamis, pour faire la purée du bouillon.

Entrées :

Saumon noir du cap Comorin, servi sur un lit d'huîtres, sauce verte à la mangue ;

Vavales crues (grandes coquilles de mer), au piment ;

Queues de langoustes braisées ;

Ragoût d'agneau au citron doux (on en mange trop) ;

Dindonneaux sauvages sur le gril ;

Salade de piment doux ;

Riz pilau aux filets de daim ;

Carrys de poulets, de canards brahme, de homards, d'anguilles, d'œufs, de faisans, de tortue et de sarcelles.

Rôtis brochettes de boulbouls (l'ortolan du pays), et un mouton entier tellement bien saisi à la broche, que chaque blessure que lui faisait la pointe du couteau laissait échapper un jus rose et fumant, tout plein des senteurs des sauvages vallées du Samanta-Kounta, où l'animal s'était élevé en liberté.

Entremets :

Crème végétale de pomme cannelle, croûte aux pistaches, ananas au champagne.

Dessert :

Bananes, figues fraîches, mangues, sapotilles, letchy, gayaves, tous les fruits des tropiques.

Vins, champagne frappé.

J'ai suivi l'ordonnancement du service indou, et ne fais que copier la carte qui se trouvait dans mon verre au moment où je pris place à table.

L'usage de servir la salade au milieu du repas pour rafraîchir et exciter l'appétit m'a paru une excellente innovation, surtout sous les chaudes latitudes.

On se persuaderait aisément, à la lecture de cette carte, qu'un pareil festin avait été préparé pour une vingtaine de convives au moins?

Il n'y avait que deux couverts à table, et le babou n'avait invité d'autres personnes que moi. Fût-il venu seul à sa maison de campagne, qu'il eût été servi avec la même profusion, à condition qu'il eût simplement envoyé le matin son cuisinier de Jaffnapatnam, l'illustre Covindasany, préparer le repas.

Contrairement aux prescriptions religieuses rigoureusement suivies par les Indous de la grande terre, les Cyngalais des hautes classes font usage de viande assez facilement, s'ils se trouvent avec des Européens, et vont même, s'ils sont hors de la discrétion de ceux qu'ils reçoivent, jusqu'à boire devant eux du vin et des liqueurs. Mais l'esprit de caste et le respect humain sont tels encore que deux Cyngalais de la même caste, qui seuls, ou avec des Européens, et en présence de leurs domestiques, ne feront nulle difficulté de manger des viandes défendues, et de s'enivrer, à aucun prix ne consentiraient à se conduire ainsi en face l'un de l'autre...

Aussi la plupart des riches babous ont-ils, comme Soupraya-Chetty, une maison de campagne le plus près possible de la ville, où leur famille et leurs amis ne mettent jamais les pieds, et où ils vont se livrer en toute sécurité à leurs penchants pour la bonne chère et les boissons alcooliques. Chacun connaît la destination de ces réduits perdus dans la verdure, mais pas un n'avouera ce qu'il en sait.

Soupraya passait pour un de ceux qui se rendaient le plus souvent à leurs maisons des champs. En face de cette table princière, mais qui, à part les vins, n'avait guère coûté plus de huit à dix roupies à établir, vu le peu de cherté de la volaille, du poisson et du gibier, suivant mon habitude, je ne mangeai et bus que fort modérément. Quand au babou, il avait trop souvent vu les gentlemen au service de la reine aller se promener sous la table au milieu du dessert, pour ne pas trouver qu'il était de suprême bon ton de les imiter ; il tint bon jusqu'à la huitième bouteille de champagne, mais, arrivé à ce chiffre respectable... il fallut l'emporter.

Devant les domestiques qui nous servaient, il ne nous avait pas été facile de converser sur le sujet qui me préoccupait au-plus haut point. Tout ce que Soupraya-Chetty avait pu me faire comprendre à demi-mot en français, langue qu'il parlait fort mal, mais qui n'était pas entendue des serviteurs, c'est que la sakty-poudja, ou fête de la fécondation, ne commencerait qu'à une heure du matin, et que le brahme qui devait nous y conduire ne viendrait nous prendre qu'au dernier moment.

Il était à peine neuf heures du soir. Le babou avait plus de temps qu'il ne lui en fallait pour se remettre. Et je m'installai moi-même dans un hamac sous la vérandah, pour prendre quelques instants de repos ; je m'aperçus bientôt qu'il me serait impossible de dormir, sous le coup des impressions multiples qui m'agitaient ; je me rendis dans un petit salon meublé à l'européenne qui faisait suite aux appartements que j'avais déjà occupés à Wannapané lors de la grande fête de Kandah-Swany, et me mis à feuilleter un volumineux album où les moutchis les plus habiles du pays avaient enluminé les images des principaux dieux, demi-dieux et héros du panthéon indou, et inscrit les récits de leurs principaux exploits. Je regardais machinalement, comme un homme qui ne songe qu'à employer tant bien que mal des heures trop lentes à s'écouler, quand tout à coup mes yeux furent attirés par la vue d'une jeune mère allaitant deux jumeaux sur le seuil d'une caverne au milieu d'une épaisse forêt. Le dessin était frais, naïf et plein de charme ; je regardai l'inscription du bas de la page et je lus : — La déesse Sita, épouse de Rama, allaitant ses deux fils dans l'ermitage du pénitent Vasichta.

Ces quelques mots éveillèrent ma curiosité. Je connaissais les aventures de Rama à la recherche de sa femme Sita enlevée par le rajah de Ceylan, aventures d'où sont nés le Ramayana et l'Iliade, et que presque tous les poëtes anciens ont célébrées. Mais rien dans mes souvenirs ne me rappelait l'épisode dont j'avais la représentation sous les yeux. Je m'empressai de lire le récit qui se trouvait à la suite de l'image en langue tamoule, et quel ne fut pas mon étonnement de rencontrer, dans les aventures de Sita après sa délivrance, une des plus vieilles légendes dont en Europe on égaye les enfants, celle de Geneviève de Brabant.

Voici cette légende :

« Après avoir vaincu Ravana, et délivré sa femme

Sita, Rama revint dans ses États. Quelque temps
après son retour à Aodhya, étant sorti une nuit de
son palais pour savoir ce qui se passait dans la ville,
il entendit dans un coin de rue un blanchisseur qui
se querellait vivement avec sa femme, sur la fidélité
de laquelle il paraissait avoir conçu de forts soupçons.
Dans sa colère, il voulait la chasser de sa maison,
et lui disait qu'il n'était pas homme à garder, comme
le faisait Rama, une femme qui avait été au pouvoir
d'un autre.

» Ces dernières paroles furent comme un coup de
foudre pour Rama, qui, pénétré de dépit et de douleur, retourna chez lui. Il fit appeler Latchoumana,
son frère, lui fit part de ce qu'il venait d'entendre,
et lui ordonna de s'emparer de Sita, de la conduire
au loin dans une forêt et de la faire mourir.

» Latchoumana se mit aussitôt en devoir d'exécuter
les ordres de son frère. Cependant, comme Sita était
enceinte, et même avancée dans sa grossesse, il eut
horreur de l'immoler en cet état, et résolut de lui
sauver la vie. Mais, quel stratagème inventera-t-il
pour persuader à Rama que le forfait qu'il lui a
commandé a été accompli? Dans la forêt où Sita avait
été conduite, il se trouvait plusieurs de ces arbres
qui lorsqu'on entame leur écorce, répandent un suc
couleur de sang. Latchoumana tend son arc, prend
la flèche qu'il avait destinée à percer le cœur de Sita,
la décoche contre un de ces arbres, la teint dans le
suc qui en découle, et abandonne Sita à son malheureux sort. Il va annoncer ensuite à Rama que sa vengeance est satisfaite, et pour preuve il lui montre
la flèche teinte, lui dit-il, du sang de sa femme.

» Seule et délaissée dans ce lieu sauvage, la pauvre Sita fit éclater son désespoir en poussant des cris lamentables, et versant un torrent de larmes.

» Non loin de là, le pénitent Vasichta avait établi son ermitage; surpris des accents plaintifs et des gémissements qui frappent son oreille, il s'approche de Sita, lui demande qui elle est et ce qui cause son affliction.

» L'infortunée, interrompant ses sanglots et prenant un air de dignité qui remplit le pénitent d'une crainte respectueuse, lui répondit en ces termes :

» — Je suis Sita! J'ai eu le roi Sonata pour père, la déesse Kaly pour mère, et Rama est mon époux.

» A ces mots, le pénitent, pénétré des sentiments de la plus profonde vénération, se prosterne devant la déesse, puis, s'étant relevé et joignant les mains, il lui dit :

» — Illustre déesse, pourquoi vous livrer ainsi à la douleur et au désespoir? Avez-vous donc oublié que vous êtes la reine et la maîtresse du monde, et que c'est de vous que dépend le salut de toutes les créatures, *car c'est de votre descendance que doit naître la vierge mère du rédempteur promis par Vischnou.*

» Il lui adressa encore quelques paroles de consolation, et la conduisit à son ermitage, où il lui offrit le sacrifice.

» Peu de jours après, Sita accoucha de deux jumeaux, que le pénitent Vasichta éleva avec autant de soin que s'ils eussent été ses propres enfants:

» Sur ces entrefaites, Rama, ayant voulu accomplir le grand sacrifice de l'ekiam (purification solennelle), laissa échapper le cheval qui devait y servir de victime. Cet animal, après avoir parcouru beaucoup de pays, vint à l'endroit où vivaient les deux fils de Sita, et ceux-ci, pleins de force et de courage, quoiqu'ils ne fussent encore âgés que de cinq ans, allèrent au-devant de lui et l'arrêtèrent.

» Anouman, général des armées de Rama, fut envoyé avec une armée considérable pour combattre les fils de Sita et recouvrer le cheval; mais il fut vaincu par eux, et obligé de chercher son salut dans la fuite.

» Rama, à la nouvelle de ce désastre, se mit à la tête de toutes ses troupes, et vint en personne attaquer ces nouveaux ennemis. Mais il fut vaincu à son tour par les fils de Sita, et tous ses soldats furent taillés en pièces sans qu'il en réchappât un seul. Vasichta, instruit de cet événement, se rendit sur le champ de bataille, qu'il trouva effectivement jonché de morts. Touché de compassion envers Rama et les siens, il prononça sur eux le mentram qui donne la vie, et les ressuscita tous.

» Rama retourna chez lui et il persista dans son dessein d'accomplir le grand sacrifice de l'ekiam, auquel il invita tous les rois voisins et tous les illustres brahmes du pays. Mais ces derniers, consultés sur les moyens de faire réussir le sacrifice, répondirent qu'il n'aurait aucun succès à moins que sa femme ne fût auprès de lui ainsi que ses deux fils. Après beaucoup de difficultés, Rama consentit enfin à la rappeler, et lui fit en apparence un bon accueil.

» En conséquence, le sacrifice du cheval réussit

parfaitement. Rama voulut alors de nouveau répu-
dier sa femme et la renvoyer dans les bois; mais
tous les rois présents intercédèrent en sa faveur.
Rama ne céda à leurs instances qu'à condition qu'elle
prouverait, en se soumettant à l'épreuve du feu, que
sa vertu n'avait subi aucune atteinte.

» Sita, fière de son innocence, sortit avec honneur
de cette épreuve et de plusieurs autres non moins
dangereuses; et, malgré cela, elle ne put guérir son
mari de son odieux soupçon et de son injuste ja-
lousie.

» Accablée enfin de confusion et de honte, elle versa
un torrent de larmes; et, dans l'excès de son désespoir, elle adressa à sa mère la prière suivante :

» —O Kaly, déesse de la terre! toi de qui je tiens
l'existence, justifie-moi en ce jour aux yeux de
l'univers! et s'il est vrai que je n'ai jamais cessé
d'être une femme vertueuse et chaste, rends-moi un
témoignage authentique, en t'ouvrant sous mes
pieds et en m'engloutissant!

» Elle n'eut pas plus tôt proféré ces paroles, que
la terre, exauçant ses vœux, l'ensevelit vivante dans
son sein.

» Rama tarda peu à suivre son épouse ; pénétré de
douleur d'avoir méconnu la vertu d'une femme aussi
parfaite, et ayant partagé son royaume à ses deux
fils, il se retira sur les bords du Gange, où il vécut
quelque temps dans la retraite et la pénitence, puis
termina sa carrière mortelle. »

Il est certain que cette légende, qui offre tant
d'analogie avec celle connue en Europe, est arrivée
jusqu'à nous par les émigrations successives qui,

parties du haut Bengale et des plateaux de l'Himalaya, ont colonisé les pays celtes, germaniques, scandinaves et slaves, et avaient conservé dans les contrées nouvelles qu'elles avaient peu à peu envahies, non-seulement la langue, mais encore les principales traditions poétiques et religieuses de leur berceau.

C'est ainsi que toutes les langues modernes, aussi bien que les langues anciennes, ne sont, malgré les transformations que les siècles leur ont fait subir, que des dérivés du sanscrit, et que nous retrouvons dans la plupart de nos coutumes, dans nos croyances religieuses, et jusque dans nos codes, des signes irréfragables de notre origine indo-asiatique.

Comme j'étais plongé dans une foule de réflexions sur l'origine des races humaines, et que je suivais en pensée, d'un côté Manou-Vena, qui, vaincu par les brahmes, s'en fut coloniser la Perse, l'Arabie et l'Égypte avec ses guerriers, et de l'autre Iodah et Scandah, qui, s'échappant par le nord de l'Inde après des luttes gigantesques, prirent le chemin de l'Occident six à sept mille ans avant notre ère, le hurlement d'un chacal qui éclata tout à coup dans les bosquets à quelques pas de moi vint m'arracher à ma rêverie, et, fermant le livre des dieux, je m'avançai sous la vérandah pour voir si rien du côté de Kandah-Swany ne décelait la fête nocturne et mystérieuse qui n'allait pas tarder à commencer, car l'heure que Soupraya-Chetty m'avait indiquée approchait. Le village de Wannapané, tout illuminé, était lui aussi en pleines réjouissances de mai. Chaque maison avait son fakir conteur ou son rapsode, et parfois, quand la brise, qui

commençait à mollir, m'envoyait une risée plus forte,
les chants nasillards et cadencés qui accompagnaient
forcément toute déclamation poétique parvenaient
jusqu'à moi, comme des murmures interrompus. A
gauche, la grande pagode de Kandah-Swany se détachait en plus sombre dans la nuit : pas un bruit ne
s'en échappait, pas une lumière ne venait trahir la
silencieuse obscurité qui entourait l'immense monument ; le ciel était chargé de nuages noirs d'où se
dégageait de temps à autre un éclair qui sillonnait
l'espace en zigzag ; la brise de mer était tombée, il
y avait de l'électricité partout, avant une heure
l'orage allait éclater... Tout à coup, il me sembla
entendre marcher derrière moi, je me retournai vivement, et me trouvai en face d'Anandrayen, le
domestique de confiance de Soupraya-Chetty. Comme
il se tenait immobile, attendant, suivant la coutume
indigène, qu'il reçût l'ordre de parler, je lui demandai le motif qui l'amenait auprès de moi.

— Le babou te prie de l'excuser, répondit le dobachy à mon interrogation, il est occupé à faire ses
ablutions, et viendra te rejoindre dans quelques instants.

— Il doit en effet avoir besoin d'un bon bain ! fis-
je en souriant.

Sans s'arrêter à ma réflexion, ni témoigner d'un
regard ou d'un geste qu'il l'eût comprise, Anandrayen continua :

— Si le seigneur belatti (étranger) veut me suivre,
je suis chargé de le préparer et de le vêtir d'une manière plus commode pour la nuit.

— Qui t'a ordonné cela ?

— Soupraya-Chetty.

— Et quel est le costume que je dois revêtir?

— Le costume malabare.

— Tarderons-nous beaucoup à partir?

— Je ne comprends pas ce que tu me demandes...

J'habitais l'Inde depuis trop longtemps pour ne pas savoir que cette réponse signifiait :

— Je sais parfaitement que Soupraya-Chetty et toi allez assister cette nuit à la poudja (fête) de la pagode de Kandah-Swany, au mépris de toutes les lois religieuses; mais un bon serviteur ne doit point ouvrir les yeux sur les fautes de son maître... Aussi n'insistai-je point sur ce sujet; rien au monde, j'ai souvent eu l'occasion de m'en assurer, ne pouvant faire avouer à un Indou ce qu'il a intérêt à cacher.

Dans l'intérieur, les bas agents anglais, ceux du fisc surtout, leur infligent souvent la bastonnade et les tortures, dans le but de leur extorquer jusqu'à leur dernière roupie. La police leur applique parfois, pour obtenir l'aveu d'un crime, les traitements les plus odieux; je n'ai jamais vu que les uns ou les autres, à moins que le patient ne fût un enfant ou une femme, arrivassent au moindre résultat.

Quelques minutes suffirent pour enrouler autour de mon corps les vingt-cinq à trente mètres de mousseline légère qui, sous le nom de *chomin*, composent le vêtement cyngalais, et comme Anandrayen me fixait autour de la tête les derniers plis du turban, le babou, aussi frais et dispos que s'il n'eût bu que de l'eau la veille, faisait son entrée en souriant. Il tenait à la main une vaste bonbonnière pleine de dragées faites avec du jagre, de la racine de curcuma, de l'ex-

trait de chanvre, de l'essence de girofle et du gingembre, destinées à exciter ses forces, et dont il
usait abondamment.

Dès que nous fûmes seuls, il me fit signe de le
suivre dans le jardin; arrivés à l'extrémité de l'étang
des ablutions, il s'arrêta et me dit à voix basse : —
C'est ici que j'ai donné rendez-vous au brahme qui
doit nous introduire.

— Penses-tu qu'il tarde beaucoup à venir? répondis-je sur le même ton.

— Cinq ou six minutes au plus, car il doit être
bien près d'une heure du matin.

— C'est assez pour que tu aies le temps, en quelques mots de calmer ma curiosité.

— Que veux-tu dire par là?

— Je vais t'interroger brièvement; réponds de
même.

— Je suis à tes ordres.

— Pourquoi ce costume malabare que tu m'as fait
revêtir?

— C'est sur l'ordre du brahme que j'ai agi ainsi;
sans cela il n'eût à aucun prix consenti à te conduire.

— Je m'en doutais; cependant, cette précaution
ne peut empêcher qu'on ne me reconnaisse pour
un Européen?

— C'est vrai, aussi n'est-elle destinée qu'à tromper la curiosité de ceux que nous pouvons rencon-
rer dans le chemin de Wannapané à Kandah-Swany.
A la faveur de la nuit, nul ne pourra distinguer ton
tvisage.

— Cela est bien pour le dehors, mais dans la
pagode l'illusion ne sera plus possible.

— Aussi n'entreras-tu point dans la salle souterraine où doit avoir lieu la fête; ce serait folie que de vouloir y introduire un homme de ta race, et nul au monde ne voudrait prendre sur lui de commettre un pareil acte. Il existe des cryptes taillées dans le granit, et qui, au milieu des sculptures et des bas-reliefs, ont des jours connus seulement des brahmes, sur les vastes caveaux où s'accomplit chaque année la sakty-poudja. C'est là que j'ai obtenu d'un prêtre de la pagode, qui ne peut rien me refuser, une place pour toi, et tu pourras assister à toute la fête sans courir le risque d'être découvert.

— Seras-tu près de moi?

— Non! je suis chaque année un des premiers invités de la fête, et je me garderais bien de n'y pas assister; c'est le seul jour où l'on puisse se livrer à la joie sans contracter de souillure; tu vas voir là deux ou trois rajahs et les plus riches babous de la presqu'île. Comme il achevait ces mots, nous entendîmes les branches des lauriers-roses qui bordaient l'étang s'écarter sous un corps qui les froissait au passage, et bientôt une ombre se dressa devant nous.

— Saranai, aya! dit aussitôt le babou (salut, respectueux seigneur).

— Assirvahdam ! répondit l'inconnu (que Dieu nous bénisse!).

— Voici, continua le babou en me présentant, le seigneur brahme des provinces du nord, dont je t'ai parlé, et qui désire voir si les fêtes des grandes pagodes du sud sont aussi belles que celles de son pays.

— Qu'il soit le bienvenu ! La croix du sud s'incline vers la mer, depuis longtemps les éléphants sacrés ont frappé sur les gongs du sanctuaire l'heure qui partage la nuit : la fête de la nature fécondée va commencer, suivez-moi !

Nous nous engageâmes dans un petit sentier qui servait aux femmes de Wannapané pour venir faire leurs ablutions du matin dans l'étang du babou, et laissant le village sur la droite, afin d'éviter toute rencontre, bien qu'il eût été plus court de le traverser, nous nous rendîmes à la pagode de Kandah-Swany consacrée à Vischnou, par un chemin détourné qui nous permit d'entrer par un des côtés latéraux, sans éveiller l'attention. Nous franchîmes le mur d'enceinte pra une petite poterne située près du coraly des éléphants.

Arrivés près de l'étang sacré, Soupraya-Chetty nous quitta pour se rendre par le chemin ordinaire sous les portiques de la pagode, où se réunissaient les invités.

Le brahme ayant pris ma main pour me guider dans la nuit, nous marchâmes pendant quelque temps encore dans la direction de l'immense et sombre monument. Après avoir traversé une série de cours intérieures dont je ne pus distinguer la destination, nous nous trouvâmes en face d'un éléphant sculpté dans cinquante pieds de granit, qui portait sur son dos, d'après les renseignements que me donna mon compagnon, car je ne voyais pas à trois pas devant moi, la vierge Devanaguy et Christna enfant. Entre les pattes du gigantesque animal, se trouvait une ouverture dans laquelle mon conducteur

m'entraîna à sa suite, et nous nous mîmes à descendre dans les parties souterraines de l'édifice par
un escalier aussi étroit qu'un boyau de mine; je
comptai soixante-douze marches, puis nous nous
arrêtâmes; alors, se penchant à mon oreille, le
brahme, après m'avoir dit que nous touchions à l'endroit où il avait l'intention de me placer, me re-
commanda le silence le plus absolu.

Sans me faire quitter la marche d'escalier sur laquelle nous étions arrêtés, mon mystérieux interlocuteur me tira doucement à lui, et, autant que je
pus m'en assurer par le secours des mains, nous
entrâmes dans un caveau taillé dans le roc vif dans
la paroi latérale gauche de l'escalier. Au bout de
vingt pas environ, le brahme me fit brusquement
tourner sur la droite, et, m'ayant averti que nous
étions arrivés, me fit asseoir sur un banc de granit
adossé contre la muraille du caveau.

— Où sommes-nous? lui dis-je.

— Dans une des cryptes de la pagode.

— Est-ce que je vais rester ici sans lumière?

— Oui, il ne faut pas que tu puisses être surpris,
et la lumière est un indiscret compagnon.

— Je ne vois pas encore comment je pourrai
d'ici assister à la fête!

— En face de toi est une ouverture qui donne
sur le sanctuaire souterrain dédié à Sakty. Bientôt
les velakou (lampes sacrées) inonderont ces lieux
de leurs clartés et il te semblera voir le Swarga
(ciel d'Indra) s'ouvrir devant tes yeux éblouis... Il
faut que je te quitte pour assister aux derniers préparatifs, une absence trop prolongée pourrait être

remarquée... A l'issue de la fête, je viendrai moi-
même te chercher... ne tente pas de sortir seul
d'ici, il pourrait t'arriver malheur... Salam, aya
(adieu, seigneur).

— Combien de temps dois-je rester ici, et ne
pourrais-je dans quelques heures reprendre à
tâtons le chemin par lequel nous sommes arrivés?

Ma question ne reçut pas de réponse, le brahme
était parti, sans que ses pieds nus eussent produit
le moindre bruit sur la dalle, et j'étais certain qu'il
n'avait point pris le chemin déjà suivi; car, pour
revenir en arrière, il eût été obligé de passer devant
moi, ce qu'il n'avait pas fait.

J'étais, je puis l'avouer, sous le coup d'une des
plus violentes émotions que j'aie jamais ressenties...
Je n'avais aucune idée du lieu où je me trouvais,
l'obscurité morne, silencieuse comme celle d'un
tombeau, qui m'environnait, me pesait à l'esprit au
delà de tout ce que je pourrais dire, et je compris,
sans m'y laisser aller, comment cette fatigue intellectuelle de l'isolement et du silence pouvait conduire à l'hallucination... Tout à coup je me souvins
que j'avais roulé dans les plis de la ceinture de mon
costume malabar un compagnon de voyage qui ne
me quittait jamais, je veux parler de mon porte-
cigarettes, muni de tous ses accessoires, tels qu'allumettes-bougies pour les campements, amadou et
briquet en cas de vent ou d'épuisement de provisions; prendre une allumette et la frotter sur la
muraille fut l'affaire d'un instant et je jetai avide-
ment les regards autour de moi, dès que la flamme
eut jailli; j'étais dans un couloir taillé à vif dans le

granit, et qui se prolongeait à droite et à gauche
aussi loin que la vue pouvait s'étendre. Je songeai
immédiatement à inspecter le chemin que j'avais
parcouru avec le brahme, pour voir s'il ne me serait
pas possible de le reprendre seul, en cas qu'il me
plût d'abréger la station que j'étais obligé de faire
sous ce bloc de rochers souterrains.

Ce qui contribuait le plus à m'enlever ma tranquillité d'esprit, était de penser que j'étais à la
merci d'un étranger qui pouvait me laisser de longues heures dans cette oubliette, et qui, s'il ne venait pas avant le jour, attendrait certainement la nuit
suivante pour me délivrer, car il était impossible,
du lever au coucher du soleil, de me faire traverser
la pagode et le village de Wannapané dans le costume où je me trouvais. Ce qui fût revenu à dire à
tout le monde que le Franguy-saëb (seigneur Français) avait assisté à la Sakty-poudja. Peu importait
au brahme acheté par Soupraya-Chetty que l'acte
fût soupçonné, su même, pourvu que nul ne pût
dire : Nous l'avons vu.

Muni de mes allumettes-bougies, que je renouve-
lais au fur et à mesure, je m'avançai à la découverte ;
au bout de quatre pas je trouvai l'ouverture par
laquelle le brahme m'avait fait brusquement entrer
dans le couloir, je m'y engageai sans hésiter, et
moins d'une demi-minute après je me trouvai en
face de l'escalier dont nous avions descendu soixante-
douze marches sans nous arrêter. Un vent frais qui
venait du dehors, et qui menaça d'éteindre mon
luminaire, acheva de me prouver que je ne m'étais
pas trompé. Tranquille de ce côté, et voyant qu'il

n'y avait à redouter aucun trou béant, aucune solu-
tion de continuité qui me fermât le retour, je revins
me placer en toute hâte sur le banc où le brahme
m'avait placé, et en face duquel se trouvait l'ouverture qui allait me permettre de suivre la fête nocturne...

Aujourd'hui que je mets en ordre ces notes de
voyage, je me demande s'il me sera bien possible, à
l'aide de circonlocutions, de périphrases voilées et
de certaines habiletés de plume, de décrire assez
chastement ce tissu d'horreurs et d'infamies contre
nature entouré de toute la pompe des cérémonies
indoues, qu'on nomme les fêtes de Sakty-poudja,
ou mystères de la fécondation universelle.

Avant d'essayer de tourner l'écueil, il est nécessaire de faire connaître l'idée qui a donné naissance
et qui préside à ces fêtes.

La Sakty-poudja a été instituée en l'honneur de
la fécondation de la nature par la trinité Brahma-
Vischnou-Siva pour arriver à la création.

La nature, dans son union avec les trois dieux, est
représentée dans le panthéon vulgaire des Indous
par les trois déesses : Bahvany, Lakmy, Sakty ; et ce
sont ces trois déesses qui sont invoquées et célébrées
dans les fêtes obscènes qui nous occupent, et pendant lesquelles les assistants se croient tout permis
sous le voile religieux, sans contracter aucune
souillure et sans commettre de crimes.

Je reviens à la pagode de Kandah-Svany.

L'inspection à laquelle je m'étais livré n'avait
duré que peu d'instants ; mais à peine avais-je regagné la place que le brahme m'avait assignée que

je compris que ma curiosité n'allait point tarder à
être satisfaite... De vagues murmures montaient
des entrailles de la pagode jusqu'à moi, des bruits
dont je ne pouvais définir la nature frappaient mes
oreilles, on eût dit une nombreuse réunion de
chauve-souris frottant les murailles avec un léger
battement d'ailes... Tout à coup une faible lueur se
produisit, puis, avec la vitesse de l'éclair, une traînée
de poudre enflamma un feu d'artifice tout entier...
Par l'ouverture que j'avais en face, je plongeai avi-
dement mes regards au-dessous de moi. Pendant
quelques secondes ce fut un éblouissement qui ne
me permit pas de distinguer autre chose que des
gerbes de feu lançant dans l'espace et de tous
côtés des millions d'étoiles de grosseurs et de
nuances différentes, qui retombaient en cascade en
crépitant, immédiatement suivies par d'autres également remplacées aussitôt qu'éteintes.

Ces étincelles de flammes, ces feux de Bengale,
cessèrent peu à peu, mais l'immense sanctuaire
souterrain resta illuminé; les brahmes avaient profité des feux d'artifice pour faire éclairer, avec une
vitesse qui tenait du prestige, par leurs fakirs, des
centaines de petites lampes qui ressemblaient, dans
tous les coins où elles étaient suspendues, à des
lucioles immobiles.

Je me trouvais exactement dans la situation de
celui qui regarderait dans la nef d'une église par
une des basses croisées du dôme. C'est avec peine
que je retins un cri d'admiration à la vue du spectacle qui se développait sous mes yeux... Qu'on se
figure une immense crypte souterraine creusée sous

la pagode dans un rocher de granit, dans laquelle
s'étaient donné rendez-vous toutes les merveilles du
vieil art indou qui inspira l'art antique de l'Égypte
et de la Grèce... Colonnes aériennes de 20 mètres
de hauteur, toutes fouillées au ciseau, gracieuses
cariatides semblant supporter la voûte de l'édifice;
au sommet des colonnes, entablements bizarres, chapiteaux polychromes, feuilles d'acanthe et de lierre
s'enroulant autour des clefs des frises, sculptures en
fresque le long des murailles, du grec pur, du do-
rien, de l'égyptien, du gothique, du roman, de la
dentelle arabe, édifiés, creusés et sculptés quatre à
cinq mille ans avant que l'Égypte ait jeté les fonda-
tions de Thèbes, que la Grèce ait élevé le Parthénon,
que les Arabes aient gravi et ciselé l'Alhambra.

Et au milieu de toutes ces merveilles de l'architecture et de la sculpture des anciens brahmes domina-
teurs de l'Inde et de Ceylan, au milieu de ce temple
souterrain, à côté des statues de marbre blanc, de
granit rose ou noir, quelles sont ces trois déesses
palpitantes, animées, qui se montrent, sur l'autel
dédié au Linguam, dans toute la splendeur de leur
nudité, avec la pureté de formes et les charmes
incomparables de la femme indoue à quinze ans.
L'illusion est complète!... Est-ce vous, Bahvany,
Lakmy et Sakty qui êtes descendues de l'Empyrée
pour venir inculquer dans le cœur des mortels à
genou, le culte du beau? Est-ce vous qui inspiriez
jadis Daouthia, le sculpteur, dont on retrouve le
souffle puissant dans les sculptures d'Anouradha-
pourala, ville antédiluvienne, vous qui avez conduit le ciseau de Praxitèles ou de Phidias quand il

creusait le marbre de Corinthe ou de Lesbos?...

Autour des trois jeunes filles, qui, les cheveux tres-sés avec des fleurs, élevées sur la table de granit rose du Linguam, représentaient les trois grandes déesses qui conçurent des œuvres de la trinité et produisirent le monde, se tenaient, entièrement nues également, et dans des poses variées d'extase et d'adoration, une vingtaine de bayadères, reconnaissables aux bracelets triangulaires qu'elles portaient aux chevilles et aux bras, et environ cent cinquante femmes, les plus jeunes et les plus jolies de Wannapané. Près d'elles je remarquai les trois brahmes poudjarys, ou sacrificateurs, et un peu en arrière avaient pris place tous les brahmes de la pagode, avec les namadarys ou invités à la fête, parmi lesquels j'aperçus au premier rang Soupraya-Chetty, le babou. De chaque côté, une douzaine de fakirs, à la figure ascétique, tenaient dans leurs bras de vastes amphores pleines de liqueurs excitantes et enivrantes. Tous étaient, de même que les femmes, dans le costume le plus primitif...

Malgré cela, les premiers instants de la cérémonie furent pleins de grandeur et de poésie ; et je ne saurais rendre l'effet saisissant que produisit sur moi la vue de tous ces corps de femme frais et jeunes qui émergaient, en poses extatiques, d'un lit de feuilles de roses, d'amatlés et de lotos bleus, au milieu des colonnes sculptées et de toutes les merveilles de l'architecture indoue.

A un signal donné par le chef des poudjarys, toutes les femmes quittèrent la posture qu'elles avaient prise, et se couchèrent en enlaçant leurs bras et

leurs pieds, de façon à faire comme une vaste cou-
ronne animée autour des trois femmes qui représentaient les épouses célestes de la trimourty (trinité). Jamais, dans ses rêves insensés, l'imagination
d'un fumeur d'opium n'a conçu quelque chose de
plus bizarre, de plus extraordinaire, de plus magnétique, de plus énervant... que le spectacle de ces flots
de chair humaine sur un océan de fleurs... Et de
tous côtés brûlaient sur des trépieds d'or des boules
de parfums que les fakirs arrosaient incessamment de
poussière de sandal, et la fumée diaphane et blanche
caressait tous ces corps enlacés avant de s'élever en
spirales jusqu'à la voûte du temple souterrain.
C'était fantastique.

Le poudjary fit un nouveau signe :

C'était au tour des brahmes et des invités de faire
l'adoration aux trois déesses, mères de l'univers.

Ils s'approchèrent enguirlandés de feuillage et de
fleurs et se prosternèrent devant l'autel du Linguam,
sans franchir cependant le gracieux rempart que les
femmes faisaient tout autour avec leurs corps.

A cet instant, des mets de toute sorte, des viandes
de toute espèce défendues en temps ordinaire,
furent apportés par monceaux. Les brahmes poudjarys offrirent aux déesses un sacrifice de fleurs,
d'encens, de sandal, et appelèrent leur bénédiction
sur les vivres et sur les amphores pleins d'arack,
(eau-de-vie de riz) et autres liqueurs spiritueuses.
A peine cette invocation fut-elle terminée, que
hommes et femmes se relevèrent d'un bond et se
jetèrent pêle-mêle sur les mets et les boissons qu'
tenaient d'être consacrés, se défiant à qui absorbe

rait et boirait le plus... Toute la poésie venait de
s'envoler en un instant... et l'orgie commençait...

En fort peu de temps il ne resta rien ni sur les
plats ni dans les amphores, on n'avait mangé que
pour se donner des forces, on n'avait bu que pour
s'enivrer... et l'ivresse était complète. Les femmes,
les yeux alanguis et provocateurs, se tordaient dans
des poses félines sur leur couche fleurie... pendant
que les hommes, en fumant leur cigarette d'opium,
attendaient le dernier signal ! Les fakirs, ivres jusqu'à l'hébétement, se traînaient le long des colonnes
massives de granit, en poussant des hurlements de
bêtes fauves... Seuls, les trois brahmes poudjarys
paraissaient avoir conservé tout leur sang-froid et
maintenaient jusqu'au moment convenu cette foule
exaltée...

Tout à coup, un nouveau feu d'artifice éclate en
gerbes légères et multicolores. Les trois poudjarys
s'avancent, et sur le lit de branchages et de fleurs qui
garnit le temple tout entier, ils accomplissent publiquement l'œuvre de la génération avec les trois
jeunes filles qui représentent les déesses Bahwany,
Lakmy et Sakty, en l'honneur de la fécondation
universelle de la nature...

A l'instant, un cri de joie poussé par trois cents
poitrines éclate dans l'immense sanctuaire dédié
aux saturnales brahmaniques, et tous, hommes et
femmes, se précipitent avec fureur les uns sur les
autres, comme deux troupeaux de tigres en rut qui
viennent à se rencontrer dans la jungle... Nul autre
choix que le hasard ne préside à cet horrible pêle-
mêle... et quand ces bacchantes et ces satyres arri-

veront au dernier degré de l'exaltation, ils ne distingueront même plus les sexes...

On comprend que je doive m'arrêter ici dans la peinture de ces mœurs épouvantables qui souillent encore aujourd'hui les mystères religieux de l'Inde, mystères que cette contrée transporta par émigration dans le monde ancien tout entier. Il est peu de peuples en effet qui, sous prétexte de rendre un culte à la fécondité de la nature, n'aient élevé des autels à la débauche et au libertinage. D'irrécusables monuments historiques nous apprennent de quels excès étaient souillés les temples de Cérès, de Bacchus, de Jupiter et de Vénus en Grèce, de Mithra chez les mages de la Perse, et d'Osiris chez les Hiérophantes d'Égypte.

Je ne pus supporter la vue de ces horreurs, et me retirai sans nulle tentation de regarder à nouveau, au moment où l'orgie fit place à la débauche contre nature... Avant de tenter seul la sortie du monument, je m'assis un instant pour reprendre mes sens, sur le banc de pierre de l'étroit réduit; et je me demandai si les gens que je venais de voir appartenaient bien réellement à l'espèce humaine, et si c'était là tout ce que le despotisme religieux pouvait apporter à ceux qu'il courbait sous ses lois. En restant dans de justes limites de comparaison, n'est-il pas curieux de remarquer, que les religions autoritaires, qui ont proscrit la raison et le libre examen, sont arrivées infailliblement au même résultat, c'est-à-dire à pervertir le sens moral de leurs adeptes. Il est un fait démontré par chaque page de l'histoire de l'humanité, c'est que partout où a régné exclusivement la caste sacerdotale, elle n'a su faire que des esclaves ou des débauchés.

Profitant de la lumière que je pouvais me procurer à volonté, et qui malgré son peu de rayonnement suffisait à me diriger, je laissai les adeptes de la Sakty-poudja se livrer à leurs odieux excès, et je repris le chemin que j'avais parcouru avec le brahme. Arrivé au grand escalier, le vent du matin qui avait fraîchi et qui s'engouffrait avec force dans l'étroit boyau creusé dans le granit, éteignit mon faible luminaire. Sans éclairer d'autre allumette, pour ne pas donner l'éveil aux brahmes qui pourraient rôder dans les cours de l'édifice, je m'engageai résolûment dans le couloir, m'appuyant à chaque marche de la main, contre la paroi latérale de l'escalier; à un moment donné, comme j'avançais la main, elle s'enfonça dans le vide; manquant de l'appui que je croyais rencontrer, je faillis tomber sur le côté : je m'arrêtai devinant un danger, et allumant une de mes petites bougies, en la protégeant contre le courant d'air à l'aide du pan de mon chomin, je jetai les yeux autour de moi : à la hauteur des marches de granit, une ouverture semblable à celle qui m'avait conduit dans le caveau d'où je sortais était taillée dans le roc, donnant dans une vaste crypte, dont l'entrée me parut impossible sans un pont-levis ou un saut des plus périlleux, car elle était séparée de l'ouverture par un trou béant d'au moins trois mètres de largeur, et dont il me fut impossible d'apprécier la profondeur. Il s'en fallait de quelques centimètres que je n'aie été précipité dans ce gouffre. C'est sans doute à ce passage dan-

gereux que le brahme qui m'avait conduit songeait,
lorsqu'il m'avait recommandé de ne point chercher
à quitter le lieu où il m'avait placé avant son retour.

Comme on doit le penser, ce fut la lumière à la
main et en prenant les plus minutieuses précautions,
que j'achevai mon ascension. En arrivant sous le
poitrail de l'énorme éléphant de granit noir, entre
les pattes duquel l'entrée souterraine était dissi-
mulée, j'aspirai à pleins poumons l'air frais du dehors. Rien ne pèse comme l'isolement à trente ou
quarante mètres de profondeur, dans une cellule
de pierre... Il me semblait que je sortais d'un tombeau.

Les étoiles pâlissaient légèrement; au loin à l'horizon on n'apercevait plus qu'une branche de la
Croix du Sud, il pouvait être quatre heures du
matin; le calme le plus complet régnait dans la
pagode, et en me dissimulant le plus possible derrière les colonnettes de la vérandah qui accompagne le mur d'enceinte qui enclôt toutes les dépen
dances de la pagode, je me dirigeai vers la sortie,
ayant hâte de me débarrasser du costume dont j'é-
tais affublé, et d'aller prendre quelque repos.

En passant vers le koraly où les éléphants sacrés étaient enfermés, les colosses me saluèrent
d'un petit grognement amical, et bientôt, atteignant
une porte de sortie, je fus dans la campagne. Ainsi
que nous l avions fait au départ, je me détournai un
peu du village de Wannapané, pour n'avoir pas à
répondre aux *salams* et aux *saranai* que les Indous ne manquent jamais d'échanger quand ils se

rencontrent dans la nuit. On n'eût pas manqué de me reconnaître à ma prononciation européenne, et le premier venu eût conclu avec raison de mon déguisement, que je sortais de la pagode, où j'avais assisté à la Sakty-poudja. Si les domestiques dans l'Inde sont d'un mutisme à toute épreuve sur les affaires de leurs maîtres, il n'en est pas de même de l'Indou qui ne vous est attaché par aucun lien, ne nous connaît pas, et qui n'a par conséquent aucune raison de ne pas s'entretenir avec ses amis des petits scandales du jour. Je savais l'importance que Soupraya-Chetty attachait à ce que personne hors les siens ne pût se dire témoin des complaisances contraires aux préceptes religieux et aux lois de caste qu'il avait eues pour moi : aussi pris-je toutes les précautions nécessaires pour rentrer sans être vu.

En arrivant dans la maison du babou, je trouvai Anandrayen qui veillait, attendant le retour de son maître. En m'aidant à me débarrasser des flots de mousseline qui me servaient de vêtements, pas une question indiscrète ne s'échappa de ses lèvres; il me demanda simplement si je désirais qu'on préparât un hamac sous la vérandah, ou si je préférais coucher dans ma chambre. Lui ayant donné des ordres à cet égard, il s'éloigna pour les faire exécuter, sans que rien, ni dans sa tenue ni dans ses paroles, pût faire soupçonner un instant qu'il fût au courant de mes aventures.

Après m'être plongé pendant quelques minutes dans l'eau froide de l'étang, je me glissai sous le moustiquaire d'un large divan qui me servait de lit et pus jouir d'un repos que deux nuits sans sommeil et des excitations de toute nature avaient rendu nécessaire.

Il était environ quatre heures du soir lorsque nous reprîmes, Soupraya-Chetty et moi, le chemin de Jaffnapatnam.

Le malheureux babou n'en pouvait plus de lassitude et d'épuisement, on l'avait rapporté ivre-mort de la pagode, et c'est à peine s'il était rentré en possession de lui-même quand nous quittâmes le charmant village de Wannapané, auquel je ne fis point mes adieux sans regret.

En arrivant au bengalow, je pus constater avec plaisir que mes deux excellents serviteurs avaient rivalisé de zèle, et que tous les préparatifs de départ étaient terminés, sans qu'il fût possible de relever un seul oubli. Amoudou me remit d'un air triomphant la liste de tous les objets qu'ils avaient soigneusement emballés, et il reçut avec Kandassamy, d'un air modestement orgueilleux, les louanges que je décernai à leur intelligente habileté.

Ainsi que je m'y attendais, mon Nubien déclara que Kandassamy était un bon garçon, plein de bonne volonté, qui sous sa direction ne manquerait pas de devenir d'une force respectable dans l'art de ficeler des paquets, ce qui revenait à s'attribuer tout le mérite de la chose. Je leur remis en souriant quelques pièces de menue monnaie et les autorisai à aller boire ensemble quelques verres de calou; et les prévenant que nous nous mettrions en route le lendemain au premier rayon du soleil, je fus passer ma dernière soirée chez le colonel Maxwell.

Il est cinq heures du matin, les premiers rayons du soleil teignent en rose les flots de l'océan Indien.
(Page 195,)

TROISIÈME PARTIE

Il est cinq heures du matin, les premiers rayons du soleil teignent en rose les flots de l'océan Indien ; la brise des nuits, si tiède, si parfumée sur les côtes de Pennoryn et de Manaar, cède peu à peu au vent d'ouest, qui dans quelques heures embrasera la terre ; de tous côtés les pieux Indous, brahmes, fakirs, babous et soudras, accourent pour faire les ablutions prescrites, dans l'eau des étangs consacrés, pendant que les sectateurs d'Hayder-Ali, à genoux sous les portiques des mosquées, ou dans la poussière des chemins, invoquent Allah et le prophète, la face tournée du côté d'Hayderabad, la ville sainte des musulmans de l'Inde.

Il n'est pas d'expression pour dépeindre la splendeur du paysage indien à cet instant du jour ; pas un nuage à la voûte bleue qui sert de dôme à la plaine verte, les fauves sont rentrés dans leurs tanières, la lumière se joue dans le feuillage, qu'égayent des millions d'oiseaux au plumage varié ; sur les bords

des marécages qui avoisinent la route de Jaffnapatnam à Catchay, les cormorans, les goîtreux de
toute espèce, les martins - pêcheurs aux nuances
chatoyantes, les hérons roses debout sur une patte,
happent les jeunes anguilles et les crevettes d'eau
douce, d'un bec expérimenté ouvrent les coquillages,
et déjeunent en compagnie de gros canards séden-
taires qui meurent dans les marais où ils sont nés,
et d'une foule de sarcelles et de poules d'eau qui
pâturent à qui mieux mieux dans l'herbe tendre de
la vase.

Dans les branches des multipliants, des tamariniers et des baobabs, de grands singes noirs se
poursuivent en se jouant, accomplissent des merveilles d'équilibre et de force, au désespoir des aras
blancs, dont ils dérangent les nids et brisent parfois
les œufs dans cette course folle. Sous chaque feuille
d'arbre est un oiseau, sous chaque brin d'herbe est
un insecte, sur chaque fleur un papillon ; tout cela
gazouille, bruit, chante, murmure, bourdonne au
réveil, et le soleil se lève lentement au milieu d'un
concert.

Je venais de quitter Jaffnapatnam pour continuer
mon voyage sur la côte nord-ouest, et je comptais,
sans autres stations que celles des repas et de la
couchée, me rendre directement à Virteltivoé et de
là dans l'île de Manaar, centre de la pêche aux huîtres perlières.

Après un séjour plus ou moins prolongé dans ce
dernier lieu, suivant l'intérêt qu'il offrirait à mes
recherches, et les études que je pourrais y faire, je
devais aller par la rivière d'Amerie visiter les ruines

d'Anouradhapour, la ville sainte des anciens boud-
dhistes, ruines tellement considérables, et em-
preintes d'un tel cachet artistique, qu'on se demande
avec étonnement, sans que l'histoire ou la tradition
puisse répondre, si les Cyngalais actuels sont bien
les descendants des hommes qui ont sculpté ces colonnes, ces statues de granit à demi enfouies dans
le sol, derniers restes d'un âge qui était déjà l'antiquité alors que l'Asie Mineure et la Grèce étaient
encore désertes ou peut-être géologiquement inhabitables.

Un peu en arrière de la charrette à bœufs qui contenait mes effets et provisions, et sur laquelle je
réglais mon pas, le fusil en bandoulière, je suivais
un chemin charmant, complétement perdu sous bois,
laissant la rêverie s'envoler au gré du hasard et les
impressions que faisaient naître en moi les divers
points de vue de la campagne que nous parcourions.
Au bout de deux ou trois heures de marche, je fus
obligé de demander à la tente de la charrette un abri
contre la chaleur, qui commençait à devenir fatigante
pour un piéton européen. Doucement bercé par l'allure lente et monotone des bœufs, j'allais, suivant mon
habitude, me laisser aller aux douceurs de la sieste,
lorsque le dialogue engagé entre Amoudou et Kandassamy, qui marchaient en tête des animaux sans
nul souci du soleil, vint chasser toute velléité de
sommeil et me procurer la plus amusante des dis-
tractions.

Il m'arrivait souvent, pendant les longues heures
du milieu du jour, d'écouter, les yeux demi-clos, les
discussions interminables qui s'élevaient à tout

propos, sans jamais troubler la bonne harmonie, entre ces deux braves serviteurs.

Le Nubien et le Malabar étaient aussi ignorants et aussi têtus l'un que l'autre ; la seule différence qui existât entre eux venait de ce qu'Amoudou, comme ayant beaucoup voyagé, en imposait à son camarade plus naïf ; la condition de Kandassamy, qui était obligé de se conformer aux ordres d'Amoudou, contribuait aussi à donner à ce dernier une plus grande autorité dans la conversation.

Je sténographie le dialogue au moment où il vint attirer mon attention. On va voir que les gaillards savaient trouver des solutions aux questions les plus élevées.

—Ce qui m'étonne le plus, disait le vindicara à Amoudou, c'est qu'il y ait sur la terre des hommes blancs, noirs et jaunes.

—On voit bien, répondit ce dernier, que tu n'as jamais quitté la presqu'île de Jaffna, car rien n'est plus facile à expliquer.

— Comment cela ?

— Lorsque Allah eut créé l'homme blanc, il fit le noir pour le servir, et l'homme jaune pour servir l'homme noir.

— Je ne crois pas que vous *parliez la vérité*, Amoudou-saëb, car Brahma, qui est bon, aurait donné aussi un serviteur au pauvre homme jaune.

—Il est vrai que tu ne saurais aller sur l'eau avec tes bœufs ; mais si tu avais comme moi couru la grande mer, tu aurais vu qu'à Maurice, Bourbon, Mayotte, au Cap, les blancs se font servir par les noirs, et qu'à Zanzibar et à Mascate les sultans noirs se

Lorsque Allah eut créé l'homme blanc, disait Amoudou, il fit l'homme noir pour le servir,
et l'homme jaune pour servir l'homme noir... (Page 198.

ront servir par les Parsis et les Malabars jaunes.

— J'avais toujours entendu dire que le jaune était d'une caste plus relevée que celle du noir, hasarda Kandassamy un peu ébranlé.

— Quelle pauvre cervelle est la tienne ! répliqua le Nubien. Il n'y a que deux castes, la caste blanche et la caste noire; l'homme jaune n'a pas de caste, parce qu'il ne sert à rien... Vois : lorsque l'homme blanc fait quelque chose que les esprits sont venus lui révéler, il a toujours besoin de l'homme noir pour l'aider. Tu connais les grands bateaux qui courent sur la mer contre le vent? Eh bien, c'est l'homme blanc qui construit le bateau et qui tient la barre pour le diriger, mais c'est l'homme noir qui jette le charbon dans le feu pour le faire marcher. (Amoudou se souvenait de son ancien métier de chauffeur à bord du *Cambodje*.)

— Il n'y a donc pas d'hommes jaunes sur les grands bateaux?

On en prend quelquefois, mais c'est pour servir à la cuisine. Écoute encore : lorsque saëb veut partir en voyage, il me dit : Amoudou veille, à ce que tout soit prêt, et choisis un vindicara pour conduire les bœufs. Ce n'est pas difficile de diriger ces animaux, et je ferais cela bien mieux que toi encore ; seulement l'homme noir doit commander et l'homme jaune obéir, cela est toujours ainsi...

Le pauvre vindicara voulut hasarder encore quelques objections timides; mais Amoudou, qui était lancé, le terrassa sous des flots d'éloquence et finit par lui décocher d'un air protecteur l'argument favori par lequel il terminait invariablement ce genre de discussion. — Au reste, ce qu'a de mieux à faire un pauvre toucheur de bœufs de ton espèce, c'est de s'en rapporter à l'expérience d'un homme comme moi, qui possède à la grande banque des blancs, à Calcutta, plus de six mille roupies (15 000 francs).

Cette phrase manquait rarement son effet. Émerveillé par l'énonciation de cette somme véritablement énorme pour un Indien de basse caste, Kandassamy regardait avec respect le possesseur d'une pareille fortune, et ne cherchait plus à lutter.

Amoudou aimait un peu trop à faire parade de ses avantages pécuniaires vis-à-vis de ses inférieurs; mais il ne se vantait pas sans motifs : il possédait en effet cette somme assez importante, que je lui avais fait placer à l'Agra-bank et qui lui venait pour la plus forte partie d'un de mes amis le major Daly, qui avait voulu récompenser son dévouement dans une circonstance où il nous avait sauvé la vie.

Après avoir dépassé Catchay, petite ville célèbre, jusque sur les côtes de la grande terre, pour ses merveilleuses poteries de terre noire, dont je fis une ample provision en tiselles à carry et en gargoulettes de toutes grandeurs, nous atteignîmes sur le soir l'aldée (petit bourg) de Kadawé, à deux milles de Caretchie, où nous fîmes halte pour la nuit. J'aurais pu pousser jusqu'à ce dernier village, beaucoup plus important que l'autre, mais il est une habitude que je me suis faite et que je crois bonne, c'est, dans le voisinage de deux centres habités, de choisir le plus petit pour un simple séjour de nuit. Dans une ville ou un village important il y a presque toujours un bengalow, ou une halte de voya-

geurs appelée *ambulam*, dans lesquels descendent
seuls les touristes autorisés, et qui sont munis de
tous les objets utiles en ces contrées, depuis le pan-
kah, jusqu'aux lits et hamacs garnis de moustiquaires.
J'avais reçu du gouverneur général de l'Inde, sir
John Lawrence une patente portant non-seulement
le droit de séjour dans tous les bengalows, mais encore le droit de réquisition en vivres, dont je n'ai
jamais usé, je me hâte de le dire qu'en payant. Eh
bien, à moins que je ne dusse faire un séjour prolongé
dans la contrée où je me trouvais, je préférais de
beaucoup les stations en plein air dans les petits villages, stations fécondes en études de mœurs de
toute natures Sur le soir, après le repas, alors que
mes grands bœufs se reposaient des fatigues du
jour, en pâturant dans l'herbe fraîche qui leur montait jusqu'au ventre, peu à peu les indigènes se ha-
sardaient autour de mon campement, interrogeant
Kandassamy d'abord, Amoudou ensuite, et bientôt
toute l'aldée était assise en rond, près du boabab, du
banian ou du tamarinier qui nous servait d'abri, et
une partie de la nuit s'écoulait en récits, légendes
et contes sans fin dignes de figurer aux veillées des
califes de Bagdad.

Autant dans les grandes villes, comme Pondichéry,
Calcutta, Madras, Colombo, Bombay, j'aime la régularité dans les heures d'occupations et de repos, autant en voyage j'aime à laisser couler ma vie au
gré du hasard et de l'inspiration du moment ; il fait
si bon rêver le soir à la fraîcheur en lançant dans
l'air la fumée du houkah indigène (sorte de narguillé),
écouter les vieux chants indous retraçant les gigan-

tesques combats dès Nagas et des Souparnas (esprits infernaux), jouir enfin du plaisir de vivre dans une demi-somnolence qui nous laisse le sentiment de notre bien-être et la notion des beautés qui nous entourent.

Aussi, soit dans les bangalows, soit dans les campements solitaires, était-il rare que je me livrasse au sommeil plus de deux ou trois heures par nuit, faisant, à la manière indoue, ma grande station de repos aux heures chaudes du jour, pendant lesquelles il eût été imprudent de voyager.

Quelques minutes avant le jour, mes deux bufflones avaient reçu leur ration habituelle d'eau et de son de riz. Le café du matin chantait dans une tiselle sur les charbons ardents... Nous nous préparions à quitter la petite station de Kadawé, une des plus charmantes et des plus pittoresques de la contrée, lorsqu'un bohis malabar ruisselant de sueur, couvert de poussière, les coudes serrés contre ses flancs, qui battaient comme ceux d'un cheval de course surmené, parut tout à coup au détour de la route de Jaffnapatnam, et sans ralentir son allure arriva au pas gymnastique jusqu'à mon campement, fléchissant le genou, et faisant le salam indou des deux mains. Il me présenta une feuille de bétel écornée par la pointe, et attendit que je l'interrogeasse sur la mission dont on l'avait sans doute chargé pour moi.

— Qui es-tu et qui t'a remis ce bétel de confiance? lui dis-je après avoir examiné si la feuille ne contenait pas de marque particulière.

— Je suis, répondit-il aussitôt, un des bohis (porteurs de palanquin, coureurs) de la maison Steward-

Soupraya-Chetty, et le babou m'envoie auprès de toi pour te prier de vouloir bien recevoir ses paroles.

— J'écoute les paroles que Soupraya-Chetty m'envoie.

— Il te demande de lui faire la faveur de ne pas quitter la station de Kadawé avant-demain matin.

— Et pourquoi?

— Il désire venir ce soir, à la fraîcheur, t'apporter lui-même une nouvelle qui te fera plaisir.

— C'est tout?

— Le bohis n'a pas reçu d'autres paroles.

Je savais que le babou, tout en aimant ces façons mystérieuses d'agir, qui sont dans le caractère indou, n'était pas homme à me déranger pour rien : aussi, sans hésitation, remis-je au bohis mon acquiescement aux désirs de son maître, c'est-à-dire une simple feuille de bétel écornée à la pointe comme celle que j'avais reçue.

La feuille de bétel a joué un grand rôle dans l'Inde pendant les années qui ont précédé la révolution de 1857. Elle fournit aux conjurés qui complotaient contre la puissance de l'Angleterre un moyen de s'entendre, de se rallier, de correspondre, tellement simple et facile, que les autorités britanniques ne s'en doutèrent jamais. Les Indous des deux sexes portent toujours, enroulées dans leur pagne, quantité de ces feuilles, qu'ils chiquent avec de la noix d'arec et un peu de chaux éteinte; et ils sont très-habiles dans l'art d'envoyer les messages les plus compromettants, à l'aide d'échancrures diverses faites à ces feuilles, dont eux seuls connaissent la signification.

Amoudou et le vindicara accueillirent avec joie l'ordre de renvoyer les bœufs sur les terrains vagues ; les deux gaillards avaient partagé la veille leur souper avec deux jeunes et opulentes cyngalaises qui en quelques minutes avaient fait de profonds ravages dans leur cœur, et ils n'étaient point fâchés de faire avec elles une connaissance plus intime.

Amoudou avait un véritable culte pour les femmes de Ceylan, qui de leur côté adorent les foulards de soie du Bengale. Mon Nubien devait sans doute avoir fait cette observation lors de notre premier voyage à Pointes de Galles, car en quittant Calcutta il s'était muni d'un petit ballot de ces célèbres mouchoirs de Dacca, qui devaient lui gagner bien des cœurs.

J'étais présent lorsqu'il avait fait son emplette dans une boutique de Radha-bazar, chez le célèbre Dourga-Chorone, fournisseur de la société française de Chandernagor, et je n'avais pu m'empêcher de lui demander quel emploi il comptait donner à cet achat, et si son intention était de faire en route le commerce des étoffes. Le rusé compère m'avait répondu qu'il voulait envoyer ces foulards partie à Aden et partie au pays des Barabras en Nubie, dont il était originaire, par la première occasion, pour faire des cadeaux à ses parents et à ses amis.

Depuis, je m'étais aperçu fort souvent qu'il distribuait sans vergogne ses foulards de famille aux jolies filles qu'il rencontrait sur son chemin ; le séjour de Jaffnapatnam lui coûtait deux ou trois douzaines au moins de ces précieux *vangoutys*, et je prévoyais qu'avant peu il ne lui resterait à envoyer à ses parents que la toile d'emballage qui les avait contenus.

Après déjeuner, comme je me préparais à faire la sieste dans un confortable hamac suspendu sous l'ombrage tutélaire d'un immense boabab, le thasildar (chef du village) vint me demander, avec toutes les circonlocutions de la politesse indigène, si je ne consentirais pas à aller prendre un verre de pale-ale et fumer un cigare dans sa maison.

Je ne refuse jamais une invitation indoue, c'est le seul moyen de faire des études de mœurs sérieuses et exactes.

Je connais ces voyageurs cosmopolites qui font le tour du monde par les steamers, à qui il suffit de descendre vingt-quatre heures dans un hôtel de Ceylan, Singapour, Java, Bornéo, Siam, Canton, Yoko-hama, etc., pour mieux connaître ces pays que ceux qui les habitent... Mais je n'ai pas cette intuition des choses que j'ignore, je crois qu'on ne peut voyager avec fruit si l'on n'entend l'idiome des peuples que l'on visite, et c'est au point qu'après trois ans de séjour dans l'Inde, le jour où j'ai parlé le tamoul, j'ai brûlé toutes les notes prises auparavant, et qui ne correspondaient plus au point de vue nouveau sous lequel le pays se révélait à moi.

La maison du thasildar était située au centre du village de Kadawé; elle était en même temps tribu-nal de police et centre de perception d'impôts, d'après les doubles fonctions administratives et judiciaires dont le propriétaire était revêtu. Au moment où nous prîmes place sous la vérandah, devant une table chargée de fruits, de petits gâteaux de miel, de ci-

gares, et de quelques bouteilles de cette bière
blanche et amère que Bass and c° de Londres expédient dans le monde entier, deux scribes malabars
étaient en train d'expédier des quittances sur *olle*
(feuille de palmier) à des contribuables tenaces qui
ne voulaient point s'en aller sans emporter la preuve
de leur libération. La mauvaise humeur avec laquelle
ils promenaient leur poinçon sur la feuille démontrait
surabondamment que la besogne n'était pas de leur
goût; en effet, cette exigence les privait de la possibilité de recevoir l'impôt deux fois, ce qu'ils ne
manquent jamais de faire quand un débiteur du
trésor oublie de demander le pattah (reçu).

En m'apercevant avec le thasildar, me prenant
sans doute pour un fonctionnaire anglais, les scribes
devinrent presque gracieux, et ce fut au tour des
contribuables à se montrer exigeants et à exhaler
leurs plaintes.

— C'est la seconde fois que je paye le sovandarom
(impôt foncier), disait l'un.

— On exige de moi plus que je n'ai récolté de nelly
cette année, répondait l'autre.

—Ma terre a été concédée en maniom (exempte
d'impôt) à mon bisaïeul, et on me force à payer les
redevances, disait un troisième.

Un autre affirmait que le raïassom (secrétaire
du thasildar) s'était entendu avec le talavaïe (sous-
inspecteur) pour imposer sa terre au delà de sa contenance.

C'était un concert à assourdir les oreilles, dans
lequel le thasildar lui-même n'était pas épargné, et
auquel cependant il ne pouvait mettre fin, l'étiquette

indoue ne lui permettant pas de prendre la parole
devant moi.

Je dus intervenir; et dès que je vis que chacun
était muni de son reçu, j'engageai tous ces pauvres
gens à se retirer, leur donnant l'assurance que do-
rénavant le thasildar s'emploierait à prévenir ces
abus. Ils obéirent, en me souhaitant toutes les pros-
pérités que Brahma peut accorder à un mortel.

J'ai eu occasion de dire avec quelle rigueur et
quelle rapacité l'Angleterre prélevait ses impôts
dans l'Inde, et comment, sous prétexte de civilisation,
elle arrachait au malheureux Indou jusqu'à la dernière roupie de son épargne. Je n'y reviendrai pas,
mais tant de gens parlent de la politique philanthropique suivie par ce pays dans ses colonies des Indes,
qu'il me paraît utile de dire en quelques lignes
quelle était sous les rajahs la condition des villageois, des cultivateurs, des padials, qui meurent de
faim sous les Anglais.

On a dû voir déjà que j'aimais peu nos voisins
comme peuple, ce qui ne m'empêche pas de compter
de nombreux amis parmi eux ; aussi, pour n'être pas
accusé de partialité, vais-je emprunter à M. de Janci-
gny, ancien aide de camp du roi d'Aoude, les lignes
suivantes sur l'organisation des villages indous:

« Au milieu de tous les changements survenus par
la conquête et les invasions dans l'état politique de
l'Inde, les communes (car il n'y a pas de nom plus
convenable pour les désigner) sont restées entières
et sont encore aujourd'hui les atomes dont l'agglo-
mération forme les plus grands États de l'Inde.

» Par commune nous entendons une certaine étendue de territoire d'un seul tenant et habité par une société qui a une existence à part dans l'État. Les délimitations de ces communes remontent aux époques les plus reculées et sont conservées avec le plus grand soin. Les terres qu'elles renferment peuvent être de toutes les conditions, les unes cultivées et les autres incultes; celles-ci qui n'ont jamais été défrichées, celles-là qui ne peuvent pas l'être.

» Ces terres sont partagées en lots dont les délimitations sont aussi bien surveillées que celles de la commune même; dont les noms, les qualités, sont conservés aux archives de la commune. Les habitants de cette petite société vivent réunis dans un village qui dans beaucoup de pays est fortifié ou au moins presque toujours protégé par une forteresse.

» Chaque commune administre souverainement ses affaires. Elle lève sur ses membres l'impôt dû à l'État, et elle est collectivement responsable de son acquittement intégral. Elle a la charge de la police sur son territoire et est responsable des vols qui peuvent s'y commettre. Elle rend la justice à ses membres, punit les petits délits, et juge les procès en première instance. Elle s'impose elle-même pour couvrir ses dépenses intérieures, pour entretenir les murs et le temple, pour subvenir aux frais des sacrifices publics et des aumônes qui se font en son nom.

» Elle a des officiers chargés de remplir toutes ces fonctions; et, quoique sujette au principe du gouvernement général, elle forme cependant en réalité une société complète. Cette indépendance et les priviléges qui en résultent peuvent être parfois violés par les rajahs, mais ils ne sont jamais niés par eux. Cette organisation sociale protége souvent les habitants contre la tyrannie des autorités, et en plus d'une occasion elle a fait vivre la société entière, même après la dissolution du gouvernement général. »

Veut-on connaître l'opinion d'un des membres les plus distingués du *civil service?*

Étudiant l'Inde des anciens rajahs, sir Charles Metcalfe a dit :

« Les villages étaient de véritables républiques qui vivaient par elles-mêmes indépendamment de toute autorité extérieure. Elles semblent douées d'une éternelle durée, dans une région où aucun empire ne se peut maintenir.

» Les dynasties s'écroulent successivement, les révolutions succèdent aux révolutions, les Alfghans, les Mayols, les Mahrattes, les Sikhs, sont maîtres tour à tour, mais le village reste toujours le même. En temps de troubles, il s'arme et se fortifie. Une armée ennemie vient-elle à traverser le pays, les villageois mettent leurs troupeaux à couvert dans l'enceinte de leurs murailles, et laissent passer l'ennemi sans le provoquer, s'ils ne sont pas en force pour résister; ou bien ils se sauvent dans les villages voisins, et quand l'orage est passé, ils viennent reprendre leurs travaux.

» Si une province reste pendant plusieurs années livrée au pillage, de telle sorte que les villages soient inhabitables, les villageois dispersés retourneront dans leurs foyers aussitôt qu'ils croiront pouvoir le faire avec quelque sécurité. L'exil peut durer pendant une génération, la génération suivante reviendra immanquablement. Les fils prendront la place de leurs pères ; le village sera reconstruit au même lieu, les maisons dans les mêmes positions ; les mêmes terres seront occupées par les descendants de ceux qui ont été contraints de fuir.

» Cette union indestructible de la communauté villageoise a contribué, je crois, plus que toute autre cause, à conserver la société indoue au milieu de toutes les révolutions politiques dont ce pays a été le théâtre ; et elle donne lieu de croire que grâce à elle les habitants vivaient heureux et jouissaient d'une liberté réelle. C'était le chef de la commune qui réglait avec les officiers du gouvernement la somme à payer chaque année, et répartissait les cotes contributives parmi ses administrés, suivant leur fortune présumée. Il affermait les terrains vagues, réglait le partage des eaux pour les irrigations, jugeait les légers différends, et faisait arrêter les criminels ; c'est lui, en un mot, qui était chargé de tous les soins du gouvernement municipal. »

Je puis ajouter à ces renseignements, que le thasildar administrait en public, dans un lieu à cet effet appelé *chauderie*, et que sur tous les points qui concernaient l'intérêt général il devait consulter ses administrés. Toutes les fois qu'il avait à se prononcer dans des contestations civiles, il était assisté par des arbitres au choix des parties, ou par des assesseurs nommés par les chefs de caste. Son conseil se composait de tous les chefs des différentes castes qui composaient le village. Trois officiers étaient adjoints au chef du village pour l'aider dans son administration ; c'étaient :

1° Le raïassom, ou comptable, chargé des archives de la commune. Il avait soin des registres du cadastre dans lesquels étaient décrites, avec leurs tenants et aboutissants, ainsi que les noms des propriétaires, toutes les propriétés qui faisaient partie de la commune ; il était en même temps conservateur des baux à longs termes entre particuliers ou entre l'État et la commune, et notaire ;

2° Le taleari, qui était chargé de veiller à l'intégrité des délimitations publiques et privées. Principal officier de police, il gardait les moissons, surveillait et arrêtait les malfaiteurs, faisait partir les dépêches des chefs, guidait les étrangers sur le territoire communal, et devait assurer la tranquillité de tous pendant la nuit. Dans ces fonctions multiples, auxquelles il n'aurait pu suffire seul, il était autorisé à se faire assister par les membres de sa famille. Le taleari était toujours choisi parmi les gens de castes inférieures, et ceci pour des motifs que l'on trouverait singuliers en Europe. Ayant une grande part d'autorité dans l'administration du village, on craignait que, venant à ajouter à cela le prestige de la caste, il pût facilement s'emparer à lui seul de tout le pouvoir. En nommant à ce poste un homme de la caste la plus basse, on respectait la loi et la coutume dont il était l'organe, sans qu'on eût à craindre de sa part aucun abus d'autorité ; de plus, en raison de sa condition infime, n'étant jamais soutenu par une cabale puissante, on le brisait avec la plus grande facilité à la moindre faute ;

3° Le scharaff, qui était en même temps trésorier et receveur de la commune, sous la surveillance du thasildar, ainsi que changeur et vérificateur des monnaies ayant cours.

Ces trois assesseurs du Thasildar étaient nommés dans l'assemblée générale des castes, et ils conservaient leurs fonctions tant qu'ils ne s'en rendaient pas indignes.

Le titre de thasildar était héréditaire dans la première famille de la caste la plus relevée du village, mais celui qui le portait ne jouissait qu'honorairement de toutes les prérogatives qui y étaient attachées; chaque année était nommé, en assemblée générale, le serestadar, ou vice-thasildar, qui administrait la commune et pouvait être changé pour un manquement à ses fonctions.

Tous ces fonctionnaires étaient payés soit en argent, soit en nature sur les revenus communaux. Après eux venaient le médecin, le maître d'école, l'astronome et un corps de devadassys (danseuses, bayadères) et de musiciens pour l'ornement des fêtes publiques, qui recevaient également une rétribution du trésor communal.

Dans cette situation, le village trouvait dans sa force de cohésion d'énergiques moyens de résistance aux prétentions exagérées des rajahs, et l'on a vu parfois tous les habitants d'une aldée, les hautes castes et le thasildar en tête, abandonner leurs propriétés et émigrer dans une autre contrée plutôt que de subir un impôt exagéré et vexatoire. Devant de pareilles manifestations, le rajah se hâtait de leur donner pleine et entière satisfaction.

Après avoir soumis Ceylan et l'Inde entière à ses
lois, l'Angleterre a conservé l'organisation ancienne,
qui lui donnait sans peine un pays tout administré;
et il semblerait de prime abord que sa conquête
n'ait fait que donner aux Indous un seul maître, sans
toucher à leurs libertés communales, au lieu d'une
centaine de rajahs qui se partageaient le pays.

C'est là une grave erreur, que les Anglais cherchent
à accréditer dans l'intérêt de leur domination, mais
contre laquelle on ne saurait trop protester.

Thasildar, serestadar, taleari, raïassom, scharaff
et les autres employés d'un ordre inférieur ne sont
plus nommés par les habitants en assemblée générale; ils ne sont plus les délégués, les protecteurs
naturels de leurs concitoyens. L'Angleterre les
nomme, les révoque à sa guise, et se sert d'eux pour
pressurer le pays : aussi sont-ils cordialement dé
testés des Indous, qui ne voient en eux que des enne
mis, alors qu'autrefois ils entouraient de leur respect
et de leur affection les administrateurs de leurs
aldées.

Le résultat ne s'est pas fait attendre; et comme
les exigences des collecteurs anglais augmentaient
d'année en année, et menaçaient de tarir jusqu'à
la dernière *cache* de l'épargne des Indous, ceux-ci
n'ont pas trouvé de meilleur moyen de se soustraire
à la rapacité du maître, qu'en dissimulant leur fortune, diminuant l'importance de leurs terres,
cachant leur récolte, ou même en gagnant à prix
d'argent les percepteurs indigènes, pour se faire
taxer d'une manière plus régulière et plus équitable
aux livres de la collecte.

On peut hardiment évaluer l'impôt que l'Angleterre arrache aux Indous à la moitié de la production brute : aussi ne reste-t-il pas la plupart du temps à ces malheureux de quoi vivre jusqu'à la prochaine récolte.

J'en ai vu qui laissaient leurs champs en friche faute de semailles, et d'autres qui préféraient vivre de maraude plutôt que de travailler pour le percepteur.

La parole suivante m'a été dite dans un interrogatoire, je puis donc en affirmer la sincérité :

Un jour que je présidais une audience de la cour d'assises à Chandernagor, dans une affaire de vol avec effraction, de nuit, dans une maison habitée; en posant au principal accusé les questions d'usage, d'âge, de domicile, de profession, etc., je fus surpris de l'entendre me répondre, sur la question de profession, « qu'il était propriétaire, sur le territoire anglais, de mille cotthas (environ six hectares) de terre à nelly (riz) », et lui ayant demandé comment il pouvait se livrer au vol avec une propriété qui était une fortune réelle pour un Indou, il me répondit textuellement : « Tant que j'ai travaillé ma récolte je n'ai pu suffire à payer l'impôt, nourrir ma famille, et conserver des semailles; chaque année je m'endettais. J'ai fini par me dégoûter de payer les Anglais et je laisse mes terres sans culture, parce qu'en cet état elles cessent d'être soumises aux redevances du trésor... »

Il y a certainement dans ces paroles une exagération dont il faut tenir compte; mais il est triste d'avoir à reconnaître qu'en travaillant du lever au

coucher du soleil, un cultivateur indou ne peut faire
face aux exigences britanniques qu'avec la plus
grande peine, et dans les bonnes années seulement.
Que ceux qui seraient tentés de me taxer d'exagération
veuillent bien lire les lignes suivantes, que j'emprunte
à la même autorité, et, le cœur navré, ils comprendront
ce que valent les déclamations philanthropiques de ce
peuple, qui n'a aboli l'esclavage que pour être seul
à en profiter, et qui, par ses honteuses exigences et
son âpreté, réduit deux cents millions d'Indous à
une situation plus misérable que celle de la brute.
Voici l'opinion d'un homme qui a passé vingt ans de
sa vie dans l'Inde, qui fut ami des Anglais et pen-
sionné par eux, et n'a pu cependant s'empêcher
d'écrire ce qui suit :

« Les cultivateurs sont obligés de vendre d'avance
à bas prix, à des usuriers avides qui profitent de leur
détresse, au moins la moitié de leur récolte *pour
payer leurs redevances;* ce qui leur reste est à peine
suffisant pour les faire subsister avec leur famille
durant six ou huit mois de l'année; plusieurs con-
servent à peine de quoi vivre quatre mois, et il en
est qui ne moissonnent même pas les champs qu'ils ont
cultivés; car aussitôt que la plante a poussé un épi,
et que le grain commence à s'y former, pressés par
la faim, ils vont chaque jour couper une partie de
ces épis verts, dont ils séparent le grain à demi mûr,
et en font une espèce de bouillie. Ainsi, à l'époque
de la moisson, ils n'ont plus à recueillir sur leur
champ que la paille, et, pour s'épargner la peine
de la couper, ils y envoient paître leurs vaches.

» Si, à force de privations, ils ont gardé intacte

leur récolte, ce n'est pas à eux qu'il est donné d'en jouir. A peine le grain est-il foulé dans l'aire, que les créanciers qui leur avaient auparavant prêté de l'argent pour payer leurs impôts viennent enlever la portion qui leur est due; d'autres, qui leur avaient fait des avances de grains pour vivre lorsqu'ils en manquaient, viennent en réclamer la restitution, et vingt-cinq pour cent d'intérêt en sus, c'est-à-dire que celui qui avait emprunté vingt mesures de grain en rend vingt-cinq.

» Le temps compris entre l'époque où le grain commence à se former dans l'épi et celle où le gouvernement permet de le fouler dans l'aire, ce qui fait environ quatre mois, est appelé *souky-kala*, ou le temps du bien-être, et c'est à peu près le seul de l'année où les pauvres gens trouvent de quoi se repaître à discrétion d'une nourriture grossière : elle consiste en diverses sortes de menus grains, les mêmes en partie que ceux dont on engraisse les porcs et la volaille en Europe, ou qui servent à nourrir les chevaux dans l'Inde. De là est venu ce proverbe fort commun dans le pays : « On ne doit pas approcher un *paria* dans le temps du *souky-kala*, ni un bœuf dans le temps du divouligai (saison des pluies, où la terre est couverte de verdure), parce que l'un et l'autre, trouvant de quoi se rassasier, deviennent intraitables.

» Dans la plupart des provinces, ceux qui cultivent du riz ne le mangent pas, ils sont obligés de le vendre *pour payer leurs impôts*. Cependant, durant les quatre mois du *souky-kala*, ils ont quelques pois ou fèves qui ont poussé dans les champs. Le reste de l'année, leur unique pitance est pour presque tous une bouillie de millet assaisonnée d'un peu de sel et de piment long réduit en poudre, dont ils font une sauce piquante.

» Lorsqu'ils ont consommé ce qui peut leur rester de leur récolte après qu'ils *ont payé les impôts* et leurs créanciers, ils ont recours aux expédients : les uns font des emprunts de grains, qu'ils s'engagent à restituer avec usure à la récolte suivante ; *les autres parcourent les bois, le bord des étangs et des rivières, où ils trouvent des feuilles, des rejetons de bambous, des fruits sauvages, des racines et autres substances qui les aident à vivre ou plutôt à ne pas mourir de faim.*

» Trois mois surtout sont un temps de détresse presque générale pour ces pauvres gens, c'est-à-dire, comme on vient de le voir, pour les trois quarts à peu près des habitants de la presqu'île de l'Indoustan. Ces trois mois sont, pour le sud, juillet, août et sep-tembre, et l'on a coutume de dire que ceux qui ont du grain pour vivre durant ce laps de temps sont heureux comme des princes. La disette commence à se faire moins sentir en octobre ; alors le menu grain commence à se former, et la pluie fait croître dans les champs une grande quantité d'herbages bons à manger, et suffisants pour calmer les an-goisses de la faim.

» Ce ne sont pas seulement les hommes qui sont ainsi exposés à manquer d'aliments durant une grande partie de l'année, les animaux domestiques ont aussi à supporter les mêmes privations. La paille de la récolte ne dure pas longtemps. On les voit

alors chercher les terres glaises et salées, qu'ils lè-
chent avec avidité, et cela joint à l'eau qu'ils boivent
compose presque toute leur pâture. Aussi sont-ils
pendant la saison de détresse exténués de maigreur
et peuvent à peine se soutenir. Je me suis souvent
trouvé à cette époque dans des villages où il y avait
plus de cent vaches, et quelquefois je ne pouvais
m'y procurer une demi-mesure de lait pour mon
déjeuner. »

Je pense qu'après cette citation nul ne sera tenté
de croire que je calomnie les Anglais en notant d'in-
famie la conduite qu'ils tiennent dans leurs possessions de l'Inde. Il est constant que les malheureux
Indous opprimés par ce peuple de marchands sans
vergogne sont obligés de vendre la plus grande
partie de leur récolte, leur nourriture, celle de leurs
bestiaux, pour pouvoir payer les impôts dont on les
écrase. Il est constant que pour satisfaire l'avidité
des hommes du Nord, ils sont réduits à vivre pendant quatre ou cinq mois de l'année des jeunes
pousses de bambous et des herbes sauvages qu'ils
disputent à leurs maigres troupeaux le long des
étangs et sur la lisière des bois.

Et je ne parle ici que de ceux qui possèdent, qui
cultivent.... Que serait-ce si je soulevais le voile qui
couvre la situation affreuse faite aux mercenaires et
aux journaliers. Si le maître, en face des exigences de
l'impôt, ne peut conserver de la nourriture pour toute
l'année, pendant les mois où il est réduit aux privations les plus dures, comment vivent ces milliers de
mercenaires, d'ouvriers agricoles, qui sont sans travail et sans riz? Comment vivent les parias?... Ils

vivent de la prostitution de leurs femmes et de leurs
filles... et chaque soir, pendant les mois de disette,
les promeneurs sont accostés dans les chemins par
de pauvres petites filles de quatre à cinq ans déjà
rompues à ce hideux métier... Là, à deux pas dans la
jungle, derrière un buisson, se cache le père ou la
mère, qui pousse en avant ces pauvres êtres...
Épouvantable profanation ! Il faut bien ne pas mourir de faim !

Mais l'impôt rentre, mais John Bull s'engraisse,
hourra pour la vieille Angleterre! Voilà un pays qui
sait faire ses affaires : il écume les terres et les mers,
pend les négriers et revend les nègres dans ses colonies, il broie l'Inde entre les engrenages de ses machines pour en exprimer toute la séve... Des milliers
d'individus meurent de faim chaque année, de la pointe
du cap Comorin aux vallées de l'Himalaya... peu
importe, comptez s'il y a une nation au monde qui
ait plus de sociétés philanthropiques, plus de négro-
philes, et si vous voulez vous faire écharper, vousn'a-
vez qu'à fouailler un dog dans les rues de Londres.

Ah! ma pauvre France, ils ont beau, dans leur pu-
ritaine hypocrisie, se voiler la face en parlant de ta
prétendue corruption, tous ces Saxons aux pieds
plats, toutes ces brutes germaniques, si lâches quand
elles ne sont pas cinq contre un, si impitoyables
quand elles surprennent un ennemi désarmé... va,
tu es encore la nation la plus propre ! Et s'il est resté
par le monde quelque idée généreuse et chevale-
resque, c'est encore sur ton sol qu'il faut venir la
chercher ! . . . .
   . . . .

Je me suis laissé entraîner fort loin à propos du petit village de Kadawé et de son thasildar, et cependant je n'ai fait qu'effleurer un sujet qui devrait être traité avec tous les détails qu'il comporte, car il y a dans la conduite des Anglais dans l'Inde un enseignement profond. Ne voulant pas en faire une question de race, contrairement à ce que font tous les hypocrites rêveurs du pays de la bière, je suis obligé, en face des *hontes* et des *ignominies* dont j'ai été témoin, de reléguer dans le domaine des illusions et l'adoucissement des mœurs par la civilisation et le progrès humanitaire... Et certainement, quand on a le sens moral d'appeler les choses par leur nom, sans s'inquiéter de l'étiquette officielle, on est obligé de dire que les Indous, sous la main de fer de l'Angleterre, sont dans une situation plus tristement misérable que celle des anciens esclaves de l'Amérique ; seulement cet état ne s'appelle pas l'esclavage... C'est pis que la chose, et ce n'est pas le nom : voilà l'habile différence... La vue des pauvres diables qui étaient venus en maugréant payer leurs contributions chez le thasildar, m'avait comme malgré moi plongé dans une série de réflexions et de pensées dont je suivais les déductions sans m'inquiéter de mon hôte, et j'avais totalement oublié le chef de Kadawé, lorsque, m'étant retourné machinalement pour allumer un cigare, je l'aperçus qui dormait paisiblement sur un canapé en rotin de la vérandah.

Nous étions entre deux et trois heures, c'est-à-dire au moment le plus chaud de la journée, mais en réalité la température n'avait rien de trop pénible, adoucie qu'elle était par les fraîches brises de mer

qui soufflent avec une régularité chronométrique et
donnent à cette île fortunée un climat véritablement
exceptionnel sous les latitudes où elle est située.

Sur le soir, comme nous savourions, le thasildar
et moi, sous la tente de mon campement, un délicieux carry de jeunes dindons pris au nid, œuvre
culinaire à laquelle Amoudou avait consacré toute
sa science, nous vîmes déboucher par la route de
Jaffnapatnam deux magnifiques éléphants noirs
couverts de housses en cachemire et portant des
haoudahs d'une richesse tout à fait princière. Arrivés sur la petite place à l'extrémité de laquelle nous
nous trouvions, les deux colosses, qu'à leur taille on
reconnaissait pour avoir été pris dans la province de
Kattrayam, s'arrêtèrent près de la maison du chef,
sous un baobab, et nous vîmes tout à coup une énorme
boule tomber d'un des haoudah, plutôt qu'elle n'en
descendit, dans les bras d'une huitaine de serviteurs.

—Voici le babou, dit aussitôt Amoudou, qui l'avait
reconnu malgré la distance et la nuit qui s'avançait.

Je me levai pour aller vérifier le fait, car il me
semblait extraordinaire que Soupraya-Chetty vînt me
rendre visite, à quelques lieues de la ville, dans cet
attirail de nabab voyageur, alors qu'il possédait des
chevaux de prix et des voitures légères beaucoup plus
commodes pour un court trajet.

Mon Nubien ne s'était pas trompé, ce fut bien le
babou qui m'apparut couvert de pierreries, chamarré
d'or, dans un costume enfin d'une telle magnificence,
que je ne pus m'empêcher de lui demander en plai-
santant s'il ne m'avait point tout d'abord caché sa
condition, et s'il n'était pas le soubedar de Maïssour ,

La flatterie la moins vraisemblable, la plus exa-
gérée, faite même sur le ton de la moquerie, séduira
toujours un Indou, et Soupraya-Chetty, rouge de
plaisir, me rendit la monnaie de ma pièce, en m'ac-
cablant à son tour de toutes les hyperboles en usage
dans la rhétorique indoue en pareille circonstance.

Quand ce déluge de compliments se fut un peu
calmé, je demandai au babou l'explication de son
mystérieux message.

Au lieu d'aller au fait, et se trouvant en veine
de poésie, le gros homme me répondit en prenant
un air sentimental, et en se faisant de l'air avec un
riche foulard or et soie de Dacca : — Que ne pouvant résister à la douleur que lui avait causé notre
séparation si brusque, et pour ne pas expirer de re-
grets, etc... Vous le voyez aller d'ici, et il est inutile
que je finisse la période. Le brave commouty éclata
tout à coup en sanglots, et son fidèle Anandrayen,
qui l'accompagnait, se précipita pour le soutenir
dans ses bras. Je compris de suite ce que la nuit
m'avait caché jusqu'à ce moment : le babou Soupraya-Chetty, de la maison Steward et Cie, était ivre
comme un simple macoua (pêcheur).

Nous le fîmes conduire dans la maison du thasildar, où, mollement étendu dans un hamac, il ne tarda
pas à dormir profondément! J'en avais pour une
heure ou deux avant de pouvoir satisfaire ma curiosité.
Interroger les domestiques, je ne l'essayai même pas,
ils ne savaient rien sans doute des intentions de leur
maître ; mais eussent-ils connu les motifs qui l'avaient
conduit à Kadawé, qu'il eût été impossible d'obtenir
d'eux une autre réponse que celle-ci :

— Illé (je ne sais pas).

J'étais fortement intrigué : les deux éléphants étaient caparaçonnés comme pour un long voyage, et à l'arrière des somptueux et confortables haoudahs dont on les avait chargés, chacun portait en outre une immense caisse en rotin garnie de provisions de bouche aussi nombreuses que variées : caisses de bordeaux, cognac, champagne, arack-patté du pays ; je compris, au soin qui avait présidé au choix des liquides, que le babou devait avoir le projet d'une excursion de quelques jours dans l'intérieur, et je lui supposai l'intention de me proposer de l'accompagner.

Je ne me trompais pas dans mes conjectures, car, lorsque Soupraya-Chetty vint nous rejoindre, assez remis de ses émotions, il m'apprit que, le matin même de mon départ, sa maison avait reçu de Londres par dépêche une commande de nacre et de perles tellement importante, que toutes les réserves de la place n'en faisaient pas la dixième partie ; en cinq minutes, MM. Steward avaient jugé la situation, et décidé que l'un d'entre eux se rendrait sur la côte de Manaar, à la pêche aux huîtres perlières, qui a lieu toutes les années à la fin de mai, pour y compléter la cargaison demandée.

D'un commun accord ce mandat avait été confié à Soupraya-Chetty, qui, en raison de sa nationalité, était à même de traiter ce marché aux meilleures conditions possibles avec les pêcheurs malabars ; sitôt la chose décidée, le babou s'était occupé de ses préparatifs, et, se rappelant que je devais suivre la même route, m'avait envoyé le message que l'on connaît, se réservant le plaisir de m'apprendre lui-même qu'il allait être mon compagnon de voyage.

— Eh bien, babou, lui dis-je après avoir reçu ces explications, je suis enchanté de me rendre avec toi à la côte nord-ouest, mais je dois te poser mes conditions.

— Tu es obéi avant d'avoir parlé.

— J'ai visité tes coffres à provision, et je sais qu'ils contiennent beaucoup de vin et de cognac. Eh bien, tu vas prendre l'engagement de ne jamais donner à Amoudou, sans ma permission, même un seul verre de ces liquides.

— Que mon âme renaisse dans le corps d'un chacal immonde, ou de l'impur oiseau qui se nourrit du cadavre des morts, si je transgresse ton commandement, répondit Soupraya en se servant du serment consacré.

— Ce n'est pas tout, continuai-je. Tes éléphants régleront leur pas sur ma charrette, je choisirai les campements qui me conviendront, déciderai du nombre de jours de station, dans les contrées intéressantes à visiter, et pour tout ce qui concernera l'ordre de la marche et le campement, tes domestiques n'obéiront qu'à moi.

Le babou, adhérant à tout ce que je lui demandais, prononça de nouveau la formule précédente, et, faisant assembler ses domestiques, leur ordonna de m'obéir en tout et pour tout pendant le cours du voyage.

— Le pacte est conclu, dis-je alors au babou, et nous irons ensemble au pays des perles.

Amoudou, depuis qu'il était à mon service, avait

exposé sa vie plusieurs fois pour moi. Rude, sauvage, comme tous les nègres de race pure, son affection pour moi ressemblait à celle que les fauves ont pour leurs petits.

Une simple menace adressée à ma personne, même par plaisanterie, n'eût pas été prudente; droit et honnête, j'avais en lui la plus entière confiance, mais il était d'une intelligence bornée, et ne savait pas résister à l'appât des liqueurs fortes. Deux fois déjà, arrivé au paroxysme de l'exaltation par l'ivresse, il avait méconnu ma voix, et j'avais eu toutes les peines du monde, quelques mois avant le voyage actuel, à lui arracher des mains, à Chandernagor, un pion de police qu'il voulait étrangler. — « Ça, mauvaise bête, saëb, me disait-il souvent, en me montrant le pauvre diable, dans un français original dont il avait le secret, quand ça faire couic, ça n'a plus arrêter femme. »

Cette expression de *ça* servait à Amoudou à désigner un Indou, à quelque caste qu'il appartînt. J'ai toujours soupçonné que sa haine persistante contre ce pion venait de ce que ce dernier avait dû mettre au thana (prison) quelqu'une des belles qu'il honorait de sa protection.

Une autre fois, un prêtre de Chinchura, sur la conduite duquel on avait un peu jasé dans la colonie, vint me rendre visite; j'ordonne de l'introduire, et comme mon cansama (1) va pour s'aquitter de son devoir, il trouve Amoudou pouvant à peine se tenir

(1) Le cansama est au Bengale le domestique de confiance appelé dans le sud de l'Inde, et à Ceylan, le dobachy.

de boisson qui lui disait : « Qui ça toi voulez, dans maison à président ? Maison à président n'a pas maison femmes. » Je fus obligé d'intervenir... Le prêtre eut l'air de n'avoir rien entendu, mais j'ai su depuis qu'il avait tâché d'en faire une affaire auprès de ses chefs.

On conçoit qu'après de pareilles aventures je fusse toujours sur le qui-vive pour en prévenir le retour. Si personne ne donnait à boire à Amoudou, tout allait bien, car il était tellement incapable de prendre une bouteille de vin soit à autrui, soit à moi, qu'à la maison je lui confiais toujours la surveillance de la cave, que je n'aurais pu donner impunément à un Indou. Et c'est également à lui que nous donnâmes la garde des caissons de liquide que Soupraya avait apportés.

J'avais dans mes conditions exigé que le babou me laissât l'entière direction de la route et de ses domestiques, d'abord parce que je voyageais en touriste, et que je ne voulais en rien changer mon itinéraire ; et ensuite parce qu'il est impossible à un Européen dans l'Inde de se mettre à la disposition d'un natif ; outre qu'on ne pourrait jamais être sûr de rien avec le nonchaloir et la lenteur indigènes, on serait exposé à des familiarités de mauvais aloi qu'il est mieux de n'avoir pas à réprimer. L'Indou ne connaît pas l'égalité ; serviteur ou maître, voilà les seules catégories qu'il admette dans les relations sociales des hommes : ldumoment où vous ne lui commandez pas, il se donne immédiatement autorité sur vous et devient d'une insolence dont il serait difficile de se faire une idée.

J'ai connu un vieux pharmacien de la marine, qui

était resté jusqu'à l'âge de cinquante ans dans la troisième classe de son grade ; faible et maladif, il avait obtenu de ne pas aller servir aux colonies. Deux années avant sa retraite, une haine bureaucratique le force à venir dans l'Inde achever son temps de service. Homme simple, doux et essentiellement bon, parlant à ses domestiques à la troisième personne, les prévenant de ne point le forcer à les gronder, il était devenu le jouet de ces coquins, au point d'en être réduit à faire son ménage et sa cuisine, pendant qu'ils mâchaient leur bétel, et dormaient au soleil. Il en arriva à être si malheureux, qu'on le fit rentrer en France par pitié...

Nous quittâmes Kadawé le lendemain quelques instants avant le lever du soleil, car j'avais décidé que nous franchirions en une seule journée la distance qui nous séparait de l'Odear, rivière qui limite par un coin les districts de Patchelépellé et de Pannengam. Le babou, qui avait couché dans le haoudah sur le dos de son éléphant favori, dormait encore lorsque sur mon ordre la petite caravane s'ébranla pour prendre la route de Caretchie. En tête se trouvaient les bœufs, puis venaient les deux éléphants, et en arrière, portant une foule de paquets qui n'avaient pu trouver place dans les caissons, marchaient, sous la conduite d'Anandrayen, les domestiques de Soupraya.

L'adjonction des deux éléphants était chose beaucoup plus importante pour moi que la présence de tous les autres Indous. Le secours de ces puissants animaux allait me permettre de modifier mon plan primitif, et, au lieu de suivre prudemment les côtes avec mes deux bufflones, qui ne m'eussent été d'aucune utilité en cas de danger, je pouvais maintenant m'enfoncer au cœur même de la province de Pannengam sans craindre les fauves, les boas et les éléphants sauvages dont elle est infestée.

Voulant faire connaissance avec celui des deux éléphants que le babou avait eu la gracieuseté de faire harnacher pour moi, je m'approchai de lui et fis signe au cornac que je désirais monter dans le haoudah. Sans attendre le commandement de son conducteur, l'intelligent animal s'arrêta, et me présenta le bout de sa trompe; j'y mis le pied à la manière indoue, et d'un bond saisissant son oreille, je fus en moins de rien sur son cou, d'où je m'installai commodément sur le canapé du haoudah.

— Quel est ton nom? dis-je au conducteur assis sur le cou de l'animal.

— Saravana, fils d'Appassamy, répondit l'Indou, en portant en signe de respect les deux mains au front.

— Et celui de l'éléphant que tu conduis?

— Pratita!

En entendant prononcer son nom, l'éléphant fit entendre un petit grognement de satisfaction et se mit à balancer sa trompe, comme s'il voulait faire comprendre qu'on avait eu raison de l'appeler Pratita, c'est-à-dire *le Joyeux*.

En continuant la conversation avec le cornac, j'appris avec plaisir que ma monture était un véritable éléphant de chasse, admirablement dressé, avec lequel il n'y avait à craindre aucune fâcheuse rencontre.

Après une petite station d'une heure vers le milieu
du jour pour faire manger et reposer les animaux,
laissant sur la droite le district de Pennoryn, qui est
un des plus remarquables de l'île par la magnificence
de sa végétation, ses plantations de cocotiers et de
palmiers et ses grandes cultures de paddy et de co-
tonniers, nous nous dirigeâmes du côté de l'Odear,
que nous atteignîmes un peu avant la chute du jour,
et nous installâmes notre campement pour la nuit
sur les bords de la rivière. A quelques pas de là ces-
sait le territoire cultivé et habité, et commençait la
jungle dans laquelle nous allions nous engager le
lendemain.

Pendant cette première journée de marche, le babou avait été un compagnon peu gênant ; il avait consacré à fumer et faire la sieste dans le haoudah la
plus grande partie du temps qu'il n'avait pas employé à manger et surtout à boire, et je pensai qu'il
avait dû faire de fréquentes visites aux flacons de
cognac et d'arack-patté qui garnissaient les nécessaires de son haoudah, lorsque je l'entendis me prier
de l'excuser s'il ne descendait pas pour partager le
carry du soir, rejetant sur le soleil un violent mal de
tête dont il prétendait souffrir. Je lui souhaitai meilleure chance pour le lendemain, et ne m'occupai
plus de lui ; j'étais certain d'avance que chaque jour
serait la répétition de celui qui venait de s'écouler,
tant que les liquides ne seraient pas absorbés en
totalité.

Soupraya-Chetty n'était pas cependant un Indou
ordinaire ; depuis son enfance il vivait dans la fré-
quentation des Européens ; entre nous il faisait bon

marché de toutes les superstitions, de tous les préjugés de caste auxquels la plupart de ses compatriotes tiennent plus qu'à la vie ; il ne se gênait pas
pour manger des viandes et boire des liqueurs défendues, pourvu que ce ne fût pas en public ; il avait
visité en différentes fois Madras, Calcutta, la côte de
Singapour et Java, et passait pour très-entendu en
affaires ; mais rien ne pouvait lui enlever le cachet
de sa race, et comme tous les Indous (hors ceux de
la classe des pundits, savants), il n'employait ses loi-
sirs qu'à se plonger dans les jouissances matérielles
les plus exagérées, qu'à satisfaire tous ses vices.

Pendant tout le cours de ce voyage, il ne passa
presque jamais la nuit seul dans son haoudah ; ce
n'était pas par amour de la femme, ce dont certes
je ne le blâmerais pas : il ne faisait que céder à ce
besoin de débauche et d'excitation dont il s'était fait
une habitude. Il avait appris les ignobles secrets
des satisfactions honteuses dans les tripots tenus
par les vieilles bayadères sur le retour ; et à la naïve
et appétissante Cyngalaise, qui le soir écoute en souriant sous les grands tamariniers les folies d'amour
qu'on débite à ses quinze ans et à son opulente
beauté, il préférait les vieilles prostituées malabares
et leurs excitations contre nature...

Il y mit cependant beaucoup de discrétion, et je
n'eus jamais l'air de m'apercevoir de la conduite
qu'il tenait, et de l'ignominie de ses choix.

Il se passait peu de stations de quelque importance, c'est-à-dire d'un jour de repos, sans qu'A-
moudou fît un emprunt au ballot de foulards
qu'il destinait à sa famille, au profit d'une de ces

belles filles qui se donnent avec l'insouciance de
l'oiseau qui gazouille sur une branche, un peu par
plaisir, un peu par bonté d'âme et pour ne vous point
refuser; mais, dans ces circonstances, je n'avais
qu'à fermer les yeux en souriant sur de charmantes
faiblesses qui ne pouvaient pas plus se comparer
aux vices du babou, que le lotus bleu des étangs
à la vase du fond dans laquelle plongent ses racines...

Le troisième jour de notre campement sur les
rives de l'Odear, le soleil, assez élevé sur l'horizon,
promettait de nous éclairer plusieurs heures encore; pendant qu'Amoudou veillait à l'installation de
la tente, j'offris au babou, qui se trouvait ce soir-là
dans un état à peu près lucide, de m'accompagner
dans une excursion que je voulais faire jusqu'aux
ruines d'un pagotin (petite pagode) que j'apercevais
au sommet d'une colline située au milieu de la
jungle, à environ un mille du lieu où nous nous
étions arrêtés.

Un petit sentier qui semblait venir de cette direction et qui aboutissait à la rivière me faisait suppo-
ser que cet ermitage pouvait être habité; dans le
cas contraire, nous devions certainement rencontrer aux environs quelques huttes d'Indous tchaléas
ou écorceurs de cannelle, car la partie de la jungle
où nous nous trouvions fourmillait de cette essence
si vantée.

Après un quart d'heure de marche, nous n'étions
plus qu'à une faible distance des ruines, lorsque tout
à coup je vis Anandrayen, qui nous précédait de
quelques pas dans l'étroit sentier, et dont le rôle était

d'écarter les branches d'arbre sur notre passage, se précipiter à genoux, la face dans la poussière, en murmurant les paroles suivantes : — Gourou-pou-rohita !

Soupraya-Chetty s'était hâté, quoique avec moins de vivacité, de prendre une posture identique avec celle de son domestique.

En regardant à travers le feuillage j'aperçus, assis sous le portique à demi écroulé du pagotin, un vieil Indou paraissant n'avoir plus que le souffle, qui roulait entre ses doigts les grains d'un énorme chapelet qui faisait deux fois le tour de son corps : c'était un gourou-pourohita, ou *ermite sanctifié*, qui s'était retiré dans la jungle pour offrir en paix, loin des bruits de ce monde, le sachtanga-poudja, ou sacrifice perpétuel d'adoration à Vischnou.

Maintes fois dans le sud de l'Indoustan, aux Niel-guerrys, aux Gaths de Gengy, j'avais rencontré de ces brahmes anachorètes objets de la vénération des fidèles, qui voient en eux l'image de la divinité ; mais je ne croyais pas, bien que le nord de Ceylan fût habité en partie par des sectateurs de Brahma, qu'on y pût rencontrer de ces illuminés.

Pour faire comprendre au lecteur ce que sont ces religieux ascétiques, j'emprunte au Manava-dharma-sastra (lois de Manou) et au Vedanta-sara (commentaire sur les Vedas) les passages suivants :

Manou, livre IV, sloca 2 et suivants.

« Lorsque le Dwidja voit sa peau se rider, et ses cheveux blanchir, et qu'il a sous les yeux les fils de ses fils, qu'il se retire dans la forêt.

» Renonçant aux aliments qu'on mange dans les

villages, et à tout ce qu'il possède, confiant sa femme à ses fils ou l'emmenant avec lui.

» Emportant son feu consacré et tous les ustensiles domestiques employés dans les sacrifices; quittant le village pour se retirer dans les jungles, qu'il y demeure en maîtrisant ses organes.

» Qu'il porte une peau de gazelle ou un vêtement d'écorce; qu'il se baigne soir et matin; qu'il porte toujours ses cheveux longs, et laisse pousser sa barbe, les poils de son corps et ses ongles.

» Autant qu'il est en son pouvoir, qu'il fasse des offrandes aux êtres animés, et des aumônes avec une portion de ce qui est destiné à sa nourriture, et qu'il honore ceux qui viennent à son ermitage, en leur présentant de l'eau, des racines et des fruits.

» Un pot de terre, les racines des grands arbres ou les ruines pour habitation, un mauvais vêtement, une solitude absolue, une conduite égale avec son prochain, gardant le silence, exempt de tout désir, il doit supporter avec patience les paroles injurieuses, ne mépriser personne, et ne jamais garder de rancune au sujet de ce corps vil et méprisable.

» Qu'il ne désire point la mort, qu'il ne désire point la vie, et qu'il attende le moment fixé pour lui, ainsi qu'un moissonneur qui dort sur sa faucille en attendant l'heure de son salaire, etc. »

On sait que Manou est l'ancêtre de Moïse et du Christ de plusieurs milliers d'années. Les cénobites chrétiens des premiers temps de l'Église disparus aujourd'hui ne furent que les disciples et les continuateurs des anciens vanaprastha (anachorètes) de l'Orient.

A propos d'eux le Vedanta-Sara s'exprime ainsi :

« Un vrai gourou-pourohita ou vanaprastha est un homme à qui la pratique de toutes les vertus est familière ; qui, avec le glaive de la sagesse, a élagué toutes les branches et arraché toutes les racines du péché ;

» Qui a dissipé avec les lumières de la raison l'ombre épaisse dont le mal s'enveloppe ;

» Qui, quoique assis sur la montagne des séductions, oppose à leurs atteintes un cœur aussi dur que le diamant ;

» Qui se conduit avec dignité et indépendance ;

» Qui a des entrailles de père pour ses disciples, et ne fait aucune exception entre ses amis et ses ennemis, et est pour les uns et les autres d'une bienveillance égale ;

» Qui voit l'or et les pierreries avec autant d'indifférence que des morceaux de fer et des tessons de poterie, sans faire plus de cas des uns que des autres ;

» Qui met tous ses soins à écarter les ténèbres de l'ignorance, dans lesquelles le reste des hommes sont plongés ;

» C'est un homme qui se livre à toutes les pratiques de dévotion qui ont Vischnou pour objet sans en omettre aucune (Vischnou est la deuxième personne de la trinité indoue, incarné dans Christna, fils de la vierge Devanaguy. C'est cette incarnation de l'Orient que les fondateurs du christianisme se sont appropriée) ;

» Qui ne reconnaît d'autre Dieu que Vischnou ;

» Et ne lit et n'entend d'autre histoire que la sienne ;

» Qui, au milieu des nuages épais de l'ignorance
qui l'environnent, brille comme le soleil ;

» Qui médite sans cesse sur les mérites de l'ava-
tar de Vischnou (incarnation) et publie partout ses
louanges;

» Qui repousse loin de sa pensée toute action tant
soit peu criminelle, et ne pratique que des actes
de vertu ;

» Qui, connaissant toutes les voies qui mènent
au péché, connaît aussi les moyens de les éviter
toutes ;

» Qui observe avec une scrupuleuse exactitude les
règles de bienséance, de respect, d'amour et d'adoration envers la divine trimourty (trinité).

» C'est un vrai sage qui possède parfaitement le
Vedanta.

» C'est un homme qui a fait des pèlerinages à tous
les lieux saints, et qui a vu de ses propres yeux
Cassy, Kedaram, Kautchy, Ramisseram, Strirudram,
Sringuéry, Cocaruam, Calastry, et autres lieux cé-
lèbres consacrés à Vischnou, et à sa mère la vierge
Devanaguy.

» C'est un homme qui a fait ses ablutions dans
tous les fleuves sacrés, tels que le Gange, le Yumna,
le Sarasvaty, le Sindou, le Godavery, le Nerbouda,
le Khristna, le Cavery, et qui a bu de leurs eaux
sanctifiées.

» C'est un homme qui s'est lavé dans toutes les
sources et étangs sacrés, tels que le Sourya-pouch-
karamy, le Tchendra-pouchkaramy, l'Indra-pouch-
karamy (étangs sacrés des pagodes dédiées aux dieux
inférieurs, Sourya, Tchendra et Indra).

» C'est un homme qui a visité tous les déserts et tous les bois sacrés, tels que le Neimiss-arania, Badaric-arania, Daudac-arania, Goch-arania, et qui y a imprimé les vestiges de ses pas (pèlerinages célèbres dans le sud de l'Indoustan).

» C'est un homme qui connaît toutes les pratiques de la pénitence ou sramas, recommandées par les plus illustres dévots, et connues sous les noms de Narayana-srama; Vamana-srama, Gouthama-srama, Vasichta-srama, qui est familier avec ces divers exercices spirituels et en a éprouvé l'efficacité. (Narayana et Vamana sont deux surnoms, l'un de Brahma et l'autre de Vischnou incarné. Gouthama et Vasichta sont les noms de deux ermites célèbres. Narayana-srama signifie expiation en l'honneur de Brahma; il en est de même des autres expressions.)

» C'est un homme qui possède parfaitement les quatre Vedas (écriture sainte), le tarca-sastram (la logique), le bouta-sastram (la psychologie), le mimousa-sastram (la philosophie en général).

» C'est un homme versé dans la connaissance du Vedanya (un des nombreux commentaires des Vedas), du djotchioa-sastram (astronomie), du veiddia-sastram (médecine), du dharma-sastram (législation), du kavianatakam (la poésie); qui sait parfaitement les dix-huit Pouranas (récits historiques) et les soixante-quatre Kalaïs (réveil de toutes les autres connaissances humaines).

» Tel est le caractère d'un vrai gourou, telles sont les qualités qu'il doit posséder, pour être en état de

montrer aux autres la voie de la vertu, et pour les
retirer du bourbier du vice. »

(Vedanta-sara, proœmium.)

Comme on le voit, en fait de sainteté, le Vedanta-
sara n'y va pas de main morte, et il faut être ni
plus ni moins qu'une espèce de demi-dieu pour la
pureté, double d'un encyclopédiste pour la science,
si l'on veut être digne de retirer son semblable du
bourbier du vice.

Inutile de dire que ces anachorètes, ermites et
moines indous, sont de simples jongleurs, d'habiles
farceurs, si vous le préférez, qui trouvent commode
de vivre plantureusement dans l'oisiveté de par la
grâce de la bêtise humaine.

Mais les Indous ont pour eux une telle vénération,
qu'ils ne les approchent qu'à genoux, implorant
d'eux le prassadam.

Le prassadam est un don d'une pincée de poussière, d'un peu de salive ou de fiente de vache avec
lequel le béat personnage, en retour d'un important cadeau, vous barbouille la figure en prononçant
les mentrams (prières) consacrées, moyennant quoi,
suivant la valeur de votre offrande, une purification de tous vos péchés vous est accordée pour huit
jours, un mois ou plus...

Les fidèles se précipitent également pour recueillir dans des vases de cuivre l'eau avec laquelle le
saint vanaprastha se rince la bouche, se lave le
visage, les mains et les pieds, et il en est qui ont le
courage de boire cela pour mieux se purifier de
leurs souillures.

Malheur à qui n'ajoute pas foi à la puissance du
gourou-pourohita et ne lui rend pas ses hommages
quand il le rencontre, car sa malédiction peut produire les plus terribles résultats. Il est une croyance
vulgaire qu'il serait inutile de chercher à déraciner
par le raisonnement, c'est que quiconque ose lever
les yeux sur le gourou et affronter ses regards avant
d'avoir reçu son assirvadam (bénédiction) est immédiatement changé en pierre, en porc, ou en serpent, à la volonté du personnage.

C'est ce qui explique la vitesse avec laquelle Anandrayen et son maître Soupraya-Chetty s'étaient
prosternés dans la poussière en apercevant tout à
coup à quelques pas devant eux le gourou-pourohita de Nour-Kaloor : — ainsi se nommaient les
ruines où le prétendu saint avait domicile.

— Assirvadam, aya ! Assirvadam, aya ! (votre bénédiction, seigneur), s'étaient écriés immédiatement les
deux Indous sans quitter leur posture. Le lecteur
a déjà deviné que personnellement je préférais courir la chance d'être changé en porc ou en serpent
plutôt que de barboter dans la poussière. Je m'étais
simplement arrêté, observant ce qui allait se
passer.

Le gourou me lança un regard de travers et bénit promptement les deux indigènes en prenant à
témoin la lune, le soleil et les mers. J'ai su plus tard,
une fois rentré au campement, que j'avais couru,
sans m'en douter, le plus épouvantable de tous
les dangers. En effet, Soupraya-Chetty m'apprit
que, furieux de ce que je ne m'étais pas prosterné,
le pourohita allait m'envoyer une de ces malé-

dictions qui vous changent en cinq minutes un homme en crapaud ou en salamandre, lorsque tout à coup se ravisant il m'avait épargné, par crainte que sa malédiction ne vînt, en passant, à s'arrêter sur Anandrayen ou Soupraya, qui étaient prosternés devant moi. Je ne pus m'empêcher de frémir après coup, en songeant à l'épouvantable malheur qui eût pu m'arriver si le hasard eût fait que je me fusse trouvé en tête... Le pourohita n'eût pas hésité, mon voyage était fini, et il ne fût sans doute resté de moi qu'une pierre destinée à servir d'exemple aux visiteurs...

Le plus curieux de l'affaire, c'est qu'Anandrayen et Soupraya-Chetty restèrent convaincus qu'ils m'avaient pour le moins sauvé la vie.

Après avoir reçu la bénédiction du gourou, Soupraya-Chetty s'empressa de faire une offrande de cent roupies, pour obtenir que le saint personnage voulût bien faire pour lui l'avahana-poudja, ou sacrifice de l'évocation de la Divinité.

Celui qui est assez heureux pour assister à une cérémonie de ce genre, accomplie par un cénobite, peut mourir après, il est certain d'escalader sans peine les quatorze cieux auxquels préside Indra, et d'aller s'absorber dans le sein de la Divinité.

Le habou, on le conçoit, ne pouvait manquer une pareille occasion.

Le saint pénitent, après avoir pris l'argent avec une avidité peu commune, déclara qu'il ne pouvait accomplir ce sacrifice en présence d'un belatti possédé du diable, et que ses mentrams récités devant moi n'auraient aucune vertu...

Soupraya-Chetty tourna de mon côté ses regards suppliants... et voyant que je lui ferais un plaisir extraordinaire en laissant la place libre, ce qu'il n'osait me demander, je repris le chemin du campement. Je ne pus m'empêcher, en suivant le petit sentier qui conduisait de l'ermitage sur le bord de l'Odear, d'admirer à quel point l'esprit clérical se ressemble sous toutes les latitudes.

J'aurais pu me cacher dans les broussailles, pour peu que j'eusse tenu à assister à ce sacrifice, mais j'avais déjà eu différentes fois l'occasion de le voir, et je tenais médiocrement à en acheter une nouvelle expérience par une heure d'immobilité et d'ennui.

Le grand sacrifice de l'avahana, que seuls les gourou-pourohita, ou prêtres cénobites, ont le droit d'offrir à la Divinité, et que les Indous ne manquent jamais de faire accomplir devant eux, quand ils ont la rare bonne fortune de rencontrer un anachorète, se compose des cérémonies suivantes, accompagnées de mentrams ou prières :

1° L'hassana, invocation à la Divinité pour qu'elle descende dans le tabernacle de l'autel ;

2° Le souagatta, ou offrande de l'arrivée. Vischnou a daigné descendre sur l'autel ;

3° L'arkia. On lui consacre des fleurs, du safran et de la poudre de sandal ;

4° Le madou-parka. On lui présente, dans un vase d'or, du miel, du sucre et du lait, et après plusieurs mentrams le gourou-pourohita boit ce mélange en l'honneur du dieu ;

5° L'atchamavia. L'officiant se lave la bouche et les

mains dans une aiguière que lui présente son *assistant;*

6º Le doupa. L'officiant encense l'autel ;

7º Le niveddia. Le gourou consacre à Vischnou du riz, des fruits et des petites galettes cuites sous la cendre ; il appelle sur ces mets la bénédiction du dieu, et, les plaçant sur un plateau d'argent, il les fait manger aux personnes qui assistent au saint sacrifice ;

8º L'asservadam, bénédiction, aspersion de la foule par l'eau lustrale. Fin de la cérémonie.

N'est-ce pas le cas de répéter le vieux dicton *quid sub sole novum?* Tous les gourous, tous les brahmes, tous les derviches hurleurs ou tourneurs, toutes les cérémonies religieuses se ressemblent. Passons...

Il faisait nuit lorsque Soupraya-Chetty et Anandrayen revinrent de l'ermitage, avec une provision de bénédictions, de purifications, d'indulgences, qui allait durer deux ou trois mois au moins ; le brave babou était véritablement désolé de la colère du pourohita contre moi, et, avant d'aller se reposer, il m'offrit d'envoyer un cadeau en mon nom, pour faire ma paix avec le saint homme. Je le remerciai de ses bonnes intentions, et lui assurai pour le calmer que les *mentrams* indous n'avaient pas de prise sur moi.

Soupraya-Chetty était certainement un esprit fort à sa manière, mais ni ses voyages, ni ses relations constantes avec les Européens, n'avaient pu le débarrasser de cette superstitieuse croyance aux *mentrams*, que tous les Indous partagent à un même degré.

Ils riront du singe hannouma, de la tortue qui supporte le monde; en secret se moqueront de la fleur qui sort du nombril sacré de Vischnou, et de la plupart des aventures fabuleuses de leurs dieux : on n'en trouvera pas un qui ose mettre en doute l'efficacité des *mentrams*.

Les *mentrams* sont des prières conçues d'après certaines formules, dont le secret n'appartient qu'aux brahmes, prêtres, pourohita, vanaprastha, sannyassis, gourou, etc., qui ont la vertu de procurer la puissance des dieux à ceux qui les prononcent. C'est ce qu'exprime ce couplet *samscrit* si connu dans l'Inde :

> Dévadînam djagat sarvam;
> Mantradînam ta devata;
> Tan mentram brahmanadinam :
> Brahmana nama dévata.
> Tout ce qui existe est sous la puissance des dieux;
> Les dieux sont sous la puissance des *mentrams*;
> Les mentrams sont sous la puissance des brahmes;
> Donc les brahmes ont la puissance des dieux.

Les *mentrams* servent à tout : à provoquer l'amour ou la haine, à faire mourir un ennemi, à euvoyer le diable dans le corps de quelqu'un ou à l'en chasser, à évoquer les esprits et les morts, à faire périr des villes et des nations entières, à donner des maladies et à les guérir, etc. A côté du mentram qui fait le mal, il y a celui qui le neutralise ou le répare.

Voici un extrait du Brahmatara-kouda, poëme en l'honneur de Siva, qui donne un échantillon de l'efficacité des mentrams :

« Dachara, roi de Madura, ayant épousé Kalavaty,

fille du rajah de Kassy, cette princesse, le jour même
de son mariage, l'avertit de prendre garde de ne pas
user du droit que sa qualité de mari lui donnait sur
elle, parce que le mentram des *cinq lettres* (Gaïtry)
qu'elle avait appris, l'avait pénétrée d'un feu puri-
fiant qui ne permettait à aucun homme, sans risque
de la vie, d'en agir familièrement avec elle, à moins
qu'il n'eût été auparavant purifié de ses souillures
par le même moyen qu'elle; qu'étant sa femme, elle
ne pouvait pas lui enseigner ce mentram, parce
qu'en le faisant elle deviendrait son *initiateur*
(gourou), et par conséquent supérieure à lui. Le
lendemain les deux époux furent trouver le célèbre
gourou-pourohita Gourga, qui, après avoir connu
le sujet de leur visite, leur ordonna de jeûner un
jour, et de se laver le jour d'après dans le Gange.
Ainsi préparés, les deux époux retournèrent auprès
du pénitent, qui fit asseoir le mari par terre, le visage
tourné à l'orient; et, s'étant assis lui-même à côté, la
face tournée à l'occident, il lui dit à l'oreille ces deux
mots : Namah Sivaya (salut à Siva)! A peine le rajah
Dachara eut appris ces mots merveilleux qu'on vit
sortir des différentes parties de son corps une troupe
de corbeaux qui s'envolèrent et disparurent : ces
corbeaux n'étaient autre chose que les péchés commis par ce prince dans les temps antérieurs. »

Et pour que le lecteur ne doute point de ce récit,
le rapsode du Brahmatara-kouda ajoute naïvement :

« Cette histoire est véridique, je la tiens de mon
gourou Veda-Vyassa, qui l'avait lui-même apprise de
Brahma. Le roi et son épouse ainsi purifiés vécurent
heureux ensemble durant un grand nombre d'an-

nées, eurent beaucoup d'enfants, et ne quittèrent ce bas monde que pour aller s'absorber dans le sein de l'Être suprême dans le séjour du bonheur. »

On emplirait des volumes de tous les contes bleus, de toutes les histoires merveilleuses, qui ont cours parmi les Indous, sur la vertu des mentrams, et les braves gens vendraient jusqu'à leur dernier lopin de terre, jusqu'à leurs femmes, pour posséder le secret de quelques-unes de ces importantes prières.

Inutile de dire que, muni de ces nombreuses absolutions et indulgences, Soupraya-Chetty n'en continua qu'avec plus d'acharnement à cultiver la bouteille et la beauté sur le retour.

Nous quittâmes les rives de l'Odéar à Nour-Kaloor, et deux petites étapes nous conduisirent au gros village de Pannengam, qui donne son nom au district.

De Ponningour à Illipékarwé, bourg important situé sur la côte ouest à vingt milles de l'île de Manaar, la route est des plus dangereuses : la jungle, plus épaisse que sur les bords de l'Odear, parsemée de marécages et de tourbières, fourmille de tigres et d'éléphants sauvages qui interdisent complétement cette traversée aux piétons pendant la saison des amours ; nous étions précisément en mai, mois dédié à Vénus sous toutes les latitudes ; et sans les deux éléphants de Soupraya-Chetty, j'eusse été forcé de prendre la route du nord, par Palvyrayen-Kattoé jusqu'à la hauteur de l'île de Tren, et de gagner par la côte Illipékarwé, Virteltivoé et Manaar.

Le soir de notre premier campement en pleine jungle, je fis prendre les précautions d'usage en pareille circonstance : les deux bœufs et la tente, que nous abandonnâmes aux domestiques, furent placés entre Pratita et Navaja, les deux éléphants, et pour la première fois depuis le départ, je pris le parti de suivre l'exemple du babou, c'est-à-dire de coucher dans le haoudah, sur le dos de Pratita.

L'emplacement que nous avions choisi pour passer la nuit était, grâce à l'instinct d'Amoudou, admirablement situé pour éviter toute fâcheuse rencontre dans la mesure du possible. Mon fidèle Nubien, qui avait passé sa jeunesse à lutter avec les fauves, quand il suivait son père, conducteur de caravanes, dans le centre de l'Afrique, connaissait admirablement les mœurs et les habitudes de ces hôtes sauvages des déserts ; aussi, en apercevant au milieu de la jungle une légère éminence dépouillée d'arbustes de bambou et couverte de sable, nous dit-il immédiatement : — C'est ici qu'il faut camper, loin des marécages et des étangs où le tigre et l'éléphant viennent s'abreuver.

Nous n'avions absolument rien à craindre des tigres : Pratita et Navaja (fleur de jasmin) étaient de taille et d'humeur à en mettre à la raison autant qu'il s'en pourrait présenter ; si le danger devait venir, nous ne devions l'attendre que d'une troupe d'éléphants sauvages de force à terrasser les nôtres.

La nuit s'écoula tout entière au milieu d'un étrange concert, mais dans un calme relatif troublé par deux ou trois alertes qui heureusement n'eurent pas de suites. Autour de nous, dans les broussailles, et n'osant s'approcher, glapissaient et hurlaient des centaines de chacals et de hyènes tenus en respect

à des distances convenables par nos gigantesques
montures, dont ils sentaient les émanations. Chose
extraordinaire, ces nuits troublées par les cris des
fauves agissent sur les nerfs de l'éléphant de la même
manière que sur ceux de l'homme : Pratita et Navaja
ne fermèrent point l'œil de la nuit, inquiets, agités;
eurs cornacs avaient toutes les peines du monde à
tes empêcher de s'élancer dans les broussailles,
chaque fois que le rugissement lointain d'un jaguar
ou d'un éléphant sauvage parvenait jusqu'à nous.

Sur les deux heures du matin, les risées de vent de
terre qui nous arrivaient parfumées des âcres sen-
eurs des vétiverts et des cocotiers des plaines du
lac Padviel cédèrent la place à la brise du large, qui,
en rafraîchissant l'atmosphère, vint faire perler la
rosée sur les feuilles des lianes, des palmiers et des
lauriers-roses qui s'étendaient à profusion autour de
nous, au milieu de gigantesques touffes de bambous
qui se détachaient dans le ciel noir comme une forêt
de mâts de navires privés de voiles. Immédiatement
nos deux éléphants se mirent à hennir en aspirant l'air
avec force, et agitant leur trompe comme s'ils voulaient menacer un ennemi invisible; et peu à peu ils
entrèrent dans une véritable fureur; surpris par la
soudaineté de cette émotion, les deux cornacs qui som-
meillaient sur le cou des colosses, craignant de ne pouvoir les maîtriser, descendirent et se placèrent à leur
tête, en les engageant énergiquement au silence. Ces
intelligents animaux étaient admirablement dressés;
ils cessèrent de s'agiter et de bondir sur place, mais
rien pendant le restant de la nuit ne fut capable de
les apaiser, et ils continuèrent à gronder sourde-

ment, à faire claquer leurs défenses, ce qui est chez eux le signe d'une colère concentrée des plus violentes.

— Que penses-tu de cela, Saravana? dis-je au conducteur de Pratita.

— C'est la brise qui vient de se lever du nord-ouest qui cause tout ce tapage, saëb.

— Je ne comprends pas quelle influence un changement de vent peut avoir sur nos éléphants, d'autant plus que celui-ci nous a amené une agréable fraîcheur?

— Cela est vrai, saëb, mais cette nouvelle brise a dû sans doute apporter des émanations dont nous ne pouvons nous rendre compte, mais que Pratita et Navaja sentent parfaitement, car ils se conduisent exactement comme s'ils étaient sur la piste d'un tigre ou d'une panthère.

Tout à coup un coup de feu se fit entendre dans le lointain, et il me sembla reconnaître la détonation d'une carabine dont j'avais fait cadeau à Amoudou... Je l'appelai... tous les domestiques indous, tenus en éveil par les bruits étranges de la nuit et les hurlements des jaguars, fumaient ou mâchaient leur bétel en dehors de la tente ; ce fut la voix d'Anandrayen qui me répondit.

— Amoudou n'est pas là, saëb : il s'est glissé à travers les hautes herbes de la jungle au moment où les éléphants ont commencé à se fâcher.

— Était-il armé?

— Oui, saëb : il avait un fusil!

Le sauvage enfant des marais de la basse Nubie n'avait pu résister aux appels des fauves, et il était parti en chasse, sans me demander une permission que je ne lui eusse certainement pas accordée.

Au bout d'un quart d'heure j'entendis, sur la gau-che, le glapissement d'un jeune chacal ; quelque bien imité qu'il fût, je reconnus le signal habituel d'Amou-dou, qui un peu après était aux pieds de mon élé-phant. Les Indous lui dirent que je l'avais appelé, aussi m'annonça-t-il immédiatement son retour.

— C'est moi, saëb, me dit-il, je viens de tuer une magnifique panthère.

— Tu finiras par te faire dévorer, lui-dis-je sans autre reproche. Pourquoi as-tu quitté le campement ? C'est presque de la folie par une nuit sans lune.

— Ne me grondez point, saëb : en voyant la peine qu'on avait à calmer les éléphants, j'ai voulu me rendre compte de ce qui pouvait causer leur colère.

— Eh bien, qu'as-tu découvert ?

— Peu de chose, si ce n'est, à un demi-mille d'ici, une odeur tellement nauséabonde, que j'ai été obligé de revenir : il doit y avoir là le cadavre de quelque buffle en putréfaction ; j'ai voulu passer à droite d'abord, à gauche ensuite, de l'endroit où je supposais que l'animal se trouvait. L'odeur me poursuivit par-tout, augmentant à mesure que j'avançais ; craignant, si je m'éloignais trop, de ne pas retrouver le campe-ment avant le jour, j'ai rebroussé chemin.

— Et la panthère ?

— Comme je me retournais pour reprendre cette direction, j'ai aperçu à vingt pas devant moi deux yeux brillants dans le fourré, et j'ai tiré au milieu ; la bête est restée sur place. J'irai l'écorcher au lever du soleil.

Sauf les grognements persistants de nos éléphants,
rien ne troubla plus la tranquillité de la nuit; les
hurlements des jaguars et les cris des chacals allè
rent peu à peu en diminuant, et quand le soleil se
leva sur la jungle, où étincelaient mille fleurs de
formes et de nuances différentes au milieu de la
plus luxuriante des végétations, nul n'aurait pu se
douter que ces lieux servaient d'asile aux plus dangereux de tous les animaux.

. . . .

Il fallait, si nous ne voulions pas passer une autre
nuit semblable à celle-là, nous mettre en marche
immédiatement pour atteindre la fin de la jungle
avant le soir; aussi à peine les premières lueurs du
jour nous permirent-elles de nous diriger, que la
tente fut levée, et que, pour nous servir d'un terme
de marine, nous mettions le cap sur Virteltivoé. Les
éléphants ouvraient la marche en cas de danger.

Nous ne devions pas tarder à apprécier à sa valeur
l'habile prévoyance d'Amoudou. qui avait changé ainsi
l'ordre habituel de marche de la caravane.

Suivant mon habitude, je marchais à l'arrière,
respirant à pleins poumons l'air frais et embaumé
du matin, attendant les heures accablantes de la
chaleur pour me mettre à l'abri dans le haoudah
sur le dos de Pratita... Cette habitude devait m'éviter
ce jour-là les premières atteintes de bien terribles
émotions que j'avais eu le temps de raisonner au
moment où je les ressentis...

L'obligation où nous étions de forcer notre marche
n'avait pas permis à Amoudou de prendre la peau
de la panthère qu'il avait tuée, ce que nous regret-

tâmes peu, du reste, car elle avait été assez fortement endommagée par les chacals. Arrivés à l'endroit où elle se trouvait, nous commençâmes à être incommodés fortement par l'odeur qui avait forcé Amoudou à rétrograder, et que nous ressentions depuis quelques instants déjà ; nous n'en continuâmes pas moins à avancer, car nous ne pouvions changer de direction avant d'avoir franchi une espèce de chaussée naturelle sur laquelle nous nous trouvions entre des marécages dont nous ne prévoyions pas encore la fin.

Tout à coup j'aperçus les deux éléphants qui se trouvaient à environ deux cents pas au-devant de moi, s'élancer en avant, en bondissant avec des rugissements sauvages, et je vis les Indous domestiques de Soupraya-Chetty accourir au-devant de moi en criant : Maha-sarpa ! maha-sarpa (un boa, un boa)! et donnant les signes les moins équivoques d'une immense frayeur.

Armant ma carabine Devisme à balles explosibles, qui ne me quittait jamais dans les marches, je me portai en avant au pas de course au secours du babou, qui n'avait pas quitté son haoudah. Rassurés par mon attitude, les Indous rebroussèrent chemin à ma suite, et nous arrivâmes à un détour de la chaussée sur les bords du marais, en face du plus étonnant spectacle qu'il m'ait été donné de voir dans tous mes voyages...

Pratita et Navaja avaient saisi de leur trompe puissante un énorme boa-constrictor qui tout d'un coup s'était dressé devant eux sur les bords du marais, et s'était lancé sur Pratita pour s'emparer du cornac.

Pratita et Navaja avaient saisi de leur trompe puissante un énorme boa. (Page 250.)

Le noble animal avait défendu son compagnon, et ayant saisi le serpent à la tête, l'étranglait contre ses puissantes défenses à l'aide de sa trompe. Navaja, habilement guidé par son cornac, s'était emparé de l'autre extrémité du boa, et le maintenait malgré les soubresauts d'une puissance inouïe que faisait le terrible serpent pour se dégager... Nous étions tous haletants, en face de cette lutte extraordinaire et de l'intelligence déployée par les nobles animaux qui étaient en train de nous sauver la vie... Le boa, les yeux injectés de sang et à demi sortis de leurs orbites, râlait depuis cinq minutes, répandant sur les défenses de l'éléphant une bave sanguinolente, sans que ses efforts et ses soubresauts nous parussent diminuer de force... Cela pouvait durer, et, songeant aux balles explosibles, dont je n'avais pas encore trouvé à faire usage dans une aussi dramatique circonstance, j'épaulai ma carabine, et, me plaçant de façon à n'atteindre personne, je fis avertir les éléphants par leurs cornacs et tirai... J'étais à faible distance, la balle porta en plein corps, l'explosion se fit broyant l'épine dorsale et les chairs, et le boa, à demi partagé en deux, acheva sa lente agonie sous une dernière étreinte de Pratita.

Pendant tout le temps de la lutte, mon fidèle serviteur était resté bravement sur le cou de l'éléphant, prêt à venir en aide au cornac en cas de besoin.

Je n'oublierai de ma vie les émotions de cette matinée. Jamais danger plus imprévu, plus extraordinaire, ne s'était dressé aussi inopinément devant moi, et je n'éprouvai une émotion sérieuse de l'aventure que plus d'un quart d'heure après, et alors que, tranquillement étendu dans mon haoudah, nous avions déjà repris notre marche.

Pendant tout le temps du combat, le babou était resté étendu à plat ventre dans son haoudah, implorant l'ermite de Nour-Kaloor, et récitant à haute voix les mentrams qu'il lui avait achetés. Il prétendit toujours par la suite que c'est grâce à ces prières, qui avaient obligé le puissant Siva à venir à notre secours, que nous avions été sauvés.

Après l'avoir un peu plaisanté, mais vainement, je m'inclinai devant sa foi robuste... et songeant à toutes les merveilles, à tous les miracles accomplis en Europe par les *memtrams*, je ne cherchai plus à ébranler sa croyance. Le soir nous apercevions les flots de l'océan Indien embrasés par les feux du couchant, et nous arrivions sains et saufs à Illipékarwé à quelques milles de Mantotté, que nous atteignions le lendemain matin à l'heure du déjeuner.

Mantotté possède un bengalow magnifique toujours admirablement entretenu, en raison du grand nombre de magistrats, officiers et fonctionnaires anglais qui, en revenant de l'île de Manaar ou en s'y rendant, y stationnent forcément un jour ou deux. Je m'y installai, et Soupraya-Chetty fut se loger chez un négociant de sa caste.

Avant de descendre du côté de l'île de Kartivoé et de la baie de Kalpentyn, qui était cette année le centre de la pêche aux huîtres perlières, je résolus, le temps le permettant, de séjourner une huitaine à Mantotté et à l'île de Manaar, à peine séparée de la terre par un bras de mer de deux milles, qu'on peut traverser à gué pendant le reflux.

Ce fut avec un indéfinissable bien-être que je me reposai le premier soir de mon arrivée dans un hamac suspendu sous la vérandah du bengalow, en face de la mer ; et contemplant la vieille terre indoue, qui se détachait en lignes bleuâtres à trente milles au large, ayant devant moi, à l'extrémité de Manaar, les bancs de sable et les rochers qui servirent de pont à Adam pour gagner le cap Comorin, suivant les récits fabuleux de la mythologie brahmanique, je me laissai aller au sommeil, doucement bercé par le murmure des flots, rêvant aux antiques légendes qui font de la belle Lanka (Ceylan) le berceau de l'humanité.

QUATRIÈME PARTIE

La petite île de Manaar n'offre rien de bien intéressant aux investigations du voyageur. Ce n'est qu'un banc de sable de dix-huit à vingt milles de longueur sur quatre à cinq de large, qui, les cocotiers aidant, a fini par se couvrir de végétation. Une noix poussée par les flots, une graine emportée par le vent, et la pluie et le soleil ont fait le reste.

L'ilot le plus désolé où un cocotier vient à prendre racine est changé, en moins d'un demi-siècle, en un nid de verdure. De proche en proche, les fruits tombent à maturité, de nouveaux arbres s'élèvent, gagnent du terrain, et le rocher naguère stérile supporte une forêt.

La plupart des îles madréporiques de l'Océanie ont été fertilisées de cette manière. Que de fois, dans nos courses en pirogue au milieu des récifs de corail du Pacifique, n'ai-je pas surpris les différentes phases du travail de cet arbre bienfaisant, qui n'est jamais plus solide et plus beau que quand il peut atteindre l'eau de mer avec ses racines. A trente lieues de l'Océan il meurt. Ici un coco encore vert, saisi, grâce aux flots qui l'avaient apporté, par les poussées arborescentes des polypiers calcaires, attendait le moment où la fermentation intérieure ferait éclore son germe. Plus loin, la noix entr'ouverte laissait apercevoir et la tige verte du jeune arbre et les racines, qui avaient trouvé un point d'appui dans la gelée vivante des corailliaires. Plus loin encore, l'arbre dans toute sa vigueur se tenait orgueilleusement, et couvert de fruits, sur la pointe d'un récif. Puis c'était un bosquet s'ébauchant dans le sable, qui, grâce aux détritus végétaux, était en train de se changer en terre fertile, et enfin venait l'îlot couvert de végétation. Et c'est ainsi qu'avec quelques polypes et quelques graines les îles et peut-être les continents s'élèvent peu à peu du sein des mers, se couvrent de plantes et d'animaux, et à son heure apparaît l'homme...

A son extrémité nord-ouest, Manaar est reliée à l'île de Ramisseram par une digue de sable percée de quatre passages étroits et peu profonds où les petites embarcations peuvent seules s'engager. C'est sur cette jetée, suivant la légende, qu'Adhima et Héva, le premier couple humain, se sont engagés pour passer de l'île de Ceylan à Ramisseram et de là sur la grande terre indoue, qui n'est distante de ce dernier lieu que d'un mille environ.

Toute cette partie du canal entre Ceylan et le cap Comorin, et aux environs de Manaar, est excessivement poissonneuse : aussi les deux principales castes de pêcheurs malabares, les macouas et les parawas, se sont-ils établis dans l'île en grand nombre, et on m'a affirmé qu'ils possédaient plus de trois cents bateaux de pêche, tant à Ramisseram qu'à Manaar.

Quand j'aurai ajouté que cette petite île possède quarante-quatre villages, deux pagodes, une cour de justice, une douane, un beau bazar et un fort en miniature, j'aurai complété tous les renseignements qu'il est possible de donner sur ce bouquet de verdure.

Après Manaar le village le plus peuplé est l'aldée de Pezelé.

Je ne voudrais pas quitter cette île sans raconter une des plus étranges scènes judiciaires que j'aie vues dans l'Inde, et dont j'ai été témoin en visitant la cour de justice de Manaar. C'était jour d'audience des pouvoirs correctionnels, et le juge, à qui j'avais fait visite la veille, par déférence confraternelle, m'avait fait offrir un siége en arrière du prétoire. Je suivais d'un œil distrait l'expédition des affaires, ayant l'air d'y prêter quelque attention par pure déférence également, lorsque tout à coup une d'entre elles vint piquer au vif ma curiosité. Je sténographie comme un simple reporter de *Justice-News*, en traduisant du tamoul aussi fidèlement que possible les demandes et les réponses.

Deux Indous s'étaient pourvus contre une sentence du juge de police qui les condamnait tous deux à cinquante coups de rotin et à cent roupies d'amende pour un fait étrange d'immoralité que la relation suivante de l'interrogatoire va faire connaître.

— Ton nom, celui de ton père, ta profession et ta caste? dit le juge au premier inculpé.

— Tadavarom, fils de Vaïtiligam, tandel (conducteur d'embarcation), caste namboury, répondit l'interpellé.

— De quelle province es-tu?

— De Travencor, sur la grande terre.

— Quel lieu habites-tu?

— Tantôt Manaar, tantôt Ramisseram, suivant les saisons de pêche.

— As-tu un défenseur?

— Je veux parler moi-même.

— Explique-toi.

— Pourquoi l'autre *pundit-saëb* (seigneur justicier) m'a-t-il condamné à cinquante coups de rotin et à cent roupies d'amende? Je n'ai fait que ce que ma caste ordonne pour les jeunes filles qui meurent vierges; n'ai-je point payé à Sadassevam, — c'était le second inculpé, — le prix convenu?

— C'est vrai, répondit Sadassevam, après avoir, comme le précédent, fait connaître ses qualités et sa caste. Tadavarom est venu me trouver près de la grille où je construis le bûcher des morts, et il m'a dit : Mariama est morte sans que nul homme ait délié son pagne... Veux-tu délier le pagne de la morte, et tu recevras le *sipandi* habituel (salaire religieux, prix d'un sacrifice). J'ai accepté, et Tadavarom m'a payé le prix convenu. Puisque j'ai exécuté mon engagement, pourquoi l'autre *pundit-saëb* m'a-t-il condamné à cinquante coups de rotin et à cent roupies d'amende?

— Avez-vous un chef de caste à Manaar? interrompit le juge.

— Non, *saëb*, il n'y a pas de village namboury dans l'île; le plus près est à Ramisseram.

— C'est bien, l'affaire est renvoyée au mois; faites prévenir votre chef de caste que la cour désire l'entendre. La liberté sans caution est maintenue.

— Que pensez-vous de cette cause? me dit si Haight en sortant. Une espèce semblable s'est-elle déjà produite devant les tribunaux des possessions françaises? Depuis quinze ans que je suis à Ceylan, ce cas est le premier qui se soit présenté devant moi.

— Je connaissais la coutume, répondis-je à mon interlocuteur, mais je ne l'ai jamais vue amener des poursuites devant nos tribunaux. Je n'ai même pas souvenance d'avoir vu un seul namboury soutenir un procès quelconque devant moi. Je ne crois pas que cette caste existe sur aucun point des possessions françaises dans l'Inde.

Le lecteur n'a peut-être point saisi le sens exact de cet usage extraordinaire, et qui montre bien à quel degré de décrépitude sont arrivées les basses castes indoues sous l'action démoralisante de leurs prêtres. Je vais ajouter quelques mots d'explication, pour rendre plus clair l'interrogatoire des deux prévenus, dont je n'ai pas osé rendre la crudité des expressions.

Les filles de la caste namboury sont d'ordinaire mariées avant l'âge de puberté. Cette coutume est du reste, commune à toutes les castes de l'Inde et de Ceylan. La croyance générale des Indous est que la

femme n'est complète que par le mariage, et qu'elle
ne peut parvenir au *Swarga* (ciel) sans passer par
cet état.

« Il n'y a, dit Manou, ni sacrifice, ni pratique pieuse, ni
jeûne, ni prières, qui concernent les femmes en particulier.
La femme doit être épouse et mère, et c'est par la grâce de son
mari qu'elle sera reçue dans le ciel. »

La jeune fille mariée avant l'âge de puberté et qui
meurt avant d'avoir été conduite au domicile conjugal, et par conséquent sans que le mariage ait été
consommé, est obligée, par une nouvelle migration,
de revenir sur la terre conquérir l'état d'épouse.
Aussi, pour éviter un pareil malheur, conduit-on la
jeune femme à son mari au plus léger signe de nubilité. Toutes les jeunes filles de bonne caste sont
mariées dès l'âge de quatre à cinq ans, mais elles
restent sous l'aile de leur mère jusqu'aux époques
favorables, qui se montrent d'ordinaire entre huit et
onze ans.

S'il arrive qu'une jeune fille meure après avoir
dépassé l'époque de puberté, et sans être mariée,
alors elle est condamnée à franchir de nouveau
toutes les séries de migrations, depuis les animaux
les plus infimes, et les parents qui ont commis la
faute de ne point la marier reviennent pendant mille
et mille générations dans le corps d'un chacal immonde ou dans celui d'un vautour aux pieds jaunes.

Voilà les croyances religieuses que les brahmes ont fini par donner à l'Inde. Voilà où est
tombé, sous l'étreinte sacerdotale, ce grand et noble
pays, *alma parens* de la plupart des nations du
globe.

Quand, malgré toutes les précautions, un pareil malheur arrive, dans toutes les castes, les parents se soumettent aux austérités et aux jeûnes les plus sévères une ou deux fois par semaine, et jusqu'à la fin de leurs jours. De plus ils attachent un chapelain brahme spécialement à leurs maisons, pour faire constamment des prières dans le but d'abréger le plus possible les séries de migrations que leur malheureuse fille doit parcourir. Si la famille est pauvre, tous les membres se cotisent et travaillent pour nourrir le béat personnage et satisfaire tous ses caprices, et il faut voir comme le cagot, bourré de riz et de beurre clarifié, s'engraisse, dans une douce et sainte oisiveté, des larmes et des souffrances de ses hôtes.

La malice populaire, qui nulle part ne perd son droit, a édicté ce proverbe :

Par les temps de douleurs les brahmes et les chacals s'engraissent.

En effet, par les grandes épidémies ou les disettes, les temples regorgent d'offrandes pour apaiser Dieu ou le diable, — je n'ai jamais bien su lequel — et la voirie regorge de cadavres.

Une seule caste, celle des namboury, ne suit pas cette régle, et quand une jeune fille nubile vient à décéder avant d'avoir été mariée, vite on cherche quelque pauvre diable de la même caste qui consente à prix d'argent à s'unir à la morte, et l'épouvantable mariage doit être consommé...

Tel est le cas qui avait amené Tadavarom et Sadassevam devant la justice anglaise.

Sur la grande terre, dans le Travencor, où la caste

15.

namboury compte une certaine quantité de villages,
au lieu de heurter de front cette coutume, ce qui
est impossible dans l'Inde pour tout ce qui revêt
un caractère religieux, les magistrats européens,
soucieux de leurs devoirs, s'appliquent à prévenir
ces immorales et dégradantes cérémonies, en agis-
sant sur les chefs de caste pour que les jeunes
filles soient toutes mariées avant l'âge de puberté ;
de cette façon, le retour fréquent de cet acte contre
nature est à peu près conjuré, car il suffit que la
jeune fille soit mariée au moment de sa mort, quand
bien même elle n'aurait pas encore été livrée à son
mari, pour que l'épouvantable cérémonie n'ait pas
lieu.

A Manaar, où le fait se produisait pour la première
fois, car la caste namboury n'existe pas à Ceylan, le
juge de première instance avait sévi avec rigueur.

— Que feriez-vous à ma place ? me dit sir Haight
en déjeunant.

— Je me déclarerais incompétent, lui répondis-je.

— Comment cela ?

— N'êtes-vous pas obligé, comme les tribunaux
français dans toutes les questions qui touchent à la
coutume religieuse, de vous conformer aux décisions des chefs de caste ?

— Oui ! aussi ai-je ordonné ce matin la comparu-
tion du chef de la caste namboury.

— Eh bien, à votre place je me laverais les mains
de cette affaire, et voici pourquoi. Si vous confirmez
la condamnation prononcée par le juge de police,
ne craignez-vous pas d'être injuste et dur pour ces
pauvres diables, abrutis par des milliers d'années de

servitude, qui exécutent aveuglément leurs prescriptions religieuses et ne comprendront rien à l'arrêt
qui les frappera définitivement, car jusqu'ici ils
croient à une erreur. Vos collègues du Travencor,
où les namboury sont nombreux, s'emploient à prévenir ces tristes événements; mais quand de loin en
loin ils se produisent, ils ne les poursuivent pas, car
l'invariable décision de chefs de caste, portant que
cette coutume est purement religieuse, les obligerait
à acquitter les prévenus.

D'un autre côté, si vous brisez la décision sans
maintenir une peine, peut-être cela produira-t-il un
fâcheux effet sur l'esprit des Cyngalais, qui ne connaissent pas cet usage. Sans doute le magistrat ne
doit pas tenir compte de l'opinion publique, mais il
doit veiller aussi à ce que ses arrêts ne produisent
pas de scandale...

— *Donc, par ces motifs*, interrompit en souriant
mon interlocuteur, je ferais bien d'envoyer nos deux
hommes à Ramisseram se faire juger dans leur pays,
près de leurs chefs de caste et des magistrats dont
ils dépendent.

Ainsi se termina cette curieuse affaire.

En prenant possession de l'Inde, l'Angleterre,
pour son vaste empire que Dupleix nous avait
donné et que nous n'avons pas su garder, la France,
pour les minces possessions qui lui restent, ont ga-
ranti aux Indous la liberté la plus complète pour
tous leurs usages religieux et tous leurs usages de
caste, et, pour constater la qualité d'une coutume, les
juges européens sont obligés de s'en remettre à la
décision de la caste consultée régulièrement comme

tribunal coutumier et religieux. Une pareille situation fait souvent naître les décisions les plus singulières, comme par exemple l'acquittement forcé par la loi elle-même de gens qui pour le même fait seraient condamnés sous d'autres latitudes. Nous aurons occasion de faire connaître les plus curieux parmi ces faits.

Quelques jours avant notre départ, Soupraya-Chetty, que je n'avais fait qu'entrevoir depuis notre arrivée à Mantotté, occupé qu'il avait été à nouer des affaires en djagre, bois de palmier, paddy, tabac et nacre, avec les commoutys de la contrée, vint m'annoncer qu'il se rendait le lendemain à Ramisseram pour y visiter un lot d'écailles, et comme nous étions dans la première quinzaine d'any, qui est la grande époque des fêtes religieuses dans l'Inde entière, il me demanda si je ne désirais pas l'accompagner pour visiter la pagode de cette île, célèbre dans toutes les provinces du sud par sa destination spéciale, la beauté de ses cérémonies et la richesse de son trésor.

Cette pagode est dédiée à Siva, troisième personne de la trimourty indoue (trinité), et à Parvady ou Sakty, son épouse. De tous les points du Karnatic, du Maïssour et du Malayalam, les femmes stériles viennent en foule faire des neuvaines et des pèlerinages, pour obtenir de la déesse une heureuse fécondité.

J'acceptai avec plaisir la proposition de Soupraya-Chetty, et il fut convenu que nous partirions dans un petit *dony* à voile, le soir, au lever de la lune, pour profiter de la fraîcheur de la nuit, et de la grande brise d'ouest qui devait en quelques heures nous conduire *grand largue* à Ramisseram. Notre absence devait durer quarante-huit heures, et j'avertis Amoudou et Kandassamy de commencer les préparatifs, le tour du retour devant être celui de notre départ pour les districts de la pêche aux huîtres perlières.

— Saëb ne m'emmène pas à Ramisseram, me dit mon Nubien d'un air moitié fâché, moitié joyeux !

— Non ! tu sais bien, lui répondis-je, que je ne puis confier qu'à toi la garde de mes armes et des bagages que je laisse au bengalow.

Lorsque je parlais ainsi à Amoudou, il eût passé dans le feu sans hésiter, sa grosse tête crépue se transfigurait, il jetait autour de lui des regards d'importance, et semblait grandir de moitié dans sa propre estime, et il était rare qu'il ne trouvât pas dans le quart d'heure qui suivait vingt fois l'occasion de faire des reproches au vindicara Kandassamy, uniquement pour lui faire sentir son autorité. Mais cela durait peu, le brave garçon oubliait d'ordinaire assez promptement sa dignité, et le tout se terminait par une promenade au bazar, auprès des marchandes de callou et d'arack.

Sur les dix heures du soir nous nous embarquâmes, et le dony, sa grande voile goëlette toute enflée par la brise du large, frémissant sous les flots d'écume, se dirigea sur la pointe sud de Ramisseram.

Le temps était splendide. La lune répandait à flots sur la mer et sur les côtes de Ceylan sa lumière argentée, dont la pureté du ciel augmentait l'éclat à un point que ces nuits de la mer des Indes, tièdes et chargées de parfum, sont plus claires que certains jours de notre brumeux Occident.

La *Gouhouka* (colombe), c'était le nom de notre petit navire, ne comptait pas que nous comme passagers; il avait embarqué en outre une cinquantaine de Malabars des deux sexes, qui se rendaient en pèlerinage à Ramisseram. Les pauvres gens, car ils appartenaient presque tous aux castes les plus infimes, portaient à Siva et aux brahmes des offrandes et des présents dont la valeur représentait plusieurs années de leur travail.

Le temple et le prêtre absorbent généralement dans l'Inde le peu que la rapacité de l'Angleterre consent à laisser à ses malheureux habitants. Dans tous les villages, une dîme considérable est prélevée sur les récoltes pour l'entretien des pagodes, et dans une foule d'endroits ces dernières sont en outre propriétaires de terres importantes entièrement soustraites à l'impôt.

Mais cela ne suffit point encore, et il n'est sorte de jongleries et de pieux mensonges que les brahmes n'emploient pour ranimer la ferveur des dévots, et s'engraisser de leurs offrandes.

L'ambition inassouvie de l'autel se ressemble dans tous les temps et dans tous les lieux, et les stratagèmes grossiers sont ceux qui réussissent le mieux.

En première ligne il faut placer les oracles et les miracles, deux sources abondantes de bénéfices, qui ont longtemps abreuvé les prêtres de l'antiquité, et où ne dédaignent pas de puiser parfois les bonzes modernes.

Dans les contrées centrales de l'Inde, au milieu des pauvres pêcheurs, artisans et laboureurs des côtes de Malabar et de Coromandel, les prêtres en sont encore aux ruses les plus rudimentaires. Ici c'est la statue elle-même de Siva ou de Vischnou, qui harangue la multitude stupéfaite et recueillie, qui écoute les deux genoux dans la poussière, sans se douter qu'un rusé fripon caché dans les flancs du dieu s'exprime par la bouche de celui-ci : — Allons, dit-il aux assistants, est-ce que la pêche ne va plus, est-ce que la récolte des menus grains a manqué cette année, que vous ne me faites plus que de misérables présents dignes des parias?... Et la bonne idole de tonner contre la lésinerie des fidèles, les menaçant de leur retirer sa protection, et même de décamper de leur temple, pour aller chercher en d'autres lieux des adorateurs plus généreux. Il faut voir alors ces pauvres abrutis se frapper la poitrine avec componction et supplier Siva de rester parmi eux. Il va de soi que chacun se dépouille pour essayer de satisfaire le dieu.

Là, ce sont de petits enfants, un cooli de basse caste, ou un vanaprastha (anachorète), à qui Brahma lui-même apparaît dans un bois sacré, et ces pieux farceurs viennent donner aux hommes des nouvelles du ciel, et annoncer la céleste volonté. Le thème ne change jamais, ce sont toujours des temples à bâtir, des dons et des aumônes à faire aux brahmes.

On ne croirait jamais à quel degré de naïf abrutissement le régime sacerdotal a fait descendre les populations des castes inférieures, et quelle grossières inventions elles sont capables d'accepter.

Ainsi, un beau matin la foule trouve sa chère idole ayant les pieds et les mains chargés de chaînes. D'impitoyables créanciers l'ont réduite dans cet état humiliant parce que les brahmes n'ont pu payer certaines sommes qu'ils prétendent avoir empruntées en temps de disette, et n'avoir pu rendre. Touché de compassion, de tous côtés on s'empresse, on se cotise et l'on n'a point cesse qu'on ait fourni aux brahmes les fonds nécessaires à la prompte libération du dieu.

Dès que l'argent est encaissé, les fers qui retenaient la statue tombent, tout le monde se livre à la joie dans le village, et les prêtres se retirent dans leurs sanctuaires pour compter ce que ce stratagème leur a rapporté.

Voici un autre expédient fort en usage également :

Un jour le bruit se répand dans le public que la statue du dieu est atteinte d'une maladie dangereuse causée par la douleur qu'elle éprouve en voyant les dévotions s'affaiblir de jour en jour, — dans le langage sacerdotal universel, la dévotion s'affaiblit quand les dons et les offrandes deviennent rares. — On descend alors la statue de son piédestal et on l'expose à l'entrée de la pagode. Les prêtres viennent de temps en temps lui tâter le pouls, lui frotter la tête avec des drogues, et lui présenter des potions calmantes ; la maladie s'aggrave de jour en jour, on désespère du salut de l'idole, l'inquiétude est générale, il n'y a qu'un moyen de la sauver, c'est de la couvrir d'étoffes précieuses, de bracelets d'or et de pierreries. De toutes parts les fidèles accourent chargés de présents de toute espèce, et bientôt la statue entre en convalescence...

La récompense dans la vie future, le châtiment en ce monde et dans l'autre sont aussi des moyens familiers aux brahmes, qui jouent de Dieu et du diable, du ciel et de l'enfer avec une habileté peu ordinaire Ils ont des compères qui jouent admirablement le rôle de *possédés*. J'ai souvent rencontré dans l'Inde, aux abords des pagodes célèbres de Trichnapoly, Tiroupatty, Chelambrun et autres, de ces fakirs dont le corps était devenu la demeure d'un pisatcha; ils se roulaient par terre avec des grimaces et des contorsions épouvantables, en proie à des convulsions périodiques, que les brahmes savent leur procurer à volonté à l'aide de boissons et d'une méthode d'*entraînement* dont ils ont le secret.

Dans leurs moments de calme, ils font le récit lamentable de leurs mésaventures, toujours attribuées par eux à la vengeance de quelque dieu qui les punit de leur indifférence à enrichir les autels par des dons pieux.

Ils s'en vont ainsi de village en village, provoquant les oblations et les sacrifices, et surtout leurs auditeurs à profiter du terrible exemple qu'ils ont sous les yeux; partout on les accompagne avec pompe et au son de la musique, et partout la farce a le même succès, la pagode regorge bientôt d'offrandes.

Je dois dire que ces fakirs ont cela de particulier, qu'ils sont des compères convaincus, en ce sens

que, fanatisés dès leur plus tendre enfance, soumis
aux plus étranges préparations excitantes, ils se
plongent à volonté dans des extases ou des convulsions sans fin.

Les miracles sont une des branches les plus fruc-
tueuses de l'industrie hiératique. Les prêtres, dans
l'Inde, en ont de toute espèce pour tous les cas et
toutes les maladies : les aveugles, les sourds, les boi-
teux, qu'eux ou leurs dieux ont guéris, les morts
qu'ils ont ressuscités, se comptent par millions,
et nos thaumaturges qui peuvent à peine porter
à leur actif quelques morts inconnus revenus à la
vie, et quelques malades mal guéris, ne pourraient guère avoir la prétention de lutter avec les
sorciers, de la mythologie brahmanique... Donc, nos
pauvres compagnons de la *Gouhouka* se rendaient
à Ramisseram en pèlerinage. Pendant toute la première partie de la nuit, ils chantèrent d'une voix
nasillarde d'interminables hymnes où étaient décrits
et dénombrés avec soin tous les exploits et toutes les
qualités de Siva et de Parvady, son épouse.

Ces récitatifs monotones, dont les modulations se
mêlaient au murmure des flots et au bruit des
voiles qui clapotaient sous l'action de la brise, ne
laissaient pas que d'être, au milieu de cette nuit
si calme et si poétique, pleins d'une étrange et
bizarre harmonie.

Sur les deux heures du matin, je sentis le besoin
de prendre un peu de repos, et, m'enroulant dans
une couverture à la manière indoue, je m'étendis
sur le pont où je ne tardai pas à m'endormir, bercé
par la lame et les chants...

Quand je me réveillai, le soleil commençait à dorer les hautes cimes du Soumanta-Kounta, couvertes d'une végétation éternelle; ses rayons chauds et dorés se jouaient dans les vallées, et les grands bois de Ceylan que nous apercevions par notre travers à vingt-cinq milles de là, créant d'admirables oppositions d'ombre et de lumière, qui, vues d'ensemble et à distance, produisaient les effets les plus grandioses.

A quatre à cinq milles de là, nous apercevions, par *babord avant*, la petite île de Ramisseram, dont les hautes tours carrées de la pagode se détachaient avec une étonnante netteté dans l'azur du matin.

Notre petit navire ne marchait plus, pas un souffle de vent dans la voile, et pas une ride sur les flots; l'océan Indien était aussi calme qu'un de ces viviers à truites bordés de chalets qui parsèment la Suisse.

Soupraya-Chetty était en grande conversation avec le tendel (patron). Je m'approchai.

—Y a-t-il longtemps que nous sommes ici? dis-je à ce dernier.

— La brise d'ouest a refusé entre trois et quatre heures du matin, me répondit l'Indou, mais vous savez, saëb, combien les vents sont réguliers sur ces côtes, et avant dix minutes nous allons pouvoir continuer notre route. Si nous étions partis hier soir une heure plus tôt nous serions à l'ancre à Ramisseram depuis plusieurs heures.

— Le tendel achevait à peine ces mots, qu'une légère risée de brise d'est vint nous caresser la figure, et après quelques rafales entremêlées d'accal-

mics, le vent finit par s'établir d'une manière régulière, et en peu de temps notre petit dony, dansant
sur la lame comme un cheval au galop, toutes voiles
dehors, abordait Ramisseram.

Cette petite île, longue d'environ huit à neuf milles
sur quatre de large, est située dans le golfe de Manaar,
à l'entrée du détroit de Palk, par 77° 1′ 5″ de
longitude est, sur 10° de latitude nord. A moins
d'un demi-mille de la côte de Coromandel, elle dépend de la présidence de Madras et a pour capitale
la petite ville de Panban. Ceci dit pour faire ma cour
aux géographes, ce qui ne m'arrive pas souvent, car
j'oublie assez volontiers dans quel petit casier du
globe sont, à une minute près, placées les contrées
que je parcours, pour m'égarer au milieu des ruines,
faire parler les traditions anciennes, les comparer
aux nouvelles, étudier les différents phénomènes de
la vie civilisée ou primitive dans ce qu'ils furent
hier et dans ce qu'ils sont aujourd'hui.

Nous fûmes reçus en débarquant par un gros Indou de la caste chetty, qui était correspondant de
Soupraya et répondait au nom de Covindam. Comme
il m'importait fort peu d'aller visiter le lot d'écailles
de tortue qui avait motivé le voyage de mon compagnon, j'acceptai la voiture que le négociant malabar
mettait à ma disposition, et me fis conduire à la
pagode, une des plus anciennes et des mieux conservées de l'Inde entière.

Le temple de Ramisseram se compose de quatre
étages de colonnes entremêlées de sculptures massives superposées les unes sur les autres ; chaque étage
diminue de largeur, de façon à former une sorte de

pyramide tronquée, et le dernier se termine par deux tours carrées.

Le monument est entouré par une vaste galerie à quatre rangs de colonnes supportant une terrasse entourée d'une balustrade sculptée pleine d'origina-lité dans ses moindres détails.

Dans les parties solides de l'édifice se trouvent de nombreux colonnes et pilastres, couverts de sculp-tures en relief représentant des épisodes des guerres des dieux et des héros. Des groupes de figures my-thologiques courent le long des frises et augmentent encore la richesse incomparable des entablements.

Les impostes et les liteaux des portes, leurs pan-neaux, sont entièrement recouverts par des encadre-ments de moulures, par une profusion d'arabesques, de plantes, de fleurs, de fruits, d'animaux, d'êtres imaginaires et d'hommes, et par toutes les espèces d'ornements que peut seule inventer l'imagination la plus fertile et la plus poétique. Ces sculptures sont d'une élégance et d'une délicatesse telle, que l'art des musulmans à Stamboul, et des Arabes à Grenade, n'a rien produit de plus parfait.

Le monument dans son entier revêt un cachet d'antiquité et de mystère qui saisit l'âme du visiteur, et le reporte par le rêve aux brillantes époques de cette gigantesque civilisation brahmanique, ancêtre de toutes les sociétés anciennes, et dont les ruines et les souvenirs tiennent encore une si grande place dans le monde moderne.

On ne se douterait guère, hélas ! du passé intelli-gent, rationnel, philosophique de l'Inde, lorsqu'on voit les honteuses et dégradantes superstitions qui servent aujourd'hui de pâture à la plèbe.

La grande fête dont le babou m'avait parlé était terminée depuis deux jours à Ramisseram, la foule de pèlerins avait regagné la côte de Coromandel ou la presqu'île de Jaffna, et la pagode, que je pus visiter en détail, hors les sanctuaires intérieurs, qui ne s'ouvrent pas aux profanes, n'était hantée pour le moment que par un certain nombre de femmes de toutes les castes et de tous les pays qui venaient demander à l'illustre déesse Parvady de vouloir bien faire cesser leur stérilité. J'en remarquai plusieurs parmi elles, de très-jeunes et de fort jolies, d'autres étaient couvertes de bijoux et appartenaient aux classes les plus élevées. Lorsque je passai près d'elles, sur les bords de l'étang sacré, un vieux brahme, à la figure cynique et pleine en même temps de douceur hypocrite, expliquait à ces naïves et charmantes créatures les miracles accomplis par une neuvaine nocturne faite dans l'intérieur du temple près de l'autel de Parvady...

La stérilité d'une femme est le plus grand malheur qui puisse atteindre la famille indoue.

Il est d'une croyance commune que l'homme ne peut entrer au séjour de Brahma, et s'absorber dans la *grande âme*, s'il ne laisse derrière lui un fils qui puisse accomplir sur sa tombe les cérémonies funéraires de la purification, destinées à laver l'âme et le corps des dernières souillures contractées sur la terre.

Le père de famille, pendant le cours de sa vie, rachète les fautes qu'il peut commettre, par la méditation, la prière et les ablutions; mais, quoi qu'il

fasse de bien, que la mort le frappe subitement ou
après une longue maladie, il n'a pas le temps de se
purifier de ses dernières souillures, et dès lors comme
l'âme ne peut parvenir au Swarga (ciel) que pure
de toute faute, le fils aîné ouvre à son père le séjour
céleste par le jeûne, les prières et les cérémonies
funéraires, et nul autre que lui ne peut présider à
ces purifications expiatoires. La nécessité d'avoir un
fils est rendue tellement impérieuse par cette
croyance, qu'en cas de stérilité définitivement constatée la femme n'hésite jamais à introduire une de
ses suivantes dans le lit conjugal. Par une bien curieuse fiction de droit, l'enfant qui vient à naître de
cette union passagère n'appartient pas à sa *mère
naturelle*, mais bien à la femme légitime de son père,
et il est réputé issu d'elle. La formule dont la femme
se sert dans ce cas consacre et conserve son droit.

— Va, dit-elle à sa suivante en l'introduisant à
son mari, et que de toi me naisse un fils pour l'honneur de la maison et l'accomplissement des cérémonies funéraires!

Cette croyance fut commune à presque tous les
peuples de l'antiquité, qui l'avaient reçue de l'Inde
par émigration.

N'est-ce pas en effet dans ce sens que Sarah la
Chaldéenne dit à Abraham en lui conduisant Agar :
— Voilà maintenant que le Seigneur m'a privée d'en-
fanter, approchez-vous de votre servante, *peut-être
aurai-je des enfants d'elle!*

Les femmes indoues, surtout dans les castes qui
réprouvent la polygamie, n'ont recours à ce moyen
que quand il ne leur reste plus d'espérance de con-

cevoir elles-mêmes. Aussi voit-on celles dont la fécondité est trop lente à leurs désirs, courir de temple
en temple, et s'y ruiner en offrandes et en sacrifices
pour obtenir la faveur de devenir mères. Les brahmes
trouvent là de nombreuses occasions d'exercer leur
industrie, et en même temps d'assouvir impunément
leur lubricité.

Voici d'ordinaire comment cela se passe. Toutes
les femmes venues en pèlerinage dans le même but,
doivent chaque nuit, pendant toute la neuvaine, coucher dans l'intérieur du temple, où le grand Siva
lui-même, cédant aux instances de sa femme Parvady, viendra les visiter et les féconder.

Inutile de dire que les brahmes assignent eux-
mêmes aux femmes, dans les nombreux sanctuaires
et cryptes des pagodes, les places qu'elle ne doivent
pas quitter, et que ces ignobles farceurs reviennent
eux-mêmes jouer le rôle du grand Siva auprès de
ces naïves et douces créatures. Celles qui sont jeunes
et jolies reçoivent la visite du dieu tous les soirs.
Quant aux beautés sur le retour, ce n'est guère que
la dernière nuit qu'elles sont honorées des faveurs
célestes, car c'est toujours ainsi que la neuvaine doit
se terminer.

Sur la fin de son séjour, la femme offre aux
brahmes les présents qu'elle a apportés. Ces maîtres
hypocrites, feignant la plus complète ignorance, se
font raconter tous les détails des différentes visites
du dieu, ils se récrient alors, poussent des excla-
mations d'étonnement et de joie, et ils accablent
de félicitations le mari, qui ne se doute pas du rôle
joué par ces effrontés coquins.

Dans les castes élevées, comme celles des vellaja ou des commoutys, où une certaine culture intellectuelle fait comprendre l'absurdité de pareilles coutumes, il est excessivement rare que les femmes s'y soumettent. Puis, on y doit savoir à quói s'en tenir sur ces dégradantes obscénités, car il est peu d'Indous riches, qui dans leur jeunesse n'aient à prix d'argent obtenu des brahmes l'entrée de ce harem plein de mystérieuses séductions. Au contraire, dans les classes inférieures, il est peu de femmes stériles qui n'aient recours à ce moyen suprême.

La femme obtient aussi la cessation de sa stérilité en assistant à la Sakty-poudja de mai, fête dont j'ai raconté les obscènes cérémonies pendant mon séjour à Wannapané.

Il existe dans des lieux isolés des temples dédiés au Linguam, où le culte qu'on rend à cet emblème de Siva se compose de tous les actes que la débauche la plus raffinée peut inventer. Là aussi on promet la fécondité aux femmes qui, mettant bas toute honte livrent leurs faveurs à tout venant. Ce sont les pagodes de Gengy, non loin de Pondichéry, de Karymodaï dans le Coïmbatour, de Mondou-doraï dans le Maïssour, de Mongour, d'Alambady, de Tirvicaré dans le Karnatic, et une foule d'autres de moindre importance que l'on rencontre dans le sud de l'Indoustan.

On y célèbre tous les ans, au mois de janvier, une fête qui est le rendez-vous de tout ce que le pays renferme de plus dissolu dans l'un et l'autre sexe. Beaucoup de femmes stériles y viennent chercher leur guérison, et font vœu de s'abandonner à un

16.

nombre déterminé de libertins. D'autres, uniquement pour honorer la divinité du lieu, se prostituent en public et sans honte pendant tout le temps que dure la fête, sous le portique même du temple.

Les mêmes mœurs existaient chez les Assyriens et les Babyloniens; au rapport d'Hérodote et de Strabon, chaque femme était obligée de se prostituer au moins une fois en sa vie dans le temple de Mylitta.

Toutes ces fêtes se célèbrent avec pompe à Ramisseram; mais, de même qu'à Kandah-Swany, on les environne d'ombre et de mystère, et seuls les Indous qui participent à la dépense occasionnée par ces orgies, y sont admis.

Je visitais le *coraly* des éléphants sacrés lorsque j'aperçus Anandrayen, le serviteur de confiance de Soupraya-Chetty, qui venait à moi; le babou l'envoyait prendre mes ordres pour le départ. Le dony qui nous avait amenés le matin repartait sur les huit heures du soir pour Manaar, et mon compagnon me faisait demander s'il était dans mes convenances de rester jusqu'au lendemain à Ramisseram ainsi que cela avait d'abord été convenu, ou si je ne préférais pas avancer le retour; pour lui, ses affaires étaient terminées, et il était entièrement à ma disposition.

J'avais visité avec soin la pagode, la seule chose intéressante du pays, rien ne me retenait donc plus à Ramisseram, et je fis répondre à Soupraya-Chetty, que nous rentrerions le soir même avec la *Gouhouka.*

Comme je franchissais une des portes de l'enceinte

extérieure, pour gagner la voiture et rentrer à Ramisseram je fus littéralement assiégé par une armée
de fakirs de devadassys (bayadères) et de desser-
vants du temple, qui tous me tendaient la main
pour recevoir quelques pièces de menue monnaie,
en criant d'un ton nasillard : *Saranai, aya ! assirvadham!* Salut, respectueux seigneur ! Que Dieu vous
bénisse, etc. Je leur jetai une poignée de demi-
fanons (petite monnaie d'argent valant 15 centimes) et les bénédictions recommencèrent de plus
belle.

Tous ces malheureux ne faisaient plus partie du
service actif de la pagode : fakirs et bayadères, ré-
formés par l'âge, ne recevaient plus du temple que
quelques chétifs aliments, qu'ils étaient obligés de
compléter à l'aide de la charité publique. Parmi eux
je remarquai plusieurs vieilles Kaly-youga-Parvady,
c'est-à-dire épouses mortelles de Siva, qui, le signe
du dieu imprimé sur la poitrine, se promenaient
fièrement n'ayant qu'un lambeau d'étoffe grand
comme la main pour voiler leur nudité.

Un mot d'explication à l'égard de ces dernières.
Le temple de Ramisseram a la prérogative spéciale
d'une grande fête qui se célèbre tous les six ans, et
qui purifie pour le même laps de temps toutes
les fautes que les assistants ont pu commettre.

On comprend combien doit être immense l'affluence des pèlerins qui de toutes les parties de
l'Inde viennent assister à ces fêtes périodiques qui
procurent une *indulgence plénière* d'une aussi
longue durée. Les offrandes de toute espèce, en
denrées, or, argent, joyaux, étoffes précieuses, che-.

vaux et bœufs, sont si considérables, qu'elles suffisent pendant trois ou quatre ans à l'entretien de plusieurs centaines de brahmes employés aux diverses fonctions du culte.

Parmi les particularités remarquables qui signalent cette grande solennité, il en est une bien curieuse, dont j'ai été plusieurs fois témoin dans les fêtes des pagodes du Karnatic. Le dernier jour de la fête, qui dure une semaine, il se fait une procession dans laquelle on déploie un luxe vraiment extraordinaire. La statue de Siva est promenée sur un superbe char entouré de bayadères qui dansent en lançant des fleurs sur le parcours ; le cortége doit faire ainsi sept fois le tour de la pagode. Pendant le parcours, les brahmes qui président à la cérémonie se dispersent dans la foule, font choix des plus jolies femmes qu'ils y rencontrent et les demandent aux parents au nom de Siva, au service duquel ils affirment qu'elles sont destinées.

Il est rare que ceux à qui s'adresse pareille demande aient le sens commun de répondre qu'une statue de bronze ou de bois n'a pas besoin de femmes, et la plupart du temps ces pauvres abrutis, enchantés de l'honneur qu'un si grand dieu veut bien leur faire en s'alliant à leur famille, s'empressent de remettre femmes et filles entre les mains de ses ministres.

Et c'est ainsi que se peuple le sérail des prêtres de Ramisseram et de la plupart des grandes pagodes où cette coutume existe.

Lorsque le dieu s'aperçoit que quelques-unes de ses épouses commencent à vieillir ou ne lui plaisent

plus, il leur fait signifier le divorce par la bouche
des interprètes de ses volontés.

On leur imprime alors sur la cuisse, ou sur la
poitrine, avec un fer rouge, la marque symbolique
de Siva, on leur expédie une patente certifiant
qu'elles ont servi loyalement pendant plus ou moins
d'années en qualité de femmes légitimes du dieu, et
on les met à la porte en les recommandant à la charité publique.

Munies de leur congé de réforme, les pauvres
femmes s'en vont parcourant le pays et vivant d'aumônes. Il est juste de dire que partout où elles se
présentent, palais du rajah, somptueuse demeure
du babou, ou chaumière du soudra, chacun pour-
voit abondamment à leurs besoins. Elles portent le
nom de :

Kaly-youga-Parvady, si elles sont consacrées à
Siva ;

Kaly-youga-Lakmy, si elles sont consacrées à
Vischnou.

Et Kaly-youga-Brahmy, si elles sont consacrées à
Brahma.

L'expression de Kaly-youga, signifie en sanscrit
l'âge du mal : c'est l'âge actuel du monde qui, d'après
les Indous, a passé par les quatre périodes suivantes :

Le Citra-youga, ou âge du bonheur, âge d'or ;

Le Treta-youga, ou âge du feu, sans doute appelé
ainsi en commémoration de cette découverte ;

Le Dwapara-youga ou âge du doute, âge du
bronze ;

Et le Kaly-youga, ou âge du mal, âge du fer, Parvady, Lakmy et Brahmy sont trois déesses épouses

de Siva, Vischnou et Brahma, dans le Swarga (ciel).

Le titre donné aux épouses terrestres signifie donc épouses de l'âge du mal de Brahma Vischnou ou Siva.

Au moment où je terminais ces modestes aumônes, qu'on ne doit jamais oublier de faire quand on visite une pagode dans l'Inde, — si faible qu'elle soit, votre offrande est toujours bien reçue, — j'allais donner au vindicara le signal de rendre la main à ses chevaux, lorsque trois ou quatre fakirs à moitié ivres sous l'action du callou et des boissons opiacées, s'écrièrent, en se roulant dans la poussière, qu'ils voulaient faire la tchiddy-Parvady en l'honneur de l'étranger.

En entendant ces paroles, mille cris de joie éclatent dans la foule avide, de ces sortes de spectacles, et malgré mon vif désir de me soustraire à cette cruelle représentation, je dus céder aux supplications unanimes du public, que mon départ aurait privé de la tchiddy-Parvady.

Cette expression signifie l'épreuve en l'honneur de la déesse Parvady.

J'ai déjà eu occasion de parler de cette sanguinaire coutume. Dans les pagodes où elle est en usage, une espèce de potence munie à son sommet de plusieurs bras mobiles est dressée à demeure en face du grand portique du temple; à chaque bras penp une poulie terminée par une corde munie de crocs de fer assez semblables à ceux dont les bouchers se servent pour suspendre les animaux. Ceux des fakirs qui se présentent pour subir ce supplice se placent aux pieds de la potence, et là, après qu'on leur a un peu amorti la chair du milieu du dos en la pressant

fortement avec la main, on enfonce le croc dans la
partie préparée, et en cet état les malheureux, qui
inonder.: la terre de leur sang, sont élevés en l'air
à trois ou quatre mètres du sol, et là, loin de laisser
paraître sur leur visage la moindre expression de
douleur, pendant tout le temps qu'ils restent sus-
pendus, ils jouent, plaisantent, gesticulent à qui
mieux mieux pour amuser les spectateurs, qui prennent un plaisir extrême à ce spectacle et applaudis-
sent frénétiquement à leurs moindres lazzis.

Il arrive parfois que la chair se rompt dans le
crochet sous l'effort d'un soubresaut un peu trop
violent, et alors le fakir tombe à plat ventre d'une
hauteur suffisante pour lui briser la mâchoire et
lui enfoncer trois ou quatre côtes. Le malheureux se
relève meurtri, pantelant, couvert de sang... et il
continue à rire et à plaisanter. L'enthousiasme de
la foule ne connaît alors plus de bornes.

Deux de ces malheureux hallucinés s'étaient présentés pour accomplir la tchiddy. Mais j'avais assisté
trop souvent déjà à ce triste et cruel exercice, pour
que l'attrait de la curiosité pût surmonter l'invincible horreur qu'il avait fini par m'inspirer.

La première fois que pareille chose se passe devant
vous, tout un monde de pensées vient vous assaillir;
l'étrangeté de la situation, les mystérieuses pratiques
dont on a entendu parler, et à l'aide desquelles les
brahmes fanatisent ces misérables; le souvenir des
stoïciens, ces fakirs de l'antiquité, qui eux aussi
avaient vaincu la douleur; l'exaltation de la foule,
tout contribue à vous faire accepter ce dégradant
spectacle...

Mais cela dure peu... bientôt tous les sentiments dignes et humains se révoltent, et l'on sent bondir au fond de son cœur une de ces haines franches et vigoureuses qui vous envahissent tout entier, contre ces prêtres hypocrites qui n'ont fait servir leur prestige religieux qu'à la satisfaction de leurs appétits et à la dégradation des peuples qu'ils ont courbés sous le joug.

Je ne pouvais repousser l'honneur qu'on voulait me faire, sans blesser tous les usages reçus, mécontenter les fakirs et la foule, mais je n'étais pas forcé d'assister à toute la représentation ; aussi, à peine les deux fakirs commencèrent-ils à s'élever dans l'air, que je déposai entre les mains d'un de leurs compagnons l'offrande habituelle ; sur un signe, mon vindicara fit écarter la foule, et nous partîmes à toute vitesse dans la direction de Ramisseram.

Dans tous mes voyages autour du monde, dans l'Indoustan, l'extrême Orient, les îles de la Sonde, la côte d'Afrique, chez les anthropophages de l'Océanie, ou parmi les sauvages du Far-West dans le nord de l'Amérique, une seule chose, non-seulement m'a préservé de toute insulte, de tout mauvais traitement, mais encore m'a fait bien voir et adopter partout, c'est le respect et l'observance personnelle de toutes les coutumes des peuples que je visitais, si stupides et si ridicules qu'elles pussent être.

A ce sujet, je vais demander au lecteur la permission d'ouvrir une parenthèse. Pendant dix ans j'ai sillonné le monde, je suis allé dans des contrées d'où on ne revient pas toujours. Eh bien, je puis affirmer sur l'honneur que jamais je n'ai été en

danger de mort ; que jamais je n'ai même été menacé, et je suis prêt à retourner n'importe où, sûr
d'y être bien reçu et d'y pouvoir séjourner le temps
qu'il me plaira.

Peut-être éprouvera-t-on quelque intérêt à connaître ma manière de voyager.

Je serai bref.

Quand on désire sillonner le monde sans choisir
avec soin chaque endroit où l'on veut poser le pied,
il est une vérité qu'il faut avant tout se graver dans
la mémoire, et que je formule ainsi :

— Moins le peuple, la tribu, le clan, les différentes
agglomérations d'hommes enfin que vous visitez, sont
civilisés, et plus ils tiennent à leurs moindres coutumes, à leurs usages les plus insignifiants, qui,
presque toujours, soyez-en persuadés, ont une origine religieuse.

Il suit de là que la sûreté du voyageur dépend
entièrement du respect qu'il professe pour ces coutumes, et je puis affirmer, par expérience, que les
plus ridicules sont celles auxquelles on tient le plus,
et qu'il serait le plus dangereux de mépriser.

On se brouille souvent en Europe pour une visite
qu'on ne vous a pas rendue ; un acte équivalent
chez les peuples sauvages amènerait infailliblement
votre mort.

J'étais sur les côtes nord de Birmanie, près d'Is-
lamabad, lorsque j'appris par hasard le départ de
Jules Gérard, le tueur de lions, pour un voyage d'exploration dans l'intérieur de l'Afrique.

— Je lui en donne pour quinze jours, dit un ancien chirurgien de la marine établi dans la contrée,

chez lequel m'avaient conduit les hasards d'une étape
et qui m'avait gracieusement prié à dîner.

— Pourquoi cela? fit un des convives.

— Parce que, répondit notre hôte, c'est le dernier
homme qui puisse voyager en sûreté dans un pareil
pays. Je l'ai un peu connu dans une station que j'ai
faite en 1854 à Oran, où il vint passer quelques jours;
c'était un soldat sans grande intelligence et brutal
à l'excès avec les Arabes; ce n'est pas avec de pareilles habitudes que l'on peut se faire accepter des
tribus sauvages du Niger et du Sénégal. Dès qu'il
aura quitté les territoires où la protection de la France
peut efficacement s'exercer, il se fera tuer infailliblement.

Deux mois après j'arrivais à Dacca, chez le major
Daly, mon ancien compagnon des tourbières du lac
Kandellé, et là je lus dans l'*Euglishman* de Calcutta
le récit de la mort de Jules Gérard. Il s'était en effet
fait massacrer à sa première journée de marche en
pays insoumis.

Le même sort attend tout voyageur qui mettra sa
dignité à ne pas plier devant des usages qu'il trouve
grotesques, et qui, sous prétexte de supériorité intellectuelle, confiera sa sûreté à ses armes et se fera
respecter à coup de trique ou de courbache. Pour
moi, chaque fois que je me suis trouvé dans une
contrée étrangère civilisée, ou simplement sortie de
la barbarie primitive, j'ai respecté toutes les coutumes, tout en gardant mon indépendance et mes
habitudes personnelles, même chez les sauvages de la
côte de Guinée, ou chez les anthropophages océa-
niens, je me suis toujours soumis à leurs usages

extérieurs, quelque grotesques et insensés qu'ils m'aient paru, sachant parfaitement que leur observance me donnait droit de cité chez eux.

Un jour j'étais à la Dominique, île du groupe des Marquises, où l'on mange encore les voyageurs de temps en temps. Il y avait éclipse de lune, et le Tahuà-ati (prêtre) s'écriait devant la foule assemblée gémissant et se frappant la poitrine :

— Thi rave na oia te marama... Thi amou na oia te marama... « Le dieu Thi a pris la lune, le dieu Thi a mangé la lune.

— A Faàuta outou te matai. « Apportez des présents. »

Et chacun des assistants répétait en poussant des cris lamentables :

— Le dieu Thi a mangé la lune...

— Apportez des présents...

Je suis convaincu que le tahuà-ati se moquait parfaitement de son histoire, qu'il ne croyait pas le moins du monde que le dieu Thi avait soupé de la lune, et qu'il ne voyait dans cette manière d'expliquer les éclipses qu'un moyen de percevoir des offrandes ; mais la foule crédule qui l'entourait remplissait la case sacrée où se trouvait le dieu représenté par un tronc d'arbre dégrossi à coup de hache, de cadeaux de toute espèce pour engager Thi à restituer l'astre au plus tôt. La situation était pleine de comique. Un voyageur sceptique n'aurait pas manqué de s'en donner à cœur joie et se fût fait manger infailliblement. Me souciant peu d'un pareil sort, et voulant prévenir toute possibilité de danger, j'achetai immédiatement un gros cochon et un paquet d'ignames, que j'offris avec les salutations d'usage à la statue du dieu.

En voyant la grosseur de la bête, qui pouvait à peine se traîner, le prêtre, joyeux d'une telle aubaine, m'assura de la protection du grand Thi, et un murmure flatteur pour mon acte pieux circula dans la foule.

En faisant cela j'avais agi sagement; ces sortes de cérémonies se terminant toujours par une orgie de kava (eau-de-vie de racines), il y aurait eu réellement péril sérieux pour moi à rester au milieu de ces gens ivres sans m'être mis sous la sauvegarde de l'idée religieuse. Un bon porc avait suffi; en Europe ça coûte plus cher.

Combien de voyageurs eussent évité la mort avec le même esprit de conduite et le même respect pour les mœurs des peuples qu'ils visitaient.

Il est bon de faire connaître aussi que les trois quarts des gens qui de temps en temps de par le monde se font massacrer ou manger chez des populations sauvages, le sont pour des actes qui, en pays civilisé, leur eussent valu presque toujours une détention perpétuelle ou la mort par la main du bourreau. L'Européen en face du sauvage se croit tout permis; pendant longtemps ce dernier courbe la tête, on ne se ferait pas une idée de ce qu'il supporte jusqu'au moment où, poussé à bout, il se redresse et tue...

Je n'ai nulle envie de soutenir un paradoxe, je parle de choses que j'ai vues, et que la nature de mes fonctions m'a mis à même d'apprécier à leur valeur.

Un exemple entre mille :

Un jour à Taïti, Océanie, quelque temps avant
l'ouverture de la cour d'assises, que j'allais présider,
je me rendis à la prison pour interroger, suivant le
vœu de la loi, les prisonniers qui devaient être jugés
à cette session, et les pourvoir de défenseurs dans
le cas où ils n'auraient pu en trouver de leur
choix.

Le dernier qui fut introduit devant moi était un
pauvre sauvage de l'île de Hivaoa. Son dossier portait que les gens du village dont il était chef et lui,
avaient assommé dans leur baie le capitaine d'un
navire baleinier américain, avec deux officiers, et
qu'ils les avaient ensuite mangés. Le consul américain à Taïti avait demandé la punition des coupables,
et un aviso avait fait une descente dans l'île, où on
s'était emparé du chef de la baie de Mataiéa, seul
coupable, puisque tout s'était fait par son ordre.

Hivaoa fait partie de l'archipel des Marquises, qui
contient onze îles ou îlots dont quatre sont inha-
bités.

Il y a quelques années, on conçut la pensée de
leur faire payer des taxes ; un employé des finances
coloniales fut expédié dans les sept îles du groupe
sud-ouest, à Hivaoa, qui contient six mille habitants;
il fit assembler les chefs et leur exposa sa mission,
qui avait pour but de leur demander une prestation
en nature par village.

— Nous voulons bien te donner, répondirent ces
pauvres gens, tant de porcs, tant d'ignames, de taro
et de nacre par an, mais qu'est-ce que le hoo-taoá
(marchand) nous donnera en échange?...

Malgré son habit brodé et son képi, les pauvres

gens prenaient leur interlocuteur pour le commis d'un trafiquant. Et notre homme eut beau faire, il ne put jamais leur faire comprendre qu'il venait exercer un droit de souveraineté, et non pratiquer des échanges. Il rentra sans avoir rien pu conclure, et le projet fut abandonné jusqu'au jour où on l'imposera à coups de fusil.

Lorsque le chef de Mataiéa fut introduit dans mon cabinet, il s'accroupit dans un coin, en me fixant d'un œil triste et hagard, dans lequel on lisait l'effroi causé par l'ignorance où il était de ce qu'on allait faire de lui.

Je considérai quelques instants le pauvre sauvage : il se mourait d'anémie et de nostalgie causées par une longue prison préventive ; ses jambes amaigries pouvaient à peine le soutenir, on eût compté les os et les muscles de sa vaste poitrine... Tout à coup, sans préambule, sans que rien n'eût trahi au dehors la douleur qui allait déborder, il inclina sa grosse tête, chevelue comme celle d'un Franck salien, sur ses genoux, un sanglot lui déchira la gorge, et il se mit à pleurer non comme un homme... mais comme un enfant qu'on arrache des bras de sa mère.

Je fus obligé de sortir, tellement l'émotion m'étreignait le cœur.

Je rentrai bientôt, car j'avais hâte de savoir si la torture imposée à ce pauvre Océanien, qui ne savait rien de nos lois, de nos mœurs, qui jusqu'à ce jour avait vécu d'air, de soleil et de liberté, était juste non au point de vue du code pénal, mais en face de la justice positive et philosophique.

Je l'interrogeai, et voici ses réponses, telles qu'elles furent écrites le jour même :

— Est-il vrai que toi et les tiens ayez tué et mangé trois marins d'un baleinier américain?

— Oui.

— Pourquoi cela?

— Je vais te raconter.

— Je te demande l'exacte vérité, le Té-Atua (Dieu) écoute tes paroles.

— Je vais parler *aussi clair que l'eau pure*. Les Américains sont venus dans ma baie, avec leur grand navire. Ils n'avaient plus d'eau ni de vivres frais, ils m'en ont demandé. Et je leur ai fait conduire deux taureaux sauvages, des porcs, des goyaves, des patates, des oranges, du maïorè (fruit à pain) des bananes et du feï (banane à cuire) par mes hommes tant qu'ils en ont voulu. Nous leur avons rempli leurs barriques d'eau douce et les avons roulées jusqu'au bord de la mer. Ils devaient me donner pour mes gens vingt-cinq pièces d'étoffes, dix carottes de tabac et cinq barils de té-ia-miti (saumon d'Amérique salé), et pour moi un pupuhi (fusil). Le jour où ils devaient m'apporter tout cela, le tavana-arii (le chef) vint avec deux de ses urateni (suivants) en me disant que les matai (présents, échanges) allaient venir après eux, parce qu'il y en avait tant et tant que cela n'aurait pas pu tenir dans leur embarcation.

« Je leur donnai une grande fête dans le village; ils firent apporter beaucoup d'ava (eau-de-vie) et burent jusqu'à la nuit. Quant ils eurent bien bu, ils me demandèrent des femmes, et je les laissai choisur eux-mêmes celles qu'ils désiraient. Le lendemain matin il n'y avait point de matai sur la plage, et je dis au tavana-arii : Où sont les échanges ; alors il se mit à rire avec ses hommes, et me répondit qu'il me les apporterait à son prochain voyage.

« Voyant qu'ils m'avaient trompé, je leur dis qu'ils étaient de méchants hommes, et que s'ils revenaient dans ma baie je ferais mettre le feu à leur navire. Alors ils se sont jetés sur moi, et m'ont battu. J'ai appelé les hommes du village à mon secours, et nous les avons tués à coup de fronde, voilà. »

En saine justice, ces trois forbans avait reçu la peine que méritaient leurs vols et leur odieuse conduite, et il est inutile d'ajouter que sans attendre l'ouverture de la cour d'assises, pour l'honneur de la justice française et de l'humanité, je m'employai à faire mettre ce pauvre diable en liberté immédiate.

Tout son récit était de point en point d'accord avec les faits révélés par l'instruction.

Lorsqu'il eut terminé, je lui demandai pourquoi il avait mangé ses victimes. Il me répondit sans aucun embarras, et d'une manière qui me prouva qu'il ne comprenait pas l'importance de l'acte en lui-même qu'il avait commis :

— No té ea, te iomerei aramoina. Fallait-il donc laisser perdre toute cette viande ?...

Je n'insistai pas. Au point de vue ethnologique et philosophique, je jugeai inutile de perdre mon temps à faire comprendre à cet homme inférieur ce que sept à huit siècles de civilisation progressive pouvaient seuls l'amener à saisir... Et tout en l'en

gageant à se défendre contre tout pillage et tout vol
des hommes blancs, quelle que soit leur nationalité,
je lui fis promettre de ne plus manger de chair
humaine...

A quelque temps de là, une goëlette partait pour les
îles, je lui fis accorder un passage pour son pays.
Quand le pauvre diable apprit qu'il allait revoir sa
baie et sa hutte de palmier et de bambous, pendant
trois jours il ne fit que danser en face de ma maison
sur la plage, la hupa-hupa, danse qui est à elle seule
l'expression symbolique de toutes les traditions,
religieuses, guerrières, poétiques et érotiques des
îles Marquises.

Le matin où il s'embarqua, il donna à mon domestique, pour m'être remis, son petit sac tressé plein
de pierres polies préparées pour la fronde; c'était
tout ce que le pauvre diable possédait de plus précieux, et il avait voulu me laisser un souvenir...

Voilà ce que sont la plupart des anthropophages.
J'ai vécu au milieu d'eux des mois entiers en visitant les différentes possessions françaises de l'Océanie,
et je n'ai reçu d'eux que des marques d'attention et
de respect. Mais aussi je ne les battais point, je ne
les volais point, je ne leur prenais point leurs
femmes, et je m'appliquais à leur donner des coutumes et des mœurs des blancs une tout autre
idée que celle qu'ils avaient pu recevoir des marins
ou des déclassés qui viennent échouer dans ces
îles...

Je reviens à Ramisseram et à l'océan Indien, que
j'ai négligé pendant quelques pages pour l'océan
Pacifique.

En nous dirigeant sur la petite ville de toute la vitesse de notre attelage, je me mis à réfléchir à cette
propension qu'ont les Indiens à contracter par des
vœux l'obligation de soumettre leur corps aux
supplices les plus atroces, et cela dans l'espérance
d'une récompense future.

Dans les gigantesques fêtes du sud de l'Inde, on
voit se produire des hommes amaigris par le jeûne,
les macérations et les privations de toute nature,
couverts de chapelets, de scapulaires et de saintes
amulettes, les yeux hagards, sombres et fanatisés...
Ils viennent en public défier les tortures, défier la
mort; les uns se précipitent sous le char colossal
qui porte la statue de Siva ou de Vischnou traîné
par vingt mille fidèles : leurs os sont broyés en un
instant, leur sang inonde la terre; ils meurent en
souriant, et la roue qui les écrase étouffe en même
temps les dernières notes du cantique sacré qu'ils
chantent en l'honneur de Brahma.

Et la foule se précipite dans la poussière pour
recueillir une goutte de sang sur un morceau d'étoffe,
une parcelle d'ossement, et le tout est précieusement
conservé comme des reliques sacrées de saints personnages à qui leur mort a ouvert sans autre expiation le séjour des bienheureux.

D'autres fakirs, qui ne sont point destinés à
mourir dans les cérémonies présentes, s'imposent,
en attendant, le sourire sur les lèvres, devant la
foule émerveillée, les supplices les plus incroyables:
l'un s'arrache avec une tenaille les ongles des pieds
et des mains; un autre se coupe la première pha-
lange de chaque doigt, ou emploie sa main droite à

couper sa main gauche, qu'il jette au milieu des assistants, il cautérise son moignon sur un brasier, et tout est dit... Un autre s'arrache les deux yeux, lentement, posément, et comme s'il prenait un plaisir extrême à se livrer à pareille besogne. D'autres encore se coupaient la langue ou les paupières, les lèvres, le nez, les attributs de la virilité, ou bien se mettaient les deux pieds dans un brasier ardent et ils laissaient leurs membres se carboniser, les yeux levés au ciel comme en extase, et sans donner l'apparence de la moindre douleur... J'en ai vu qui n'étaient plus que des troncs humains, sans membres, et auxquels les Indous venaient rendre leurs devoirs pieux de plusieurs centaines de lieues à la ronde.

Je m'arrête dans l'énumération de ces horreurs, explicables sans doute au point de vue physiologique, mais qui démontrent à quel point les brahmes se sont emparés de l'esprit de ces misérables, qui semblent faire leur joie des plus affreuses tortures.

Il faudrait un volume spécial pour narrer convenablement par quelle éducation première, par quels moyens, par quelle excitation des sens les prêtres parviennent peu à peu à amener les fakirs à cet état d'exaltation physique qui les rend insensibles à tout, et les fait se jouer de la douleur. J'aurai l'occasion d'expliquer toutes ces choses dans les volumes que je consacrerai à narrer les voyages que j'ai faits dans l'Indoustan, pendant les longues années que j'ai passées dans ce merveilleux pays.

Sur le soir, après un copieux repas chez Covindam, servi à la manière indoue, c'est-à-dire unique-

ment composé de carrys de toute espèce, de plats
sucrés et de fruits, nous nous retrouvâmes le babou
et moi à bord de la *Gouhouka*, qui, obligée, à cause
du vent qui ne lui était point favorable, de louvoyer
une partie de la nuit, fut assez longue à opérer son
retour à Manaar, et je n'arrivai que le lendemain, à
la chute du jour, au bengalow de Mantotté.

Dans la journée, chaque fois que nous courions
une bordée sur babord pour gagner au vent, nous
nous rapprochions tellement du *pont d'Adam*, que
j'apercevais à l'œil nu quelques enfants de la caste
des pêcheurs, qui, sur les bords du récif de sable,
se livraient, en poussant des cris joyeux, à la chasse
du gros crabe de mer si commun sur ces côtes.

En rentrant au bengalow, je m'aperçus que mes
ordres avaient été ponctuellement exécutés et que
tout était prêt pour le départ du lendemain. Selon
l'habitude que je lui en avais donnée, Amoudou me
présenta une liste de toutes les munitions et de
toutes les provisions de bouche qui se trouvaient
soigneusement emballées dans la charrette, et je pus
me convaincre que les provisions épuisées étaient
remplacées et que rien de ce qui m'était nécessaire
n'avait été oublié.

En inspectant la charrette pour me rendre compte
de la place que chaque objet y occupait, j'aperçus
le fameux ballot de foulards acheté dans Radha-
bazar, et qu'Amoudou destinait à des cadeaux à sa
famille et à ses amis d'Aden : c'est à peine s'il en
restait huit ou dix, qui allaient suivre sous peu la
même route que leurs devanciers.

— Eh bien, Amoudou, lui dis-je, ta provision

Amoudou s'y était marié à la manière cyngalaise... (Page 297).

s'épuise, et il ne te restera pas le plus petit souvenir du Bengale à offrir à tes nombreux amis de Kaltna.

— Nous irons à Kaltna, saëb? s'écria le brave garçon en joignant les mains, et la figure emprointe de la plus vive émotion.

— Certainement. Quand la pêche de la nacre sera terminée, nous descendrons à Colombo et de là à Kaltna, où nous nous reposerons quelque temps avant d'entreprendre nos excursions dans les sauvages provinces du sud et de l'est.

— Oh! saëb, répondit Amoudou au comble de l'enthousiasme, j'achèterai dix pièces de soie du Bengale et de Chine dans les bazars de Colombo,

Les lecteurs de mon premier voyage à Ceylan comprendront sans peine toute la vivacité de la joie de mon Nubien.

En effet, trois ans auparavant nous avions passé deux mois au pied des monts Kotmalès dans la plantation d'un ami, située près du site le plus ravissant et le plus pittoresque qu'on puisse rencontrer dans ce pays que la nature s'est épuisée à couvrir de ses plus grandioses et plus originales créations. Nous nous étions quittés en nous disant au revoir, sans espérer que le hasard nous ferait rencontrer de nouveau, et ce n'était pas sans être doucement ému moi-même que je songeais au plaisir d'aller serrer la main de M. Duphot et de sa charmante compagne.

Quant à Amoudou, qui s'y était marié à la manière cyngalaise, c'est-à-dire pour le temps de son séjour, avec une des suivantes de la maison, il brûlait de

renouer les liens dont le temps ne paraissait pas
avoir affaibli le souvenir.

Je fis prévenir Soupraya-Chetty d'envoyer ses éléphants au bengalow, et de venir lui-même y passer
la nuit, afin que rien le lendemain ne retardât notre
départ à la première heure du jour.

Dès l'aube nous nous mîmes en marche dans
l'ordre accoutumé : Amoudou et Kandassamy en
tête avec la charrette à bœufs, puis les deux éléphants qui nous servaient de monture, et en arrière
la domesticité de Soupraya-Chetty.

Mantotté n'était distant de la baie de Kalpentyn,
qui cette année était le centre de la pêche, que d'environ quarante-cinq à cinquante milles, et trois petites journées de marche devaient nous suffire pour
arriver au bengalow de Pomparipo, en face de l'île
de Kartivoé, où je désirais séjourner pendant tout
le temps du trafic de la nacre et des perles précieuses.

Ce court voyage, pendant lequel nous suivîmes
presque constamment le bord de la mer, s'accomplit
sans grand incident ; le premier soir nous cou-
châmes à Dangoor, petite aldée du district de Nana-
tan, sur les bords de l'Amérie, qui prend sa source
non loin des ruines d'Anouradhapor, la vieille
cité des rajahs de la primitive race cyngalaise ; le
second jour à Maritchicattoé, près du petit ruisseau du
même nom ; et le troisième nous arrivions un peu
avant le coucher du soleil au bengalow d'Aripo, à
l'embouchure du Pomparipo-oya. Un cours d'eau
avait marqué nos stations de chaque jour.

Durant tout le trajet je n'avais pas vu le babou ;

il avait renouvelé ses provisions à Manaar et à Mantotté et s'était dédommagé amplement de la retenue
qu'il avait été obligé de s'imposer pendant notre
dernier séjour.

La pêche avait commencé la veille, avec plus de
deux cents bateaux et cinq ou six cents plongeurs,
échelonnés le long de l'île de Kartivoé et de la
presqu'île de Kalpentyn et de Navekoor, sur une longueur de vingt-cinq à trente milles, et les tas
d'écailles d'huîtres à nacre et à perles, déjà amon-
celés sur le rivage, indiquaient que la saison serait
fructueuse cette année.

Le surintendant de la pêche habitait le bengalow,
et comme c'était un fonctionnaire anglais, je crus
devoir lui faire une visite avant de m'y installer
aussi. Mais, ne connaissant point l'homme et n'ayant
personne pour me présenter, je crus devoir au préa-
lable lui faire demander son heure par Amoudou,
que je chargeai de lui remettre ma carte, et de lui
donner en même temps communication de la lettre
de recommandation que j'avais reçue de sir John
Lawrence, gouverneur général des Indes anglaises,
à tout agent du *civil or military service*.

Le surintendant, M. William Barnett, était à dîner;
mais à peine eut-il vu ma carte et la lettre, qu'il
vint à ma rencontre et me donna ce vigoureux mais
banal shack-hand que tous les Anglais ont au service de tous les gens qui leur sont présentés. A la
seule inspection de sa physionomie, je compris que
mon homme, bien que tenant les Français en mé-
diocre estime comme tout Anglais de la classe
moyenne, devait cependant, comme ses compatriotes

de toutes les castes, de l'habitant des *workhouses*
au membre du parlement, porter une affection singulière au cognac et autres liqueurs généreuses de
France. M. Barnett était un ancien capitaine volon-
taire de la Compagnie des Indes, qui, licencié à la
dernière guerre des cipayes, et après que le gouvernement de l'Indoustan eut été enlevé à la Compagnie, avait reçu, avec sa retraite, ce poste modeste
de surveillant des côtes de la pêcherie.

Apprenant que mon intention était de séjourner
à Pomparipo pendant le temps de la pêche, il mit
un canot avec des rameurs à ma disposition, et
m'invita à l'accompagner dans la baie chaque fois
que cela me ferait plaisir. A part ses *anglicismes*
un peu prononcés, c'était, au demeurant, un fort
brave homme dont je n'ai eu qu'à me louer. Par
exemple, il était tout d'une pièce quand il s'agissait
des coutumes nationales, et n'entendait point rail-
lerie sur tout ce qui touchait de près ou de loin à
un intérêt anglais; on n'aurait pu lui sortir de la
tête que les autres peuples dans le monde n'existaient que par une gracieuse condescendance de la
reine, et je lui ai fait avouer un jour que nos vins
des côtes de la Bourgogne et de la Gironde étaient
meilleurs de l'autre côté du détroit.

Dans la soirée, après avoir veillé à l'installation
de ma chambre, que je faisais toujours orner dans
tous les bengalows comme si je devais y rester
plusieurs mois, je me rendis avec Amoudou sur les
bords du Pomparipo-oya, où une foule de macouas
et de parawas, castes pêcheurs et plongeurs de nacre,
pêchaient aux flambeaux pour se reposer des fa-

tigues de la journée; il faisait une de ces nuits
calmes et majestueuses si communes dans les pays
équatoriaux : aux feux du jour succède une douce
et tiède fraîcheur qui assouplit vos membres et vous
délasse comme un bain après une longue marche; la
moindre risée du vent vous apporte les senteurs em-
baumées des cannelliers en fleurs ou des champs de
vétivert; on jouit de la vie, on se repose à l'exemple
de tout ce qui nous entoure; mais écoutez… ce n'est
pas le repos muet, le sommeil, le repos mélancolique
des brumeuses contrées du Nord; pendant que l'O-
céan, dompté lui aussi par le calme de l'atmosphère,
laisse à peine quelque flot léger courir sur la rive
en se chargeant d'une mousse argentée, de tous
côtés la terre entonne, par les mille voix des êtres
qui l'habitent, cet hymne éternel de la nature, qui
se symbolise, dans cette poétique mythologie des Indous, par le chant de toutes les voix animées de
l'air et des eaux à l'immortelle et féconde déesse
Nari. Et dans le ciel, semblables à des étoiles éga-
rées, des milliers de lucioles phosphorescentes
s'élèvent et s'abaissent, jetant le reflet de leur lumière bleuâtre sur le feuillage des baies et l'herbe
des rivières.

Je n'ai jamais pu m'habituer à ces émotions, et
chaque fois que je me suis trouvé seul le soir dans
la jungle, sur les bords de la mer, ou sur les terrasses polychromes de la belle Pondy, la ville des palais, en face de ces nuits de l'Inde, je me suis toujours bercé dans une contemplation voisine de
l'extase…

Je me dirigeai sur le rivage, en suivant le cours du

Pomparipo, dans l'intention d'aller donner la chasse à ces gros crabes de mer qui s'aventurent assez avant sur le sable pour qu'il soit possible de les saisir avant qu'ils aient regagné leur liquide demeure, lorsqu'à deux cents mètres environ de l'embouchure du petit fleuve, j'aperçus, au détour d'un bosquet de baobabs, un jeune chevreau attaché au pied d'un cocotier, et dont j'entendais les bêlements plaintifs déjà depuis quelques instants.

Amoudou, qui marchait en arrière de moi, se précipita tout d'un coup en avant.

— Arrêtez-vous, saëb, me dit-il d'une voix tremblante.

— Qu'y a-t-il? répondis-je.

— Vous êtes en face d'un piége à caïman.

— A quoi distingues-tu cela?

— Le Pomparipo-oya fourmille de ces terribles animaux... Tenez, regardez là-bas dans ce recoin du fleuve que la lune éclaire d'aplomb de ses rayons, voyez-vous toutes ces lignes noires qui semblent dériver au fil de l'eau?

— Parfaitement! on dirait des troncs d'arbres ou de petites pirogues qui auraient perdu leur balancier.

— Ce sont des caïmans, saëb.

— Eh bien? continuai-je.

— Eh bien, saëb, ce petit chevreau a sans aucun doute été attaché là pour les attirer par ses cris; devant lui doit se trouver une large et profonde fosse recouverte de feuilles de cocotier, et rien ne nous dit, vu l'heure déjà avancée de la soirée, qu'elle ne soit pas habitée par un ou deux de ces oangereux reptiles qui se sont laissé prendre à l'appât.

A peine mon Nubien achevait-il de me donner ces explications, qu'un Indou sortit du massif de cocotiers près duquel était attaché le chevreau, et nous fit signe de rentrer sous bois.

Je suivis la direction qu'il m'indiquait pour me rendre auprès de lui et lui demandai pourquoi il me détournait de mon chemin?

Après force salams pour excuser la hardiesse de son action, — car il est un usage que nul n'ose enfreindre, et que les Anglais entretiennent soigneusement dans l'intérêt de leur domination, c'est qu'aucun Indou, si élevé que soit son rang, ne peut adresser le premier la parole à un Européen, — le pauvre diable me renouvela les explications déjà données par Amoudou; tout se trouvait vrai dans les suppositions de ce dernier. Il y avait une telle quantité de caïmans, qu'à de certains endroits ils grouillaient littéralement dans le fleuve. Le jeune chevreau était bien un appât, et, chose plus intéressante encore, la fosse contenait déjà deux caïmans, dont par instant le froissement des écailles et les sifflements gutturaux parvenaient jusqu'à nous.

J'eus le frisson en songeant au sort de l'imprudent qui viendrait à tomber en pareille compagnie.

D'après les renseignements que je demandai, la fosse avait environ six mètres en profondeur et en largeur, et les légères traverses de bambou ainsi que les feuilles de cocotier sèches qui la recouvraient, étaient si artistement arrangées, que l'œil le plus exercé ne pouvait en reconnaître l'emplacement, ce que l'on concevra aisément quand on saura que dans tout lieu planté de cocotiers il y a toujours un demi-pied au moins d'épaisseur de feuilles de ces arbres sur le sol.

L'indigène que je venais de rencontrer était un ouatsa, caste sang-mêlé de Cyngalais et de Javanais. Je lui demandai s'il ne pourrait pas me rendre témoin de la capture d'un de ces animaux. Il me conduisit alors dans une espèce de petit réduit de verdure qu'il s'était ménagé à quelques pas de là, et d'où il surveillait le fleuve et la fosse. Nous attendîmes!...

On entendait vaguement dans le lointain, en amont du Pomparipo, les cris des pêcheurs se mêlant par instants aux plaintifs hurlements des chacals en quête de nourriture. Le fleuve coulait silencieusement à quelques pas de nous, et sur ses eaux fortement éclairées par la lune, pas un mouvement des reptiles que nous guettions ne pouvait échapper nos regards.

— Est-ce qu'il y a toujours autant de caïmans que cela à l'embouchure de l'oya (cours d'eau)? dis-je à l'ouatsa à voix basse.

— Il y en a beaucoup, saëb, me répondit-il sur le même ton. Aujourd'hui le nombre en est presque doublé, car tous ceux qui habitent la rivière sur deux milles en amont se sont réfugiés ici, chassés par les cris que poussent les macouas, et la lumière des torches dont ils se servent pour pêcher.

— Attention, fit Amoudou, en voici une bande qui se dirige de ce côté-ci de la rive.

L'Indou s'accroupit, et nous l'imitâmes.

Tout à coup il se mit à bêler avec la dernière
perfection, comme une chèvre qui rappelle son petit. En entendant ce bruit connu, le pauvre chevreau, qui depuis quelques instants ne faisait que
geindre tristement, se mit à crier et à sauter de
plus belle au bout de sa corde.

L'effet de la ruse ne se fit pas attendre.

Trois caïmans, soulevant légèrement leur tête
pointue au-dessus de l'eau comme pour s'assurer
de la direction de leur proie, quittèrent le fil de l'eau
et nagèrent droit au rivage.

En quelques minutes ils allaient aborder. Nous
étions haletants... Amoudou, ramassé sur lui-même,
les narines gonflées, l'œil flamboyant, le couteau
malabar à la main, prêt à tout événement, sentit
bouillonner en lui tous les instincts de sa race. Je
suis sûr que sans moi il se fût glissé dans les palé-
tonniers et les roseaux qui bordaient le fleuve,
pour éventrer le premier caïman qui allait aborder... En un instant les trois caïmans furent sur la
berge ; mais celui qui tenait la tête n'eut pas fait
trois pas qu'il disparut comme par enchantement.
Le feuillage s'était dérobé sous lui, sa chute dans
la fosse fut accompagnée d'un cri rauque et stri-
dent, immédiatement suivi d'un bruit étrange ; les
terribles sauriens, rendus furieux par l'arrivée de ce
nouveau compagnon, battaient de leur puissante
queue les parois de leur prison.

En voyant tomber leur camarade, les deux autres
s'étaient retournés, d'un bond avaient atteint le
fleuve, plongé et disparu.

— Voilà ma chasse terminée pour cette nuit, dit
l'ouatsa.

— Est-ce que les caïmans ne mordraient plus à
l'appât?

— Si, mais d'ordinaire je m'arrête quand j'en ai
capturé deux, car j'en ai pour le restant de la nuit
à les tuer et à les dépecer.

— Comment vas-tu t'y prendre pour avoir raison
d'eux dans leur fosse?

— Si le saëb veut rester encore quelques instants
ici, il verra tout par lui-même. Je vais faire tomber
le toit de feuilles sèches dans la fosse, j'en ajouterai
encore quelques brassées et j'y mettrai le feu. Quand
les animaux seront morts, je les dépouillerai, je ven-
drai la chair grillée aux iaka-karous et aux rhodias
(subdivisions de l'impure caste de parias), la moelle
de l'épine dorsale aux mestris (médecins indigènes),
et les anneaux de l'épine aux padouas, qui en réu-
nissent plusieurs et y soudent des lames de sabre.

Je glissai quelques roupies dans la main du
pauvre diable et repris le chemin du bengalow, peu
soucieux d'assister au supplice des caïmans, malgré
toute l'aversion qu'ils m'inspiraient; c'étaient des
êtres animés, et cela suffisait pour que je ne pusse
supporter la vue de leur souffrance.

Les longues années que j'ai vécues dans l'Inde
m'ont donné un extraordinaire respect de la vie;
entouré sans cesse de brahmes qui poussaient la
mansuétude jusqu'à faire construire des hôpitaux
et des asiles de vieillesse pour les animaux domestiques; sans partager leurs idées sur la métem-
psycose, j'ai été touché par la douceur et la philo-

sophique humanité de ces coutumes, et j'éprouve
pour tout ce qui vit et qui souffre une commiséra-
tion et une pitié qui devraient bien passer surtout
dans les mœurs de la France, pays où les animaux
sont le plus maltraités.

Quand nous rentrâmes au bengalow, il pouvait
être une heure du matin, les derniers feux s'étaient
éteints sur la rivière, les pêcheurs étaient rentrés
dans leur case. Avant de m'installer dans mon hamac,
sous la vérandah de l'habitation, je jetai les yeux
du côté de la mer; juste dans la direction de l'am-
bouchure du Pomparipo; une épaisse colonne de
flamme et de fumée s'élevait dans les airs... c'était
l'ouatsa qui brûlait les caïmans.

Un peu avant le jour, je montai dans l'embarcation que *master* Barnett avait mise à ma disposition,
et me dirigeai avec Amoudou du côté de la mer,
pour assister à la première *plonge* du matin. Nous
fûmes rejoints, à un demi-mille environ avant de
passer la barre (lieu de réunion des flots du fleuve
et des flots de la mer), par Soupraya-Chetty, qui,
commeà Mantotté, avait logé chez un correspondant.

Au premier rayon de soleil, la brise se leva, et
nous mîmes à la voile pour arriver plus rapidement
par le travers de l'île de Kartivoé; en gagnant l'embouchure, nous longeâmes la rive droite du fleuve
pour nous élever au vent, et nous passâmes à quelques mètres de la fosse de l'ouatsa, qui fumait encore... L'Indou triait ses os au milieu des débris.

Amoudou le héla, et le pauvre diable, nous re-
connaissant, interrompit sa besogne pour venir nous
faire le salam sur les bords de l'eau. Nos bateliers,

qui le connaissaient, nous dirent que cette besogne lui rapportait en moyenne de vingt-cinq à trente caches (six à huit sols) par nuit.

Entre Kartivoé et Kalpentyn nous rencontrâmes l'embarcation du surintendant de la pêche; nous mîmes la *barre dessus* et la rejoignîmes.

— Je vous attendais pour donner le signal dans cette partie de la baie, dont je veux vous faire les honneurs, me cria M. Barnett en m'apercevant.

Je fis amener les voiles en arrivant sur lui, et au moment où les deux embarcations se croisèrent, il s'élança d'un pied léger dans la mienne et vint s'asseoir près de moi.

La longue baie de Kalpentyn et les petits détroits de Kare étaient littéralement couverts de pirogues et d'embarcations montées chacune par deux hommes des castes macouas, karawès et parawas : l'un dirigeait l'embarcation et recevait les coquilles d'huîtres perlières ; l'autre plongeait et rapportait les coquilles. Les karawès sont de race cyngalaise, les macouas et les parawas sont Malabars et viennent de Ramisseram ou du cap Comorin.

Le surintendant fit un signe de la main, auquel répondirent de proche en proche les trompes des pirogues, et la pêche commença. Cinq cents plongeurs, qui se tenaient sur l'avant des embarcations, disparurent sous les flots et revinrent à la surface dans les trente à quarante secondes qui suivirent, tenant chacun dans leurs bras une ou deux de ces grandes coquilles de nacre, qu'ils déposèrent chacun dans leur embarcation, pour replonger de nouveau.

Rien ne pourrait rendre le pittoresque de ce spec

tacle, qui avait pour scène les flots de l'Océan, et qui était encadré dans cette éternelle végétation de Ceylan.

Quand chaque plongeur eut fait dix voyages sous l'eau, son camarade qui se trouvait dans l'embarcation prit sa place, et cela continua ainsi jusqu'à onze heures du matin. Chaque fois qu'un canot était plein, il venait déverser sa charge au rivage et retournait ensuite prendre sa place.

La moyenne des profondeurs auxquelles atteint chaque homme varie de quinze à vingt brasses. Les plus habiles, qui plongent par vingt-cinq à trente brasses, sont obligés de rester sous l'eau quarante-cinq à cinquante-cinq secondes, et il n'est pas rare de les voir revenir à la surface rendant le sang par les narines, sous le violent effort qu'ils ont été obligés de faire pour retenir leur respiration.

Ceux qui plongent dans les bas-fonds prennent à deux mains une pierre pesant trente à quarante livres attachée à une corde, ce qui, ajouté à leur propre poids, les fait parvenir plus rapidement sur les bancs d'huîtres. Arrivés là, ils lâchent la pierre, qui est remontée par leur camarade resté dans l'embarcation, et ils s'empressent d'arracher du sol les plus belles coquilles dont ils peuvent s'emparer.

La coquille de nacre qui contient la perle précieuse atteint un développement, suivant son âge, de dix, quinze, vingt et trente centimètres de diamètre. Si l'on ne veut pas appauvrir le banc, il ne faut pêcher que les huîtres arrivées à maturité. Il faut de douze à quinze ans pour le complet développement d'une coquille de nacre, et c'est dans cette espèce seulement qu'on trouve les belles perles, qui, ainsi qu'on le sait, ne sont que des parcelles de nacre plus fines, rondes, ovales, ou affectant la forme d'une poire, que le mollusque secrète dans l'intérieur de sa coquille. Ces perles sont blanches, bleuâtres, ou noires, suivant la nature de la nacre que secrète l'huître.

La nacre de Ceylan est d'un blanc d'argent plein d'éclat et de fraîcheur, et les perles sont de même. Toutes les coquilles ne contiennent pas de perle, et il est même fort rare d'en trouver d'une grande valeur. On calcule ordinairement, lorsqu'un particulier loue une station au gouvernement et qu'il pêche pour son compte, que le produit des perles lui paye tous les frais de pêche, et qu'il a la nacre comme bénéfice. Or, il faut savoir que cette marchandise vaut parfois, sur les marchés d'Europe, jusqu'à deux mille francs le tonneau.

Le gouvernement anglais fait pêcher pour son compte dans toutes les stations qu'il n'a pas louées, et dans la baie de Kalpentyn, dont il se réserve toujours les produits; la pêche achevée, le tout est vendu par lots sur mise à prix et adjugé au plus offrant; les coquilles sont livrées fermées, tant mieux pour ceux qui tombent sur des lots où les perles abondent.

Pendant que M. Barnett me donnait tous ces détails, je prenais un véritable plaisir à observer le mouvement extraordinaire de la baie; il n'était pas un seul instant où l'on ne pût jouir dans la même seconde de toutes les différentes phases de cette pêche curieuse : là, vingt embarcations chargées se dirigeaient vers le rivage; ici, vingt autres revenaient à vide; de tous côtés on ne voyait que des têtes qui revenaient au-dessus de l'eau, ou des pieds qui disparaissaient sous la nappe écumante à force d'être tourmentée.

Entre la pointe de Kalpentyn et l'île de Kartivoé est une série de petits récifs de coraux s'élevant d'un ou deux mètres au-dessus des flots; sur chaque pointe les deux macouas, karawés ou parawas avaient amarré leur pirogue et plongeaient de concert, pour augmenter les bénéfices de la journée.

Il était près de onze heures, la chaleur commençait à devenir accablante, et nous allions, après que le surintendant eut donné le signal aux pêcheurs d'interrompre le travail pour le repas, nous rendre nous-mêmes dans une des petites anses de la baie, où un déjeuner était préparé à notre intention, quand tout à coup un cri terrible et désespéré retentit derrière nous, et nous aperçûmes, en nous retournant, un macoua qui s'était éloigné de son embarcation, sans doute pour aller plonger vers un petit rocher éloigné de nous d'une centaine de mètres, limite de la pêche, la figure bouleversée par la plus violente terreur, et qui faisait des efforts surhumains pour arriver jusqu'à nous. Rien cependant en apparence ne semblait légitimer une pareille crainte : l'Océan était aussi calme qu'un lac.

— J'étais fort étonné que cela ne fût pas arrivé plus tôt, dit aussitôt M. Barnett; chaque année, pendant les quatre ou cinq premiers jours de pêche, au bout d'une heure ou deux, il y en a toujours quelques-uns qui se font prendre.

— Mais que se passe-t-il donc? m'écriai-je en entendant le malheureux Indou, qui râlait sous l'effort qu'il était obligé de déployer pour conserver sa vitesse...

Avant que mon interlocuteur eût eu le temps de me répondre, je vis Amoudou s'élancer à l'avant de notre embarcation, son large couteau malabar entre les dents, et plonger dans la direction du macoua.

— C'est un requin, me dit le surintendant, en sifflant l'air de *Rule Britannia* entre ses dents.

— Un requin ! m'exclamai-je, tremblant pour la vie du courageux Nubien.

— Oui, répliqua M. Barnett, et, je vous le répète, je suis étonné que cela ne soit pas arrivé plus tôt. Toute l'année ces parages sont infestés de requins ; à la saison de pêche nous venons les déranger, et ils nous le font payer...

Ces quelques paroles étaient à peine prononcées que j'aperçus Amoudou revenir à la surface pour respirer, et replonger de nouveau ; le macoua était dépassé, il ne craignait plus rien. La lutte était désormais entre mon Nubien et le requin.

— Un fameux nègre que vous avez là ! continua le surveillant.

J'étais paralysé par l'émotion, m'attendant à chaque instant à voir revenir à la surface mon nègre mutilé. De tous côtés les pêcheurs arrivaient avec des piques et faisaient voler leurs pirogues sous la pagaie ; mais ils étaient trop éloignés, et Amoudou devait être vainqueur ou vaincu avant qu'on pût le secourir. Nous étions les plus près et nous n'avions aucune arme dans notre léger esquif.

Amoudou reparaît brandissant son couteau et poussant un hourrah de victoire (Page 313).

Tout à coup une large tache de sang arrive à fleur d'eau, les flots se mettent à onduler, sans doute sous l'effort de la lutte, la tache s'élargit, et, au milieu de l'anxiété générale, Amoudou reparaît brandissant son couteau, et poussant un hourra de victoire auquel répondirent plus de cinq cents poitrines. La scène n'avait pas duré deux minutes. Un peu après, non loin de là, on vit apparaître le requin, qui resta immobile à la surface de l'eau. Amoudou, par trois fois lui avait fendu le ventre dans toute sa longueur.

— Ce n'est rien, saëb, me répondit-il lorsque je le reçus, moitié le félicitant, moitié le grondant; quand je pêchais le corail sur les bords de la mer Rouge, je me suis mesuré avec de plus dangereux que celui-là.

Tous les pêcheurs se cotisèrent pour offrir une fête à mon brave Nubien; on peut avouer qu'il l'avait bien mérité.

Le restant de notre séjour sur les bords du Pomparipo s'écoula sans autre aventure, et les macouas, instruits par l'accident qui avait failli être funeste à un des leurs, ne se hasardèrent plus à pêcher seuls dans les lieux écartés.

Soupraya-Chetty fit des achats considérables en nacres et en perles, et, sur le soir du dixième jour de notre arrivée, il me fit ses adieux, pour retourner à Jaffnapatnam sur un petit navire qu'il avait chargé de ses marchandises.

Pratita et Navaja, les éléphants, nos deux nobles et intelligents compagnons de voyage, devaient retourner par terre dans la presqu'île avec Anandrayen.

Dois-je le dire, je me séparais avec plus de peine de Pratita que de son maître.

Le surlendemain je reprenais le cours interrompu de mon voyage, avec ma petite caravane réduite à Amoudou, Kandassamy, et nos deux fidèles et infatigables bufflones.

Nous allions à Kaltna par Negombo et Colombo, d'où, après un séjour plus ou moins long chez nos amis, nous devions nous rendre dans les pittoresques provinces du sud et de l'est, où vivent, dans d'impénétrables forêts vierges et des marais sans fin, d'innombrables troupeaux de buffles et d'éléphants sauvages, et enfin je me proposais de dire adieu à Ceylan, à la belle Lanka, par une excursion spéciale aux ruines lacustres et antédiluviennes d'Anouradhapour, la vieille cité des races primitives de cette île enchanteresse.

Il n'y a guère plus de deux petites journées de marche de l'embouchure du Pomparipo aux ruines d'Anouradhapour, et c'est avec un réel regret que je remettais à une autre époque une exploration qui était pour moi d'un haut intérêt ethnographique.

Obligé de me rendre d'abord chez mes amis de Kaltna, où mon arrivée était annoncée presqu'à jour fixe, je n'aurais pu faire qu'une visite des plus rapides à cette ancienne capitale de Ceylan, ainsi qu'aux vestiges lacustres qu'on rencontre dans la belle province de Nuwara-Kalawa et qui sont dignes d'occuper pendant des mois un observateur amoureux du passé. Je préférai attendre, et faire plus tard un véritable voyage d'étude....

Il faut qu'on le sache bien, l'Inde n'est pas un

pays de touristes, et l'on n'y peut voyager avec fruit qu'après de longues années d'habitation, alors que l'on est familiarisé avec ses mœurs, ses coutumes, ses traditions religieuses, et que l'on parle le tamoul ou l'indoustani, ces deux langues qui sont comprises presque partout, des rivages de Ceylan aux vallées de l'Himalaya.

Au bout de trois ans de séjour dans le Karnatic, j'ai déjà eu occasion de le dire, j'ai jeté au feu toutes mes notes de voyageur, toutes mes études ethnologiques. Le jour où j'avais parlé la langue, je n'avais pu m'empêcher de rire de mon travail passé... Et cependant, par mes fonctions de magistrat, j'étais mêlé d'une manière active à tous les actes sérieux de la vie des Indous, je pouvais interroger à toute heure les interprètes de nos tribunaux, je voyais cette société se mouvoir tous les jours sous mes yeux, par ses passions, ses haines, ses vengeances, ses affections, ses qualités!... Eh bien, je ne vis juste et vrai que du jour où je parlai la langue, et du jour où je parlai la langue, seulement, je commençai mes excursions.

Il est des gens cependant dont les procédés de voyage sont beaucoup plus simples.

Ils s'embarquent un beau jour par caprice, et tombent en paquebot à Pointe-de-Galles, à l'extrémité de l'île de Ceylan; de là ils vont à Kandy, Ramisseram, Madura, Pondichéry, Madras, Calcutta, Benarès, Agra, Delhi, Lahore, Bombay, et rentrent en Europe, ne quittant le chemin de fer que pour monter en paquebot, et le paquebot que pour rejoindre le chemin de fer, ne se servant de la classique

voiture à bœufs qu'en maugréant et seulement pour
les raccordements de railways.

Le voyage a duré deux mois, à peine le temps
d'étudier la ville de Pondichéry, et ce temps leur a
suffi pour connaître l'Inde mieux que ceux qui
l'habitent, que dis-je, mieux que les Indous, mieux
que les brahmes. Rien ne leur est étranger, aucun problème de linguistique, de littérature, d'ethnographie ou d'art ne les arrête. Ils seraient fort
embarrassés devant la moindre pierre druidique de
leur village, ou s'ils avaient à débrouiller dans le
chaos du passé une histoire authentique des rois de
la première race franke; mais pour l'Inde, c'est une
autre affaire. Tel monument est bouddhiste, tel autre est grec; c'est à tort qu'on parle de l'antiquité
de l'Inde : l'Inde est fille de la Grèce, etc., etc.
Ne vous avisez pas de hasarder que le grec est un
dérivé du samscrit, ainsi que toutes les langues européennes, que cela ne se discute plus en science,
que tous les noms s'appliquant aux différents genres
d'ornementation et d'architecture de l'Inde existent
en samscrit de toute antiquité, que si le nom existe,
c'est que probablement la chose devait exister aussi;
que la maternité prouvée de l'Inde pour le langage
par rapport à la Grèce prouve surabondamment sa
maternité littéraire et artistique, puisque littérature
et art ne se peuvent transmettre que par le langage;
on vous répondrait par une avalanche de grec
à faire pâlir Trissotin, et le plus curieux de l'affaire,
c'est qu'après avoir écorché tous les noms indous
écrits sous la dictée d'un *cicerone indigène*, rem-
plissant plutôt les fonctions de cornac, pris des

noms d'officiers indigènes, de pions de police, pour
des noms de caste et... le Pirée pour un homme,
ils reviendront en Europe, ayant suivi étape par
étape la grande route banale des colporteurs et
des commis-voyageurs en *tournée d'indigos ou de
cotons*, persuadés qu'ils vont écrire un voyage à
*physionomie neuve, et que n'ayant point introduit
des faits d'imagination, ce qu'ils ont décrit, on le
retrouvera.* — Je le crois sans peine, et l'on peut
toujours se vanter de cela quand on écrit un voyage
auprès duquel les livrets Chaix sont des ouvrages de
haute ethnographie. Encore tout essoufflés de leurs
deux mois de railways et de paquebots, ils régen-
teront, dans une préface tout imprégnée d'une
touchante modestie, ces voyageurs à imagination,
comme ils les appellent, dont tout le tort est d'avoir
sur ce merveilleux pays, dont ils parlent la langue,
de tout autres idées que celles que peuvent donner
deux mois de courses à la vapeur...

Il y a dans l'Inde, ne vous en déplaise, messieurs,
des passions humaines comme dans les autres contrées du globe, passions qui, en se développant
dans des milieux différents, ont donné naissance à
des mœurs, à des coutumes, à des traditions religieuses et civiles, dont la littérature, la philosophie
et l'art sont les expressions élevées. Il y a, comme
partout ailleurs, un état social particulier à étudier,
des mœurs intimes à scruter, et ne vous en prenez
qu'à vous, si, par exemple, Madras, la grande ville
commerçante de la côte de Coromandel, Madras,
toute palpitante du souvenir des luttes de Dupleix et
de la Bourdonnais, Madras, avec ses grandes fêtes du

culte indou, réunissant cinq à six cent mille sectaires, ses sannyassis, ses jongleurs, ses fakirs, ses brahmes, n'a pu tirer de votre intelligence et de votre *plume* que cette parole singulière : « Le seul plaisir qu'une ville comme Madras réserve au voyageur est celui du départ. »

Ce serait étourdissant si ce n'était pas naïf, et c'est à peine si des écoliers en vacances se permettraient de *voyager* comme cela *en Asie!* Le cours de géographie de M. Cortambert est certainement cent fois plus juste, plus savant et plus intéressant que les voyages écrits dans cette gamme.

Que le lecteur veuille bien me pardonner cette digression, que je n'ai certainement pas écrite sur les bords du Pomparipo.

En réunissant en volume mes impressions de ce voyage, j'ai lu par hasard le livre de deux touristes qui, pour avoir passé un trimestre dans l'Inde, se sont permis de traiter très-brutalement les voyageurs qui ne sont pas de leur avis... J'aime peu ces luttes personnelles; mais l'attaque était si peu modeste, et le voyage justifiait si peu les prétentions... que je ne peux m'empêcher de répondre quelques lignes.

J'avoue, du reste, que je suis dans la catégorie des *voyageurs à imagination* étrillés par nos touristes *en trimestre*. J'aime la poésie et l'étude des mœurs intimes, je ne suis jamais resté froid en face des magiques paysages des tropiques et de l'équateur. J'ai passé dix ans de ma vie à étudier dans l'Inde et autour du monde le secret des vieilles civilisations disparues, le secret des civilisations qui renaissent.

L'Inde est pour moi l'*alma parens* [1] des races européennes. J'irai y finir mes jours si je puis diriger
ma destinée.

Il est certain que je ne regarde pas cette vieille
et mystérieuse contrée de la même manière qu'un
Anglais qui a le spleen ou qu'un financier qui s'en-
nuie.

Puisque je suis en train de défendre les voyageurs qui ont étudié et observé pendant de longues
années, contre les touristes de paquebot, qu'on me
permette de montrer à l'aide de documents officiels
ce que l'on peut voir dans l'Inde quand on arrive,
soit par un long séjour, soit par la spécialité de ses
fonctions, à s'initier aux mœurs intimes de ses peuples.

En 1867 j'étais président du tribunal de Chandernagor. Le chef du parquet de Pondichéry se rendant en France en congé de santé, je fus appelé à
le remplacer par intérim. Je venais de prendre mes
fonctions depuis quelques jours, lorsqu'un matin
un des inspecteurs de police me remit, avec l'état
de situation de la prison, une requête qui m'était
adressée par un forçat indigène. En voici la copie :

« Au pundit-saëb. (seigneur de la justice), salut.

» Annassamy, fils de Raganada, caste assary (forge-
ron), détenu au thana pour une condamnation à dix
ans de travaux forcés, vous prie de jeter sur lui un
regard favorable, et de vouloir bien ordonner que
le premier jour faste du mois d'avany (deuxième
quinzaine d'août) il soit conduit dans la demeure

1. En compagnie de William Jones, Colebrooke, Strange, Hallend,
l'illustre et regretté Burnouf, et tant d'autres !...

de son père, située dans la rue des assarys, sous la
garde d'un pion de police, pour qu'il puisse accomplir les cérémonies de son mariage avec Maryamalle,
fille de Sinavassa. Je prie les dieux de protéger le
pundit-saëb. Celui qui n'est rien, en face de celui
qui est tout,

» ANNASSAMY. »

Je mis en marge de la requête : *accordé*, et je commis un pion de police pour accompagner le condamné.

Voici maintenant l'explication de cette singulière
demande.

Le code pénal français est promulgué dans nos
établissements de l'Inde, est-ce logique? Ce n'est
pas ici le lieu d'une pareille discussion. Mais je dois
dire que les pénalités, quelles qu'elles soient, que
nos tribunaux appliquent, ne produisent aucun effet
sur les Indous.

Un homme condamné aux peines les plus infa-
mantes ne perd ni sa caste, ni la moindre parcelle
de sa considération; son temps de détention fini, il
va à la pagode accomplir les cérémonies de purification, non de son crime, mais des souillures qu'il
a contractées dans la prison, où il était exposé à
coudoyer des hommes d'une caste inférieure à la
sienne, et rentre dans sa famille, où l'on célèbre
son retour par une foule de réjouissances.

Il y a plus, beaucoup de ceux qui subissent de graves
condamnations, quinze ou vingt ans par exemple,
et qui perdent leurs proches parents pendant le
cours de leur peine, supplient, à l'expiration de leur

détention, qu'on veuille bien les garder à la prison
ou au bagne, et ils nous disent naïvement : — Il y a
longtemps que j'ai oublié mon métier, je ne saurais
plus que faire dehors ; si vous me renvoyez, je serai forcé de voler pour revenir ici, où j'ai toutes
mes habitudes.

Il est certain que les prisonniers qui s'habituent à la
perte de leur liberté ne sont point trop malheureux, et
ils y arrivent facilement ; car, travaillant constamment
dehors, aux routes, dans les rues, qu'ils entretiennent, aux prises d'eau des rivières, qui ont besoin
de réparations journalières, sous la garde de pions de
police indigènes, qui ne tiennent pas plus compte que
les autres Indous de la dégradation pénale, ils jouis-
sent pendant le jour de nombreux moments de liberté, vont voir leurs femmes, leurs enfants, dont le
nombre s'accroît beaucoup plus que s'ils étaient
libres, et, finalement, ne sont sous les verrous que
la nuit.

Dès six heures du matin, chaque pion de police
part avec l'escouade de prisonniers dont il est
chargé de diriger les travaux. Pions et condamnés
déjeunent fraternellement sur le chantier, avec les
amis et les parents dont on a reçu la visite. A quatre
heures du soir le travail cesse. Tout en étant censés
rentrer au thana, les hommes s'éparpillent à droite
et à gauche du côté de leurs demeures, et les surveillants s'en reviennent en flânant sur la place du
grand bazar, située en face de la prison, qui est le
lieu de rendez-vous général. A six heures, tout le
monde est de retour, les escouades sont au complet.
Pions et condamnés rentrent sous les verrous, et le

seule différence qu'il y ait entre eux, est dans la
liberté qu'a le surveillant d'aller coucher chez lui,
ou de flâner par la ville, quand il n'appartient pas
au service de nuit.

Primitivement il fallait être rentré à quatre heures,
mais peu à peu l'indolence en même temps que la
ténacité indoue ont vaincu toutes les résistances.
Quand j'étais dans l'Inde, ils avaient déjà gagné
deux heures; dans dix ans, ils ne rentreront plus
qu'à huit heures du soir, et je ne mets pas en doute
qu'ils finiront par coucher chez eux, et que peu à
peu la prison se transformera en un travail obligatoire sur les chantiers du gouvernement, ainsi que
cela existait dans l'ancien droit indou. Et, c'est ainsi,
pour cette coutume comme pour mille autres, que
la race envahie parvient peu à peu à reprendre ses
antiques usages et à les faire accepter de l'envahis-
seur.

Pour celui-là, je dirai franchement : « Où sera le
mal? Pourquoi le prisonnier, après avoir donné sa
journée à la réparation pénale, ne pourrait-il pas
retourner jusqu'au lendemain dans sa famille, où
certainement il ne puiserait d'autres sentiments que
ceux du regret de sa faute?... Cela serait surtout
vrai pour l'Europe, où l'état des mœurs exige impé-
rieusement la réforme d'un droit pénal que nous
tenons des époques barbares, et qui n'est plus par
conséquent en harmonie avec notre état social.

Cette réforme pénale est un des grands problèmes
de notre époque; les hommes graves prétendent
qu'il faudra des siècles pour la faire. Que de fois,
dans ma carrière de magistrat, causant avecdes col-

lègues, n'avons-nous pas déclaré, nous qui voyions de près les criminels, qu'il fallait quelques lignes pour l'accomplir.

Un soir nous étions une dizaine réunis sous la vérandah de notre procureur général à Pondichéry, la conversation était sur ce thème, et nous tombâmes tous d'accord qu'il faudrait quatre articles pour créer une pénalité nouvelle, qui moraliserait in-failliblement le condamné au lieu de le retrancher de la société, comme le paria antique.

Il n'est pas un magistrat qui ne sache que l'homme sort plus mauvais de la prison ou du bagne qu'il n'y est entré.

Voici ces quatre articles, qui sont de la sagesse pratique et non un paradoxe :

« Art. 1ᵉʳ. — Le code pénal actuel est conservé pour tout ce qui regarde la classification des délits et des crimes.

»Art. 2ᵉ.—La prison et le bagne sont abolis. Ces pénalités seront remplacées par un nombre égal de jours, mois et années de travaux publics et manuels, dans les différents services de l'État et des com-munes, voiries, chaussées, constructions, etc., sans que le condamné puisse jamais être admis à un travail de bureau.

» Art. 3. — Tout condamné sera employé dans la commune où résidera sa famille, il travaillera sous la garde de la force publique. Le salaire sera compté sur la moyenne du prix d'un ouvrier ordi-naire. Si la famille du condamné est sans ressources, le salaire sera divisé ainsi qu'il suit : moitié pour la famille, un quart pour l'État, un quart pour le payement des dommages-intérêts. Si la famille est dans l'aisance, la moitié lui revenant sera attribuée aux hôpitaux et aux écoles.

» Art. 4. — Tout condamné retournera dans sa famille à la fin du travail de la journée, jusqu'à l'heure où recommencera le travail du lendemain.

» Tout condamné qui cherchera à fuir ou qui ne se rendra pas au travail sera, hors le cas de maladie constatée, déporté et soumis à l'ancien régime du bagne dans une colonie pénitentiaire.

« Tout récidiviste subira la même peine. »

Et la conclusion sera : moralisation par le travail et la vie de famille, du pain pour la femme ou les enfants du condamné, économie pour l'État.

Oui, mais ce serait la ruine de tous *les* entrepreneurs et autres gens... qui vivent des prisons. Et voilà pourquoi l'idée ne sera jamais pratique.

Je m'égare toujours lorsque, par malheur, je touche à ces questions pénales que j'ai agitées dans tous les sens si longtemps ; que le lecteur me pardonne : c'est encore voyager, que de rêver certains progrès humanitaires...

Je reviens à mon sujet.

Le condamné n'est pas dans l'Inde soumis comme en Europe à l'odieuse exploitation des entrepreneurs. Sa nourriture lui est donnée en nature, et se compose de riz et de carry, mets qui sont la base de l'alimentation de tous les Indous, riches ou pauvres. Il touche de plus pour son travail journalier une somme de trois *anas*, environ neuf sous de notre monnaie, qu'il abandonne à sa femme et à ses

enfants, et qui suffit largement à les mettre à l'abri
du besoin.

Cette somme est pour l'Inde la plus forte moyenne d'une journée d'ouvrier, et suffit à une famille
de cinq à six personnes.

Le mépris complet dans lequel les Indous tiennent
nos pénalités, nulle déconsidération ne s'attachant à
celui qui les subit, et le salaire élevé touché par les
prisonniers et les forçats pour leur travail, font de
ces *messieurs*, des maris aussi désirés des familles
que le sont en France les fonctionnaires dont la position assurée met pour toujours femme et enfants
dans une situation relativement heureuse.

Bien que je me sois laissé conduire à donner à
cette opinion une forme un peu *humoristique*,
elle est exacte de tout point, et nul magistrat ayant
exercé dans l'Inde ne me contredira.

Au jour fixé, Annassamy, fils de Ranganada, se
maria chez son père, avec Maryamalle, fille de Sinavassa, et le lendemain il rentrait au Thana avec son
pion de police, dont il avait fait un de ses garçons
d'honneur.

En causant de cette affaire avec le Paléagar indou,
inspecteur en chef de la police indigène, j'appris
qu'Annassamy avait avant sa condamnation demandé
plusieurs fois la jeune Mayamalle à son père, mais
que ce dernier la lui avait toujours refusée, sous prétexte qu'il n'avait pas le moyen de la nourrir. La
haute paye du prisonnier avait levé tous les obstacles.

Le lecteur se fera nécessairement à lui-même une
objection à laquelle je dois répondre. — Dans ces

circonstances, pensera-t-il, les prisons de l'Inde doivent regorger de condamnés.

Je répondrai à cela qu'il y en a fort peu au contraire relativement à la population.

Cela tient à trois motifs plausibles.

D'abord, le prisonnier n'est point libre, et ne s'échappe pendant deux heures après son travail que par une tolérance qui cesserait à la moindre évasion. Ensuite il est obligé à un travail assidu sous la garde des surveillants et la direction du corps des ponts et chaussées et des employés à la voirie.

Enfin l'Indou de caste n'est par nature ni voleur ni méchant; il vit de peu, craint les ennuis, aime à se chauffer au soleil, et à s'occuper à ses heures.

Il est un autre trait de mœurs véritablement singulier : l'Indou traqué pour un délit ou crime usera de toutes les ruses imaginables pour s'échapper. Une fois pris et condamné, il ne fera pas un pas pour recouvrer sa liberté, et il n'est pas d'exemple qu'un prisonnier à qui on ait permis de s'absenter quelques heures pour assister à une fête de famille, ou à une cérémonie funéraire des ancêtres, en ait profité pour passer sur le territoire anglais.

Je fus réveillé un jour sur les deux heures du matin par le Paléagar, qui venait m'informer qu'un mauvais sujet, bien connu dans la colonie, du nom de Siagy-naga, et appartenant à la caste des Bohis, s'était introduit chez un des premiers négociants du pays, et avait volé pour plus de trente mille [1] roupies de bijoux appartenant à sa femme.

1. 75 000 francs.

Les Bohis, ou coureurs et porteurs de palanquins, sont l'honneur et la fidélité incarnès ; confiez-leur un million ou votre femme, pour se rendre du cap Comorin au Cachmir, ils se feront tuer jusqu'au dernier pour faire respecter l'une et conserver l'autre. Il y a des brebis galeuses partout, et Siagy-naga avait été chassé par eux de la caste depuis longtemps.

— A quelle heure a eu lieu le vol? dis-je au Paléagar.

— Il y a une demi-heure à peine, et le rapport de nos agents constate que le Bohis a pris sa course du côté de Madras.

— Bien! combien pensez-vous qu'il mette de temps pour arriver?

— Siagy-naga est un des bons coureurs de la colonie ; il mettra de douze à quatorze heures seulement, peut-être moins, pour faire les 35 lieues qui séparent Madras de Pondichéry.

— Je vais envoyer une dépêche à mon collègue l'Attorney général [1].

— Ne craignez-vous pas, Pundit-Saëb, en raison de l'importance du vol, que quelque bas employé du télégraphe-office de Madras n'aille attendre Siagy-naga, afin de le prévenir et de se faire donner une forte récompense?

(Il est bor de prévenir le lecteur que les bas employés du télégraphe anglais sont des indigène de toutes castes.)

— Vous avez raison, mais il est difficile d'agir autrement.

1. Chef du ministère public dans les colonies anglaises.

— Si j'osais vous donner un conseil...

— Donnez, Paléagar, vous avez plus d'expérience d^s choses indoues que moi.

— Envoyez un coureur à Madras.

— Le voleur a trop d'avance, le coureur n'arrivorait qu'après lui.

— Ce n'est pas sûr, en choisissant bien son homme dans tous les cas; les autorités anglaises seraient prévenues très-peu de temps après l'arrivée de Siagy-naga, et sans qu'il s'en doute.

— Connais-tu un homme de choix?

— Ils le sont tous, Pundit-Saëb; les seules choses à considérer sont la jeunesse et la vigueur des membres. Nous avons en ce moment à la prison un Bohis du nom de Maïlé-naga qui a été condamné à six mois de prison pour avoir cassé le bras à un musulman dans une rixe; si vous voulez l'expédier sur Madras, je suis presque sûr qu'il arrivera avant le voleur.

Je me rangeai à cette opinion et fis extraire immédiatement du Thana Maïlé-naga.

Je lui remis la dépêche, qu'il attacha dans sa chevelure. Il se dépouilla de ses vêtements, mit dans sa bouche la pièce de monnaie que je lui donnai pour acheter sa nourriture en route, et s'apprêtait à partir, lorsqu'un de mes *cavaleres* (cochers), qui était de la caste des Bohis, et même à ce qu'il me dit, un peu parent de Maïlé-naga, me demanda la permission de l'accompagner, pour l'aider à se défendre, soit contre les fauves, soit contre le voleur s'ils venaient à le rencontrer et qu'il se doutât de leur mission.

J'accédai à ce désir, et en moins de rien mon Bohis Tchina fut dans le même costume que Maïlé.

Ils déclarèrent qu'ils allaient faire le voyage en dix heures. Ils se frottèrent d'huile de coco de la tête aux pieds, et serrant les coudes contre les hanches, ils partirent avec la vitesse d'un cheval au galop dans la direction de Madras, soulevant autour d'eux, sous les rayons de la lune, des flots de cette poussière blanche impalpable que l'on rencontre sur toutes les grandes routes de l'Indoustan.

J'ai parlé longuement de la caste des Bohis dans le premier volume de ces voyages, je ne rappellerai qu'une chose : c'est que ces hommes, formés dès l'enfance à la course, en arrivent à être capables de suivre pendant une journée un cheval au galop, et sur le soir le cheval est plus fatigué que l'homme...

L'expérience a été faite vingt fois. Au bout du troisième ou quatrième jour, un cheval surmené devient fourbu, tandis que plus le Bohis marche, *plus il s'entraîne*, et il est alors capable des exploits les plus extraordinaires.

L'animal est vaincu par l'homme.

Vingt-deux heures après leur départ, les deux Bohis étaient de retour avec les bijoux et le prisonnier; on peut juger de mon ébahissement!

Ils avaient rencontré Siagy-naga qui prenait quelques minutes de repos dans un bengalow, quelques lieues en avant de Madras, et l'avaient arrêté bien qu'ils n'en eussent pas reçu l'ordre.

Siagy-naga, se voyant pris, non-seulement avait fait contre mauvaise fortune bon cœur, comme

on dit vulgairement, mais encore il avait défié en
riant ses deux gardiens à qui serait le plus vite de
retour à Pondichéry, et tout le long du chemin ils
avaient lutté de vitesse.

Il va s'en dire que Maïlé-naga fut mis en liberté
provisoire, jusqu'à l'obtention de sa grâce, qui ne
se fit pas attendre. J'ai dit que nos pénalités étaient
de nul effet sur les Indous ; si nous leur appliquions
les lois pénales de Manou et des ordonnances des
anciens rajahs, il en serait tout autrement.

Vingt ans de travaux forcés sont reçus en souriant
par l'Indou. Faites battre un homme de caste par
un paria avec un balai ou une sandale, et vous met-
trez l'Inde entière en révolution. Il n'est pas un
indigène qui ne préfère cent fois les tortures les
plus atroces et la mort à cette pénalité, qui serait
d'un bien mince effet sur la personne d'un Européen.

Frappé par un paria à l'aide d'un instrument
déclaré impur par la loi religieuse, l'Indou de
caste est dégradé, descend dans la catégorie des
Tchandalas ou gens sans castes aussi méprisés que
les Parias de naissance, et il lui faut des milliers de
transmigrations successives pour renaître dans le
corps d'un homme de caste, et recommencer son
ascension progressive vers Paramatma, la grande
âme universelle, dans laquelle toutes les créatures
doivent finir par s'absorber. Telle est la croyance
religieuse, et cette croyance entraîne le dédain et
le mépris les plus profonds pour toute peine qui
n'emporte pas déchéance de caste. L'Européen ci-
vilement respecté, mais regardé comme un belatti,

(étranger, impur), au point de vue religieux, aura
beau légiférer, juger, condamner, ses décisions seront toujours sans effet.

Je dois dire aussi que les Indous de caste se
soutiennent tellement entre eux, sont d'un tel mutisme sur les affaires qu'ils ont intérêt à cacher,
qu'il est souvent impossible d'arriver à la preuve
de leur culpabilité.

En voici deux exemples :

En 1866, une des jeunes filles du Serestadar
receveur général indou des finances, adjoint au
trésorier français, fut dépouillée, par une mendiante
et son fils âgé de dix ans, de tous les bijoux qu'elle
portait sur elle.

Les parents du Serestadar, aidés de leurs domestiques, s'emparèrent de la malheureuse et de son
enfant, et les conduisirent au fond du jardin de ce
fonctionnaire. Là ils se constituèrent en tribunal
criminel, suivant les anciennes lois du pays, et ils
soumirent aux tortures les plus affreuses les deux
prisonniers pour les forcer à avouer le vol.

On ne se douterait pas de la barbarie de ces gens
d'un naturel assez doux cependant, d'ordinaire, dès
qu'ils croient exécuter les prescriptions de leurs
législateurs nationaux.

Après avoir marbré le corps de leurs victimes
avec des fers rouges, ils les lièrent et les déposèrent
en plein soleil près d'une fourmilière ; n'obtenant
aucun aveu par cet atroce supplice, ils usèrent d'un
moyen plus épouvantable encore.

Ils attachèrent au fondement de l'enfant, et aux
parties génitales de la femme, deux noix de coco,

évidées par une mince ouverture, et remplies de *Poulepoutchis.*

Le poulepoutchis est une espèce de scarabée rongeur capable de percer avec sa tarière les arbres les plus durs.

Les noix de coco avaient été maintenues avec une habileté tellement infernale, que les insectes ne tardèrent pas à pénétrer dans l'intérieur du corps des pauvres victimes. J'abrége la description de ces horreurs.

Las de les torturer sans résultat, les bourreaux les jetèrent simplement dans une des rues de la ville indigène. S'ils les avaient achevés et enterrés, nous n'eussions, ainsi qu'on va le voir, jamais rien su.

Des soldats de marine en permission de la nuit, rencontrant les deux suppliciés qui geignaient sur un tas d'ordures, composèrent un brancard avec quelques branches d'arbre, et les apportèrent à l'hôpital. Ils ne moururent pas, mais ils furent quatre mois sans pouvoir sortir du lit.

Dès que la mendiante et son fils purent parler, l'instruction commença.

Les victimes refusèrent énergiquement de faire connaître leurs bourreaux; tout fut tenté pour obtenir un aveu : on ne reçut que cette parole : Nous ne savons rien, nous ne nous rappelons rien. »

On sépara la mère et l'enfant.

Même réponse.

On comprit immédiatement que les coupables devaient être d'un haut rang, et qu'ils avaient le moyen d'agir sur l'esprit de leurs victimes par les infirmiers indous de l'hôpital.

Qu'on se rappelle l'habileté avec laquelle la révolte de 1857 contre l'autorité anglaise fut organisée pendant cinq ans, sans qu'aucun des conjurés ait trahi leur secret, révolte que les Anglais ne connurent que le jour où elle éclata, et l'on comprendra la nature des difficultés qui s'opposaient à l'instruction.

On s'arrêta à la combinaison suivante : l'enfant fut replacé près de sa mère, seulement on les conduisit dans une salle préparée d'avance, où, à travers un ventilateur percé dans le mur, des témoins pouvaient entendre leur conversation sans être vus.

Se doutèrent-ils du piége, je ne sais, toujours est-il que pendant quinze jours ils ne parlèrent que de choses indifférentes.

Les témoins placés en observation étaient des soldats d'infanterie de marine qui, par un long séjour dans le pays et grâce à des maîtresses indigènes, étaient arrivés à parler parfaitement le tamoul.

On n'avait pas voulu employer des agents de police européens. Les magistrats savent que la police embrigadée a l'habitude de trouver *quand même quelque chose*. Et puis nous n'aurions eu qu'un rapport de police, et il fallait des témoins.

Toutes les précautions avaient été prises pour que l'absence des soldats de la caserne ne fût pas remarquée. Pour une faute imaginaire, trois hommes intelligents avaient reçu publiquement quarante jours de fort; ils y avaient été conduits, puis extraits de nuit par un officier et conduits à l'hôpital.

19.

Ces braves gens avaient accepté avec joie leur mission : l'un d'eux veillait toujours, pendant que les autres jouaient aux cartes en buvant de la bière ; ils étaient servis par la cuisine du médecin-major.

Quand on allait les voir la nuit, ils demandaient gaiement à finir ainsi leur congé ; jamais ils ne s'étaient trouvés à pareille fête.

On commençait à désespérer, lorsqu'une nuit, le chef de la petite escouade, qui était caporal, vint réveiller le juge d'instruction ; il lui apportait la pièce suivante que je copie textuellement :

« Cette nuit 25 octobre 1866, à deux heures, l'infirmier indigène Vassou a pénétré dans la chambre où se trouvait la femme Monniamalle et son fils, et il leur a dit : — « Les juges se lassent de ne rien trouver, il faut continuer à ne rien dire, et dans quelques jours on vous laissera partir. Le Serestadar tiendra toutes ses promesses, il vous donnera une maison, un champ de nelly (riz) et quatre mille roupies (dix mille francs) ; si vous parlez, il est assez puissant pour vous reprendre. » Vassou leur a remis alors un paquet de betel et s'est retiré. »

Un quart d'heure après, Vassou l'infirmier, le Serestadar, toute sa famille et ses serviteurs étaient arrêtés.

C'était le plus grand événement de la colonie depuis un siècle.

Vassou, comprenant qu'il ne pouvait nier complétement, accusa les domestiques du Serestadar, mais déclara que ce dernier ne l'avait jamais chargé de rien, et qu'il avait agi seulement comme mandataire des domestiques.

Cette réponse n'était pas aussi improbable qu'en Europe, car les gens de service des Indous de haute caste appartiennent à la même caste que le maître, souvent même ils sont ses alliés, la famille indoue étant encore aujourd'hui constituée comme la famille antique, c'est une communauté qui a un chef.

Le Serestadar et ses proches parents prétendirent jusqu'à la fin qu'ils ignoraient ce que l'on voulait d'eux. Les serviteurs, pour sauver leurs chefs, s'accusèrent à qui mieux mieux.

Et malgré une conviction morale de culpabilité, en l'absence de toute preuve directe, les petits payèrent une fois de plus pour les gros. Les jurés condamnèrent les serviteurs et acquittèrent le Serestadar et les siens, qui furent mis en liberté dès le prononcé de l'arrêt.

Jusqu'à la fin la mendiante et son fils avaient refusé de parler.

Le second fait est plus curieux encore.

Depuis plusieurs années, tantôt les magistrats du parquet, tantôt la direction de la police, recevaient, de temps en temps des avertissements anonymes, indiquant qu'au delà des ruines de Tirvicarré, près du village de Tendevanom, habitaient quelques sectateurs de Kaly qui n'avaient pas encore renoncé aux sombres et cruelles pratiques de leur culte. On ajoutait qu'à chaque grande fête, des victimes humaines étaient sacrifiées secrètement.

Le casier où ces sortes de dénonciations se classent en était plein ; à chacune était joint un rapport des chefs de village et des inspecteurs de police les déclarant sans valeur. et on avait fini par ne plus s'en préoccuper. J'étais en fonctions depuis peu, lorsqu'un jour à la sortie de l'audience un indigène m'aborde sur le perron du tribunal, me remet une sorte de placet scellé, et se perd dans la foule. J'ouvre le pli... c'était une nouvelle dénonciation en règle contre les gens de Tendevanom, et on m'avertissait qu'à la prochaine Kaly-Poudja (fête de Kaly), qui allait avoir lieu le 20 du mois d'Avany, (3 septembre), une jeune fille de dix ans, achetée sur le territoire anglais à des Tchandalas (gens sans caste — vagabonds), devait être immolée. Les renseignements les plus circonstanciés, les plus minutieux étaient donnés sur le lieu où la victime était cachée à tous les yeux, et d'où elle ne devait sortir que pour le sacrifice. L'écrit anonyme ajoutait que si jusqu'à ce jour toutes les enquêtes faites sur Tendevanom avaient échoué, cela tenait à ce qu'elles étaient toujours connues des intéressés, avant même que le magistrat instructeur n'ait quitté Pondichéry pour se rendre sur les lieux.

La lecture de cette pièce me plongea dans d'étranges perplexités.

Que faire?

Il m'était impossible de ne tenir aucun compte de cette dénonciation. Quand bien même j'eusse cru à une mystification, l'annonce seule du sacrifice d'une victime me faisait un devoir d'agir.

Mais comment?

J'ai déjà dit que tous les Indous riches ou pauvres de haute et de basse caste, étaient ligués contre nous, et qu'il était impossible de rien obtenir par eux. Sans doute la police indigène ne refuse pas d'obéir aux ordres de ses chefs, mais si elle cherche avec empressement, elle met le même empressement à ne rien trouver...

Je ne pouvais davantage me servir de la police européenne. Son arrivée eût été signalée à Tirvicarré et à Tendevanom avant son départ du chef-lieu. Et je savais pertinemment du reste, que dans toute question purement indoue, la police indigène s'emploie à dépister la police européenne au lieu de lui donner la main.

Requérir *d'informer* mon collègue le juge d'instruction, comme cela avait déjà été fait pour les précédentes dénonciations, c'était courir au devant d'un résultat négatif.

Nous étions au 25 août. J'avais une dizaine de jours devant moi. Je résolus de chercher à pénétrer ce mystère sans les secours de la police, qui dans ce cas ne pouvaient qu'être nuisibles.

Je n'eus pas un seul instant l'idée de faire arrêter toute la famille pour obtenir des aveux. Ce sont des moyens dont on use et abuse en Europe, mais en outre que cela n'eût servi à rien dans l'Inde, ou l'homme sait mourir sans parler, je n'ai jamais été personnellement partisan de la séquestration qui est une torture morale aussi barbare que la torture physique.

Le culte public de la sombre déesse Kaly, à laquelle on ne devait offrir que des sacrifices humains, a disparu de l'Inde depuis plusieurs milliers d'années ; souvenir des âges primitifs, il fut du reste de tous temps proscrit par les brahmes.

Cependant quelques sectaires isolés, en se ca-

chant dans les forêts et dans les mystérieux réduits
des jungles, ont conservé jusqu'à nos jours la san-
glante tradition. Au Bengale, les Anglais ont été
obligés de faire contre eux une véritable croisade.

Ces fanatiques appelés Thugs, que les romanciers
européens ont dépeints sous les couleurs les plus
fantastiques et les plus mystérieuses, sont simplement des sectateurs de Kaly qui immolaient à la
déesse les enfants qu'ils enlevaient aux abords des
villages ou les voyageurs qu'ils surprenaient sans
défense. Contrairement à la croyance commune,
il n'est pas d'exemple qu'un Européen, pas plus
qu'un paria, soit tombé sous leurs coups, et
cela pour deux : raisons l'Européen est craint et respecté, il ne voyage jamais sans armes, pas un ne
pourrait disparaître sans donner lieu à de terribles
représailles, les Anglais sont sans pitié sur ce point;
la prudence la plus vulgaire engage donc les Thugs,
s'ils ne veulent pas être découverts, à ne choisir leurs
victimes que parmi les Indous. En second lieu,
l'Européen, au point de vue religieux, est tenu pour
un être aussi impur que le paria, et une victime
impure ne saurait être sacrifiée sur les autels de la
déesse.

Plus je réfléchissais à la singulière affaire qui me
préoccupait, et plus je me persuadais que ces dénonciations périodiques reposaient sur un fond de
vérité. Il n'y avait rien d'impossible à ce qu'une
famille de Thugs, traquée par les Anglais, soit venue
s'établir dans la région déserte de Tirvicarré, où
elle pouvait espérer de jouir de quelque tranquillité, les adeptes de Kaly ayant jusqu'à ce jour res-

pecté le territoire français. Dans l'impossibilité où je me trouvais d'agir par les voies ordinaires, la présence d'un employé du service judiciaire ou de la police que j'eusse envoyé en mission secrète, ne devant avoir pour résultat que de donner l'éveil, je m'arrêtai à la combinaison suivante.

Les agents des ponts et chaussées, constamment occupés à la réparation des étangs et des canaux de prise d'eau qui sont destinés à arroser les rizières pendant la saison sèche, habitent les villages de l'intérieur, vivent avec les Indous, sont très-aimés d'eux et peuvent se transporter partout pour inspecter les barrages et régler les prises d'eau de chaque cultivateur, sans inspirer la moindre défiance.

Ne voulant ni lui rendre visite, ni le prier de passer au parquet, pour n'exciter aucun soupçon, je m'arrangeai pour rencontrer l'ingénieur en chef dans les salons du gouverneur, qui recevait tous les soirs les fonctionnaires, et je le mis au courant de l'affaire; il se montra très-empressé à me seconder, et ayant envoyé immédiatement un express pour appeler au chef-lieu le conducteur auxiliaire, chargé du service des eaux de Tirvicarré et Tendevanom, sous prétexte de renseignement, il me fit rencontrer avec lui le lendemain même.

Je ne lui cachai rien. Il habitait le district depuis plusieurs années, et nous donna à notre grand étonnement les renseignements les plus précieux. Suivant lui tous les Indous du district étaient persuadés que la famille qu'on m'avait signalée offrait pendant la nuit, aux époques de certaines grandes fêtes, des sacrifices humains. Quant à lui, il n'était pas éloigné d'accorder quelque créance à ces bruits; aucuns habitants des villages voisins, enfants ou hommes, n'avaient, il est vrai, disparu ; mais ce fait était sans importance, en présence de la facilité que les sectateurs de Kaly avaient de choisir leurs victimes parmi tous ces pèlerins voyageurs et ces familles de nomades qui sillonnent constamment l'Inde, et qui n'ayant aucun état civil, peuvent disparaître sans laisser aucune trace. Le cadavre après le sacrifice, jeté dans la jungle, était en moins d'une heure dévoré par les chacals.

Le hasard m'envoyait un collaborateur intelligent.

Lui ayant communiqué la dénonciation, je le chargeai de surveiller le lieu où l'anonyme prétendait que la jeune fille était cachée, lieu qui se trouvait être une des nombreuses cryptes sou terraines de la vieille pagode en ruine de Tirvicarré.

Il m'affirma que ses relations avec les Indous, la connaissance de leurs habitudes, et son service qui l'obligeait à des inspections constantes, lui permettaient d'aller partout sans exciter la moindre défiance, et il se fit fort, si on lui donnait pleins pouvoirs, de sauver la victime au cas où il y en aurait réellement une et de faire opérer l'arrestation de tous ceux qui auraient trempé dans l'attentat.

Je lui remis une réquisition qui mettait à sa disposition le Thasildar et toute la police indigène du district en lui recommandant de n'en faire usage qu'au dernier moment.

— Ils ne se douteront de rien jusqu'au moment

d'agir, me répondit-il, sans cela il serait inutile de rien tenter.

Il fut convenu qu'il ne nous avertirait de rien, qu'il éviterait soigneusement toute correspondance; la réussite était à ce prix.

Il partit avec l'ordre apparent de faire reconstruire les fossés de la route de Tirvicarré à Tendevanom, qui avaient été dégradés pendant la saison des pluies.

Pendant les huit jours qui suivirent je fus sous le coup de constantes appréhensions.

Le 4 septembre au matin, 21 du mois d'Avany, je reçus la dépêche suivante par un coureur :

« Victime sauvée au moment où on allait l'attacher sur la pierre du sacrifice. Vingt-six personnes arrêtées. »

L'affaire se termina devant la cour d'assises, mais on ne put obtenir le moindre aveu d'aucun des Thugs, qui malgré cela furent condamnés à des peines diverses.

Le jeune agent des ponts et chaussées avait agi comme ne l'eût point fait peut-être le plus fin limier de la police judiciaire d'Europe.

Après avoir placé une cinquantaine de coolis à travailler sur la route, et installé son campement auprès d'eux, il avait paru n'être occupé qu'à surveiller leur ouvrage, mais chaque nuit il se glissait hors de sa tente, et se cachait en observation dans les ruines de la pagode de Tirvicarré ; il acquit dès le second jour la conviction qu'une vieille femme de Tendevanom descendait chaque nuit avec des provisions dans les cryptes de la pagode. S'étant assuré adroitement qu'il n'y avait qu'une entrée sous le Go-param, il ne revint plus et attendit le 3 septembre.

A partir de ce moment sa préoccupation constante fut de savoir comment il arriverait à employer la police sans donner l'éveil.

Il eut un trait de génie.

Ayant fait distribuer, sous prétexte de récompense, du callou (liqueur fermentée du cocotier), à une dizaine de ses hommes, ils se grisèrent et cherchèrent querelle aux autres. Feignant d'avoir des craintes pour la nuit, il requit le Thasildar du district et tous ses pions, de venir s'établir au campement pour en imposer aux coolis. De cette façon, la police fut portée à deux pas des ruines où devait se passer le drame, sans se douter du rôle qui lui était réservé, et à l'aide d'un motif si naturel qu'il ne pouvait exciter aucune défiance.

Quand le moment fut venu, le jeune conducteur auxiliaire fit connaître au Thasildar les pouvoirs dont il était muni, lui ordonna de le suivre avec sa troupe, et tous ensemble pénétrèrent dans les cryptes souterraines de Tirvicarré où les sectaires de Kaly furent surpris au milieu de leurs cérémonies préparatoires.

C'est ainsi que les Thugs de Tendevanom furent arrêtés, et que l'on put mettre fin à leurs odieux sacrifices sur le territoire français. Bien que les Anglais les pendent sans jugement sur les moindres indices, il en reste encore un certain nombre dans les jungles et les marais du bas Bengale...

J'ai dit qu'ils avaient été condamnés sans laisser échapper un aveu.

Je pourrais ajouter que toute poursuite criminelle finit toujours ainsi; on parvient à obtenir des preuves, des aveux, jamais.

Ce n'est pas ici le lieu de poursuivre toute la série de mes souvenirs judiciaires; bien que je sois en cours de voyage, ce n'est pas une raison pour m'égarer...

Je n'ai pu résister au désir de prouver à certains touristes *à la course* qu'il y a des mœurs extraordinaires à étudier dans l'Inde, des choses merveilleuses à en conter, et que ce n'est pas en deux mois — juste le temps de traverser le pays — quand on ne connaît ni la langue ni les mœurs, ni les traditions du passé, ni les habitudes du présent, quand on montre à chaque instant que l'on n'est même pas au courant du mouvement des sciences orientales et indianites de l'époque... que l'on peut avoir la prétention de connaître la vieille patrie des brahmes. Chacun peut voyager comme il l'entend, étudier dix ans une contrée, ou la parcourir en deux mois, je n'ai rien à voir à cela... Ce que je demande, c'est que les voyageurs train express, qui ont étudié un pays à travers la fumée de la locomotive, ne taxent pas de contes imaginaires les récits de ceux qui l'ont habité... Ceci admis, ils pourront tant qu'ils voudront prendre une pagode indoue pour un temple Mormon et une fabrique de tuiles pour un temple Bouddhiste, je ne les troublerai plus dans les louanges qu'ils se décernent à eux-mêmes aux dépens du prochain; *dans le moins* comme dans le plus, il y a incontestablement des chefs-d'œuvre . . . .

. . . .

Du Pomparipo à Negombo (la ville des serpents),
et à Colombo, nous suivîmes constamment les
bords de la mer, souvent même, pour éviter de trop
longs détours, lorsque les forêts de cocotiers s'a-
vançaient jusqu'à l'extrémité du rivage, baignant
leurs racines dans le sable humide, mes deux bufflones marchaient pendant des heures tantôt sur la
terre ferme, tantôt dans l'eau, humant de leurs larges
naseaux les émanations alcalines des flots, et trem-
pant de temps à autre leurs mufles trapus, luisants
et noirs, dans l'écume de la vague qui leur arrivait
parfois jusqu'au poitrail.

D'un côté, courait devant nous, avec les mille et
une surprises de l'imprévu, la ligne dentelée du
rivage avec sa luxuriante végétation, ses oiseaux
chanteurs, ses parfums, ses chaumières cyngalaises
perdues sous bois, comme un nid au milieu des
branches. Et de l'autre, ce grand flot azuré de
l'océan Indien que tous les navigateurs connaissent
venait mourir à nos pieds avec ce murmure monotone et lent qui accompagne et berce la rêverie.

Bien pauvres sont les esprits qui ne s'exaltent
pas en face de ces grands paysages des Tropiques ;
n'en déplaise à ceux qui prennent la sécheresse et
l'insensibilité voulues, pour un réalisme de bon ton,
ce ne sont pas les voyageurs qui créent la poésie
de ces rivages enchantés, mais bien la nature, qui
réserve pour les pays du soleil ses couleurs les
plus magiques, ses beautés les plus enivrantes.

Au bout de six jours de marche, avec des
moyennes de quatre à cinq lieues par jour, nous
atteignîmes Négombo, ville d'une certaine impor-

tance commerciale, où l'on rencontre un grand nombre de métis des trois peuples qui ont tour à tour dominé sur la côte ouest de Ceylan : Portugais, Hollandais, Anglais. Les métis portugais sont plus noirs que les Indous de race, et se distinguent généralement par une malpropreté et une paresse à toute épreuve. Ils s'appellent tous don Miguel, don Fernandez, don Velasquez, etc., ne travaillent pas de peur de déshonorer la mémoire de leurs nobles ancêtres, et se font nourrir par leurs femmes, qui tiennent des petites boutiques d'objets du pays. Les signoras étant généralement de race indigène, elles peuvent s'employer, sans risquer de tacher le blason de l'illustre branche cyngalaise des Velasques, y Nunez, y *tout ce que vous voudrez...*

Les métis hollandais sont rares et dans une aisance relative. Presque tous plantent un peu de café ou de betel, dont ils trafiquent avec les indigènes. Quant à ceux de race anglaise, Albion ne saurait les renier, ils s'entendent à merveille à exploiter les Cyngalais, et se grisent au moins aussi bien que leurs cousins des bords de la Tamise.

Le lendemain j'arrivais à Colombo, ma dernière étape avant Kaltna, sans que rien d'extraordinaire ait mouvementé notre voyage depuis la baie de Calpentyn jusqu'à la capitale anglaise de Ceylan. Je me dirigeai immédiatement avec ma petite caravane du côté de Oriental-Hôtel. Aux abords des grandes villes le bengalow me séduit peu ; on y est troublé constamment par la présence de nombreux fonctionnaires de l'intérieur, qui, venant pour quelques heures au chef-lieu, débarquent là avec leurs domestiques, y font envoyer les provisions qu'ils achètent pour leur maison, et se servent de cet établissement comme d'un véritable lieu de dépôt.

Et puis, après plus de quatre mois d'excursions, à travers les forêts et les jungles, quatre mois de fatigues et d'émotions de toute nature, je n'étais pas fâché, avant d'aller me reposer pendant un temps indéterminé sur la plantation de mes amis, de m'initier aux nouvelles d'Europe, de vivre pendant quelques jours au milieu du bruit et du mouvement d'une ville maritime, et aussi d'étudier à Colombo *ces agissements anglais* que j'avais eu occasion, déjà d'apprécier à leur juste valeur à Calcutta.

FIN.

TABLE DES MATIÈRES

FIN DE LA TABLE DES MATIÈRES.

F. Aureau. — Imprimerie de Lagny